凹

OWN

独到的视角，独立的思想

江西长江经济带建设协同创新中心资助项目

GREENING
THE
ECONOMY

INTEGRATING ECONOMICS
AND ECOLOGY TO
MAKE EFFECTIVE
CHANGE

万弋芳 ✛ 钟永军 ✛ 吴小佩 ——— 译

寻找 "瓦尔登湖"

借自然之利
恢复经济弹性

〔美〕鲍勃·威廉姆斯
(Bob Williams) ——— 著

社会科学文献出版社
SOCIAL SCIENCES ACADEMIC PRESS (CHINA)

致　谢

　　写作是一份私密但又需要高度协作的工作。首先，写作要投入大量的时间，要努力耕耘，将难以捉摸的想法诉诸书面。这是一个严峻的挑战。因为我过去从未享受过写作的乐趣，所以我的奇思妙想在脑海中常常显得如此精彩且令人信服，但写到书面上往往不是如此。显然，思考要容易很多，仔细梳理想法，找到合适的词来表达，这对我来说并不容易。我到底想表达什么？我怎样才能将想法阐释得更加简洁明了呢？即使是现在，当我写下"致谢"时，依然被这两个问题所困扰。

　　值得庆幸的是，这本书让我有机会欣赏甚至享受写作这门艺术。写作能带来两种特别的乐趣。不断地书写、编辑和修改需要遵守一些常规。写作计划要求的自律和规约给我的生活带来了秩序和目标，就像给我的生活经常补充的营养品。自律写作还能带来更大的乐趣。我指的是有些时候发现自己徜徉在思想的海洋中，以至于忘记了时间，常常不经意间过去了几个小时。这些沉思有时让我总结出更明晰的观点或进行更准确的表达，然而大多时候，沉思并没有任何结果。不管怎样，真正的回报是专注于当下，全身心投入我正在做的事情中。如果这些沉思的时刻能带来奇思妙想或创造性的表达，那就是额外的收获。了解这些乐趣不过是我写这本书的第一个收获。

尽管写作的本质是孤独的，但它也是一种协作练习。当然，作者总是要考虑读者的感受。我需要与读者分享什么，以便读者理解我的论点？我该怎样与读者分享？怎样能让分享扩展开来？什么时候应该结束一个话题，转向下一个话题？什么时候会失去读者？即使独自在书房写作，我也在与读者持续交流，寻找这些问题的答案。

除了读者，还有很多其他的协作者参与了我的研究。事实上，在我写作的时候，有一屋子的人和我一起工作。要逐一感谢的人太多了，因此，书中专门列出了写作本书所用到的参考文献，本书反映了前人的思想，我只是在前人研究的基础上进行加工和改造。我对他们深表感谢。

在写作过程中，许多同事和朋友给我提出了宝贵的建议。我要特别感谢生物系的两位同事查克·史密斯（Chuck Smith）和林恩·莫斯利（Lynn Moseley），他们耐心解答我的问题，指引我找到有价值的资源，帮助我理解生态学和生物学概念。另外两位同事杰夫·杰斯克（Jeff

Jeske）和杰夫·蒂本（Jeff Thigpen）帮助我提炼想法，在书中使用插图，并提出具体的公共政策补救措施。其他同事，包括埃尔伍德·帕克（Elwood Parker）、埃德温·瓜科（Edwins Gwako）、彼得·维科夫（Peter Wycoff）和利莎·杨（Lisa Young）都提供了有价值的信息。大卫·兰德里根（David Landrigan）授权我使用他对年轻漂亮的女人及年迈衰老女人形象的描绘。此外，我还要感谢我的好朋友安迪·罗兰（Andy Rowland），他对这个项目颇感兴趣，直面写作的挑战，给我持续不断的支持。这些贡献者都给这本书带来了巨大的附加价值。

我在一所私立文理学院教书，许多班级的学生阅读了本书很多章节的初稿。他们提出的评论和建议让我不断地审视现实，将本书的雏形打磨成最终版本。感谢他们为本书做出的贡献，他们的想法也在书中得到了充分体现。

许多朋友和同事花费了大量时间审阅书稿，并提出了宝贵的意见。早些时候，里奇·汤普森（Rich Thompson）、史蒂夫·威廉姆斯（Steve Williams）和拉里·莫尔斯（Larry Morse）费力地读完了当时还相当粗糙的书稿，并提出了内涵深刻的建议，这些建议都是我急需的。这三位友人给出了令人信服的反馈，这完全是我预料之中的事情。兰德·科克（Rand Cork）给我的礼物更让我惊讶。原本以为他只会给我一个中肯的评价，但他以敏锐的视角审读了书稿，这完全出乎我的意料。现在我依然为他的倾力相助而感动。博比·韦恩·克拉克（Bobby Wayne Clark），花了大量的时间、倾注了智慧和心力来修改我冗长和笨拙的文字。他建议我缩减20%的篇幅，虽然这个建议没能达成，但这本书确实因为他的建议变得更加精简。文中如仍有冗长的措辞，都不是他的责任。

首先，非常感谢我的同事、朋友和竞争对手里奇·兹维根哈夫特（Richie Zweigenhaft）和鲍勃·温伯格（Bob Wineburg），他们愿意分享自己的经历，并提出建议。感谢大卫·佩里（David Perry）给我提出的宝贵建议，他告诉我如何与出版商沟通，如何构思一本书的提案。托德·鲍德温（Todd Baldwin）和唐·里斯曼（Don Riesman）读完初稿后均给我提出了深刻且有价值的反馈。在写作后期，两位匿名读者就如何完善本书提出了宝贵建议。同时感谢维吉尼亚·弗格森（Virginia Ferguson）自始至终提供的技术支持。

其次，像所有的作者一样，我非常感谢劳特利奇（Routledge）出版社的编辑。高级编辑罗布·朗厄姆（Rob Langham）看中了这份书稿。他全心全意地支持这本书的出版，还基于他对此书的了解提出了富有洞察力的建议。感谢埃米莉·西尼尔（Emily Senior）和路易莎·厄尔斯（Louisa Earls），他们帮助和指导了本书的出版。

再次，还要感谢每周三下午召集的工作小组，小组成员一直在支持我，给了我非常诚恳的反馈，他们的付出和给予我无以言表。最重要的是,感谢他们鼓励我挖掘自己的观点,让我相信自己可以而且应该写作这本书。

最后,感谢那些让我有足够的时间完成这个项目的朋友。非常感谢吉尔福德学院的休假计划对这个项目的支持。我在学校教书,常常不只是朝九晚五,几乎没有专门的时间进行研究和写作。幸运的是,我得到了两次休假机会,让我有时间和空间来构思本书并最终完成它。感谢我的同事罗伯特·威廉姆斯(Robert Williams)在我休假时帮我代课。

除了假期之外,我花了很多夏日时光、工作日的晚上和周末来慢慢打磨这本书。在这漫长的过程中,我得到了儿子塞缪尔(Samuel)和妻子玛丽·贝思(Mary Beth)的宽容和爱的支持。很多时候,我缺席了家庭生活,尽管在家中,也是在厘清思路或者思考问题。感谢他们对本书的关注,感谢他们耐心地听我发牢骚,感谢他们给我的爱与支持。

| 目　录 |

第1章　对立的范式

　　当地书店里环境话题类图书展区着实让人困惑。这些书的标题都与当下热门的环境话题——全球气候变化有关。其中大多数，就像众所周知的《难以忽视的真相》（*An Inconvenient Truth*）一样，描绘了一个令人不安的未来。未来，随着气温升高，海平面会上升、风暴会更猛烈、冰川和极地冰层会融化，而这会让北极熊陷入困境。另外一些书籍如《沸点》（*Boiling Point*）、《气候崩溃》（*Climate Crash*）和《自杀星球》（*The Suicidal Planet*），表达的观点更具煽动性。这些书阐明现代社会对化石燃料的依赖提高了大气中的二氧化碳水平，导致全球气候变化。然而诸如《不可阻挡的全球变暖：每1500年一次》（*Unstoppable Global Warming：Every 1500 Years*）和《灾难：科学家、政治家和媒体对全球变暖的曲解》（*Meltdown：The Predictable Distortion of Global Warming by Scientists，Politicians，and the*

1

Media）此类书却提出了截然不同的观点。这些图书的观点是，对气候变化的悲观预测是由于掌握的历史记录不完整、对影响气候变化的自然力量理解不足、不可靠的计算机模型以及作者受政治意图驱动。

有些书还阐释了其他相反的观点。许多书关注世界的现状和我们所处的自然环境。有些书的标题颇具启发性，比如《计划 B 4.0：动员起来拯救文明》（*Plan B 4.0：Mobilizing to Save Civilization*）或《当河流干涸时》（*When the Rivers Run Dry*）。另外一些的标题则更为中立，比如《世界现状》（*State of the World*）系列。然而，这些书普遍认为我们目前所做的决定正在威胁自然环境。"挖掘"海洋宝藏并将其作为人类重要的蛋白质资源，将海洋作为全球下水道，这些行为导致世界各地的海洋渔业濒临崩溃。同样，当下农业生产虽然高效，但在改变地貌的过程中却消耗土壤肥力，破坏许多物种的栖息地。人类富裕的生活方式对环境提出了越来越高的要求，我们向空气中排放废气，把污水排入管道，把垃圾填埋场塞得满满当当。这些书列举了各种各样的统计数据，证明随着我们耗尽资源并向环境中倾倒越来越多的废弃物，地球正在日渐衰落。书中通常断言，这些衰落是现代技术的进步以及人类不受抑制的推动经济增长的欲望导致的。如果想要避免关键自然系统进一步衰退甚至崩溃，就必须改变现有的政策和行为。

更令人困惑的是，像《持怀疑态度的环境学家》（*The*

Skeptical Environmentalist) 和《世界状况的改善：为什么我们在清洁的星球上生活得更长寿、更健康、更舒适》(*The Improving State of the World：Why We're Living Longer, Healthier, More Comfortable Lives on a Cleaner Planet*) 等提供了丰富的统计数据，但是支持相反的观点。书中宣称我们的经济政策在近几个世纪创造了空前的繁荣。这些书运用各种方法证明今天的人类比历史上任何时候都吃得更好、受教育程度更高、寿命更长、更健康，收入也更高。人类社会的空前繁荣得益于现代技术和经济增长。尽管承认出现了一些环境问题，但他们认为技术和经济增长都为我们提供了解决当前和未来环境问题的手段和能力。这些书籍没有将经济发展和科技进步视为导致环境问题的主要因素，而是解决环境问题的关键因素。

虽然没人否认能源在推动现代经济发展中所扮演的关键角色，但有很多书籍对能源的未来存在争议。有些书比如《石油的终结：在一个危险新世界的边缘》(*The End of Oil：On the Edge of a Perilous New World*)，或者《空罐：石油、天然气、热气和即将到来的全球金融灾难》(*The Empty Tank：Oil, Gas, Hot Air, and the Coming Global Financial Catastrophe*) 预示着"石油峰值"正迅速到来。峰值来临之后，世界石油产量将开始不可避免地下降。许多人认为"廉价石油"时代的终结可能会迎来一个充斥金融危机、经济混乱、能源供应战争和大规模人口迁移的时代。[1] 如果没有足够的燃料，那些催生现代科技发展和当代繁荣的工业引擎将会断断续续地熄火。其他诸如《更光明的明天》（*A Brighter Tomorrow*）、《无底之井：燃料的曙光》（*The Bottomless Well：The Twilight of Fuel*）、《废物的好处》（*The Virtue of Waste*）、《为什么我们永远不会耗尽能源》（*Why We Will Never Run Out of Energy*）和《氢经济》（*The Hydrogen Economy*）等书的标题都暗示了一个截然不同的、更加光明的能源未来。尽管对于能源解决方案的关注点不同，这些书普遍认为人类可以过渡到一个更光明的能源未来，将来能源供应是安全且充足的，有害排放可以忽略不计。这些书都表明，我们正站在能源转型的起点上，这一转型对我们的后代至关重要，其重要性不亚于从木材到化石燃料的转型。

我的困惑不止这些观点鲜明又互相冲突的书名。这些书提供了详尽可靠的论据，用以维护自身的论点，用大量的统计信息来支持主要观点。此外，这些作者的专业背景、学历和经验，以及封面上的宣传语，也让人很难轻易否定其中的某种观点。

当我思考这些书中所讨论的环境变化是如何影响我所在的格林斯博罗社区时，我更加困惑。我依稀记得最近几年冬天似乎都出奇地温暖，让人不禁怀念以前每年冬天都会有的短暂寒潮，寒潮唤起人们对 8 月炎热天气的渴望。我的院子里，秋天的蔬菜生长期变长，甚至到了冬天也不枯萎，每年春天的播种日期也提前到来。尽管我把院子打理得更适合动植物生存，每年春天，候鸟的鸣叫声似乎都不那么响亮了，帝王蝶在夏天也不再那么频繁地出没了。

开车在城里转悠，经济增长的迹象是显而易见的。我所在的城市，到处都能看到购物中心和住宅开发项目。这些发展带来了就业机会和收入，促进了社区的日益繁荣。外来人口带来了新的品位和技能。例如，现在可供我选择的菜系种类以及餐馆菜品的质量远远超过 10 年前。其他领域出现的新的商业模式和服务供应商也提供了一系列新的选择。10 年前，我所在城市的市中心下午 5 点之后就变成一个沉闷、令人昏昏欲睡的地方，而如今它充满了多元文化。当地投资和收入的增加使得各种各样的文化产品推陈出新，比如新开的棒球场和蓬勃发展的剧院公司。经济增长孕育了许多新的机遇。

与此同时，这些变化也加剧了城市问题。随着城市开发向外延拓展，从我位于市中心的家到达宁静的乡村变得越来越难。越来越多的汽车堵塞了有限的道路，交通拥堵日益加剧，出行时间也在变长。夏季来临之际，地平线上出现了明显的雾霾，政府发布警告提醒减少户外活动。城市发展和混凝土建筑增加加剧了城市热岛效应，使本已闷热的夏天变得更加炎热。我思考了所居住社区近年来发生的变化，发现益处和问题并存，这让我更为困惑。因此，

我查阅了社区的关键数据指标来衡量所在社区的变化，以
厘清思路。

衡量社区的变化

尽管某些方面不尽相同，但近几十年我所在的社区与
全国各地的社区发生了相似的变化。表 1 - 1 中的关键数字
表明，多年来我所在的社区繁荣兴旺。与美国南部的大部
分地区一样，北卡罗来纳州吉尔福德县（Guilford County）
吸引了许多新居民。自 1970 年以来，这里的成年人口（25
岁及以上）增加了一倍。与此同时，尽管制造业就业岗位
明显没有跟上人口增长的步伐，但非农业就业岗位的增长
远远超过了人口增长的速度。[2] 此外，这种就业增长推动了
平均工资的上涨。[3] 经通货膨胀调整后的数字显示从 1980
年到 2000 年的 20 年间，吉尔福德县的平均年薪增长了
16%。衡量经济实力的一项指标——零售总额——在过去
的 30 年里增长了一倍，表明当地经济发展势头强劲。人
口激增和收入增加促使当地房地产价值大幅增长，而房地
产价值是衡量当地财富的一个关键指标。根据经通货膨胀
调整后的数据，仅在过去的 20 年里，当地的房产财富几
乎翻了一番。总体而言，经济比一两代人之前更强大而
繁荣。

表 1 - 1　北卡罗来纳州吉尔福德县主要人口和经济趋势

	1970 年	1980 年	1990 年	2000 年
成年人口（人）	152736	186981	225647	274942
非农业工作岗位（个）	142930	177180	231281	285880
制造业工作岗位（个）	58580	57250	58790	55550
平均实际年薪（美元）	—	27700	29129	32225
实际零售额（百万美元）	4394	5561	6874	9244
房地产价值（百万美元）	—	17807	23365	30010

资料来源：LINC 数据库。

　　经济繁荣给我们的社区带来了较多的好处。自 1970 年以来，即使考虑到生活成本的变化，该县中等家庭收入也增长了近 23%。现在一个普通家庭的年收入比上一代人多出了大约 1 万美元。由于房屋是家庭财富的主要来源，房屋价值中位数的变化衡量的是典型家庭的相对财富状况。自 1970 年以来，该县房屋价值中位数增长了 2/3，表示典型家庭财富显著增加。这些收入和财富的增长使更多的居民完成了大学教育，大学毕业生翻了一番多。[4] 婴儿死亡率下降表明最近的繁荣改善了健康状况，使许多居民更容易获得医疗卫生服务。

　　令人遗憾的是，表 1 - 2 中并非所有数字都表明这种繁荣带来了普遍和实质性的福利改善。经济繁荣并没有减少当地的贫困现象。尽管从 1970 年到 1990 年，当地贫困率确实小幅下降，但在 20 世纪 90 年代之后，当地贫困率就没有进一步下降，这确实令人担忧。

表 1-2　北卡罗来纳州吉尔福德县经济福利的主要趋势

	1970 年	1980 年	1990 年	2000 年
实际家庭收入中位数（美元）	42837	40858	48424	52638
实际房屋价值中位数（美元）	69679	91116	103557	116900
大学毕业生比例（%）	12.8	19.7	24.8	30.3
婴儿死亡率（%）	23.8	11.1	10.4	7.2
贫困率（%）	12.2	11.1	10.1	10.6
贫困差距	—	3.49	3.16	3.00
平均家庭差距（%）	60.5	62.3	56.1	—
高房租负担（%）	19.3	24.0	26.6	27.4

资料来源：LINC 数据库。

尽管贫困率在下降，但在此期间处于贫困之中的人数和家庭数却有所增加。[5]此外，贫困率的差异令人不安。贫困差距衡量的是该县黑人家庭和白人家庭的贫困率之比。这项数据表明，尽管经济有所增长，黑人家庭的贫困率仍然是白人家庭贫困率的 3 倍。更令人不安的是，黑人家庭的平均收入并没有跟上白人家庭平均收入增长的步伐。在可查询到数据的这段时间里，黑人家庭的平均收入从白人家庭平均收入的 60% 以上下降到 56.1%。[6]在这个县种族收入差距没有缩小反而在扩大。最后，将收入的 35% 以上用于租房的房屋租赁家庭（定义为高房租负担）所占比例已从 19.3% 上升至 27% 以上。房地产价格上涨让大多数业主受益，但也增加了低收入家庭的租金负担。综合来看，这些数字表明，最近的经济增长带来了许多好处，但并没有惠及整个社区。特别值得一提的是，经济繁荣并没有充分改善本县居民的前景，无论他们来自低收入家庭还是黑人家庭。

人口和就业机会的增加导致周边绿地和乡村景观消失。邻近的农场和林地被开发成新的住房和办公楼，为新居民提供住宿和就业机会。与此同时，为弥补农场和林地的损失，当地官员努力增加公园面积，修建各种娱乐设施。表1 - 3直观地呈现了农场和林地的开发和公园面积的增加对当地人生活质量的影响。一方面，在短短25年里，该县的农场和林地面积减少了1/4以上。虽然并不是所有这些消失的农场和林地都被开发成了新的住房和办公楼，但有其他非农业用地被开发出来。另一方面，公园面积几乎翻了一番，尽管它没有跟上农场和林地减少的步伐。

表1 - 3　北卡罗来纳州吉尔福德县的用地趋势

	1982 年	1992 年	1997 年	2002 年	2007 年
农场和林地面积	135965	113654	111882	111382	96519
公园面积	3956	5943	6954	7555	7822

资料来源：LINC 数据库。

人口和经济活动增加加剧了环境的压力。增加的人口和企业除了提供更多的产品和服务外，通常还会产生更多的垃圾和污染。在表1 - 4所述的20年期间，固体废物的处理和危险废物的产生在 2000 年都有所增加，随后出现下降。[7]与此同时，登记车辆数量急剧增长，近年来没有到达峰值的迹象。因此，道路变得更加拥挤，人们也自然会想象当地的空气污染将更为严重。然而，后者未必如此。

表 1-4　北卡罗来纳州吉尔福德县的主要环境趋势

	1985 年	1990 年	1995 年	2000 年	2005 年
固体废物处理（吨）	—	471541[a]	449957	730012	703606
危险废物（吨）	6317	5477	8613[b]	9238[c]	5566
登记车辆（辆）	236995	268068	287763	319756	333992
有毒气体排放（吨）	—	2702254	2041034	1010032	513410
空气质量指数第 90 百分位	—	—	51[d]	78	73
用水量（百万加仑/天）	41.76	44.24	42.74	56.65	45.94

注：a = 1991~1992 年数据；b = 1994 年数据；c = 1999 年数据；d = 1996 年数据。

资料来源：LINC, NC DEHNR Solid Waste Annual Reports, EPA TRI Explorer Report, EPA Air Quality Index Report。

　　不同的空气质量指标显示不同的趋势。两种有毒气体排放量减少表明"空气"污染程度降低，空气质量比过去更优。其他数据显示，自 20 世纪 70 年代以来，铅和一氧化碳的含量大幅下降。[8]然而，衡量空气质量的一项关键指标表明，近年来的趋势有所不同。空气质量指数第 90 百分位衡量的是好于空气最差时期（10%）的空气质量。[9]在过去的 10 年中，这一数据有所增加，表明空气质量大幅下降。最近，破坏空气质量最大的"元凶"是臭氧，它是汽车和其他汽油内燃机的主要副产品。最后，用水量总体上有所增加，在2000年前后达到峰值。鉴于格林斯博罗处于分水岭的最高点，这造成了用水紧张，特别是在长期干旱时期。最近，该市和其他地区的合作伙伴通过建设另一座水库来补充当地的供水，这可能会导致未来用水量的增加。

我所在的城市位于分水岭的上端，这也引发了另一个问题。我们并不担心上游的邻居会对我们的饮用水供应造成什么影响。当地水库主要收集雨水的径流。然而，正是这些条件限制了水供应量也妨碍了废物处理。位于分水岭的上端意味着除非在长时间降雨期间，否则当地的小溪和河流很少有强劲的水流。因此，有限的水量很难有效稀释处理过的废水和未经处理的雨水，处理过的废水被排放到当地的河流中，而雨水携带了庭院和街道上的径流。人口不断增长和城市扩张都给当地接收废水的河流带来更大的压力。尽管我们在改善水质方面付出大量努力，但正如表1-5所示，由于我们的用水情况，城市地下4个地点的水质评估仍然受到部分或重大影响。近年来，改善用水质量取得了显著进展。尽管如此，我们对水的巨大需求仍对当地水系统处理和接收废水造成了巨大的压力。

表1-5 北卡罗来纳州吉尔福德县水质趋势

监控位置	1988年	1993年	1998年	2003年	2008年
霍斯彭河	—	良好	良好	差	良好

续表

监控位置	1988 年	1993 年	1998 年	2003 年	2008 年
北布法罗河	—	差	差	差	良好
雷迪岔流	—	优秀－良好	优秀－良好	良好	优秀－良好
南布法罗河	差	差	差	差	良好

资料来源：Basin wide Assessment Report-Cape Fear River Basin，August 2009，Division of Water Quality，NCDENR。

　　总体来看，这些不同的"发展"数据给我们呈现了一幅复杂的图景。它们不能解释我的困惑，因为它们支持不同的结论。当地的悲观主义者和环保主义者可以指向环境质量数据，并得出结论，生活质量在这段时间里大幅下降。特别是，他们可以引用固体废物数据、水质数据和某些空气质量数据来支持他们的结论。令人信服的是，他们可以辩称繁荣并没有在整个社区得到充分共享。而当地的乐观主义者和发展支持者可以将经济和水质数据作为环境改善的证据，证明情况有所改善。这两种观点在当地都很流行，在区域范围、国家层面甚至国际上也是如此。尽管各方都倾向于关注某些数据，而选择性地忽略其他与之矛盾的统计数据，但这两种观点都值得仔细探究，而不是简单地认为它们都是片面的。

新马尔萨斯学说

　　大约两个世纪以前，一位默默无闻的英国牧师出版了一本名为《人口原理》(*An Essay on the Principles of Population*) 的书，其观点颇为惊人。在书中，他描绘了一个处在工业革命前夕的国家暗淡的前景。这位乡村牧师罗伯特·马尔萨斯认为，两个残酷的现实将人类推向暗淡的未来。一方面，像其他生命形式一样，人类数量将实现几何级增长。假设每代有两个孩子，那么每个双亲家庭将有两个后代，而后代又会有 4 个孙子、8 个曾孙、16 个玄孙，依此类推。在繁荣年代，粮食丰收、收入增加和生活水平提高会进一步刺激人口增长。与此同时，马尔萨斯认为由于大自然的"吝啬"，粮食产量只能实现算术级增加。随着农业技术改进，开垦更多农田可以提高粮食产量，但也只能循序渐进地实现。因此，马尔萨斯非常悲观地预测，他那个时代的英国所经历的繁荣充其量也只是昙花一现。

马尔萨斯阐明了一个相当简单的常识性命题：在资源有限的星球上，增长不能无限制地继续下去。生物学家在自然界可以找到无数证据来证明这一点。事实上，正是生命繁殖推动了自然选择和进化。过多的后代为了争夺稀缺的资源而竞争，使得一些特别适应环境的生物体比竞争对手生存得更长久，繁殖数量更多，从而影响了后代的基因构成。认识到特定自然条件的限制，生物学家使用承载能力 (Carrying capacity) 这一概念来描述特定物种生长的上限。生长被看作一种局部的、暂时的现象，受到某种物理限制，通常是食物供应的限制。

生物学上的承载能力概念只有在应用于人类时才会引起争议。马尔萨斯也注意到人类的独特地位。他认为，另外两种力量——他称之为积极控制和预防性控制——可以遏制人类数量出现爆炸性增长。积极控制，如饥荒、瘟疫和战争，会增加死亡率，从而抑制人口增长，这在自然界中也普遍存在。预防性控制如性交易、堕胎和杀婴降低了出生率。后期马尔萨斯提出了道德约束，以及独身和晚婚，这些可能进一步降低出生率。[10]意识、远见和自我克制——人类潜能的所有要素——都能阻止他悲观的预言成为现实。据推测，作为牧师，他的性格和经历让他笃信这种结果不可能出现。

马尔萨斯关于人类经济增长存在极限的核心观点似乎清晰且合理。我想大多数人都会同意他的观点。然而，关键分歧在于这些限制究竟有多大的约束力以及这些限制是否迫在眉睫。例如，局部限制并不总是具有约束力。特定地区的降雨确实限制了当地植物、动物和人类种群的生长。然而，人类的聪明才智能够而且确实克服了当地的限制。从地下含水层抽水、远距离输送水或用海水淡化厂补充水都是人类克服这一局部限制的方法。虽然世界上许多地区的淡水供应不足，但地球上潜在的水供应远远超过我们目前所消耗的水量。[11]延伸开来，区域和国际贸易也可以弥补地方限制造成的短缺。高用水量的农产品可以种植在水资源丰富的地方，然后运往干旱地区销售。贸易和技术削弱了当地粮食供应的季节性限制。冬季超市里新鲜农产品区就是一个显然的例证。几千年来人类从事贸易,区域间贸易的一个主要目标是克服自然地理的变化莫测。

此外,我们以另一种方式利用聪明才智克服了过去的资源限制。18 世纪的英国森林锐减,原因是不断增长的人口需要更多木柴来取暖和做饭。随后改用煤作为主要燃料来源,减少了这种压力,一些地方也开始重新造林。19 世纪,煤炭供应下降让人们再次担忧能源极限即将来到。[12]这些担忧被证明是毫无根据的,因为此后英国和其他工业国家转而使用储量丰富的石油和天然气。这些历史例证提醒我们,并不是所有的物理限制都对我们的活动有约束力。[13]但是与此同时,历史(以及新的考古学)研究也提醒我们忽视环境限制会带来危险。有证据显示过去社群的败落往往是由于不尊重当地资源和生态限制。

库兹涅茨环境观

许多人认为马尔萨斯关于人类增长的观点过于简单化,这些反对的声音是基于 20 世纪经济学家、诺贝尔经济学奖得主西蒙·库兹涅茨的观点。库兹涅茨的诸多成就之一是指出了家庭收入增长及其对消费者购买行为的不同影响所导致的特定模式。具体来说,家庭收入提升使家庭对某些商品(称为优等商品)的支出增加,而减少了对其他商品

（称为劣等商品）的支出。库兹涅茨认为，经济发展将有利于优等商品，因为随着家庭收入的增加，它们的吸引力将大幅提升。牛排和香槟是两种明显的优等商品。库兹涅茨本人从未将他的理论框架应用于环境产品和服务，是后来人们发现了这种联系。正如一位同时代的人所描述的那样："只有变得足够富有时，我们才能奢望关心环境。"[14]

库兹涅茨的观点被命名为库兹涅茨环境观（Environmental Kuznets effect），其论点如下。贫困人群不奢求采取措施保护他们的环境。对他们而言，获取足够的食物、水、住所和衣服是短期生存所必需的。特别是在物质匮乏时期，这些短期的生存需求将超过对未来的担忧。例如，饥饿或极度寒冷可能迫使人们过度获取当地食物来源或过度砍伐森林作为燃料，对长期影响置之不顾。随着社会走上经济发展的道路，在与对手竞争以提高产量和降低成本时，人们往往必须开发当地的自然资源。这样的经济发展可以带来物质繁荣，代价却是牺牲当地环境。这种繁荣提供了个人财富，避免了穷人面临严峻处境。此外，如库兹涅茨所提出的，社会福祉增加促使人们重新评估当地环境的价值，对环境质量的关注会推动政府转变政策，从而抵消先前导致环境恶化的行为，这些变化通过如下两种途径实现。

首先，市场价格往往可以保护我们的环境资源。随着经济增长，对特定自然资源的消费不断增长，最终将导致短缺。这些短缺会触发价格上涨，从而抑制消费，同时鼓励增加供应和寻找更便宜的替代品。19 世纪的英国,不断上涨的木材价格促使人们转而使用煤炭作为家庭和工厂取暖和发电的能源。后来,煤炭价格上涨促使石油作为一种新能源得到开发。最近,我们对木材和鱼类价格上涨做出了反应,发展了补充自然肥力的新做法,如农林间作(人工林)和水产养殖(渔业)。正如"需求是发明之母"这句话所说,高价催生了新的发明和技术,以解决资源严重短缺的问题。自然资源价格的上涨会引起许多行为变化,这些变化限制了这些关键资源的进一步消耗,或者当我们转而使用替代产品或替代技术时,这些关键资源变得不再那么重要。

其次,经济增长以自然环境恶化为代价拉升了家庭收入,人们环境意识增强会带来态度和决策的转变。市民们逐渐意识到污染的危害,他们将向政府官员施压,要求他们通过立法和执法限制污染。公民施压改善环境体现在水和空气质量标准、分区限制、垃圾填埋要求和剧毒材料禁令等政府政策方面。尽管实施这些政策代价高昂,但日益繁荣的经济使得这些措施变得可以承受。法规可以鼓励企业开发限制有害污染物的新技术。随着经济增长进一步满足我们的物质需求,我们越来越重视改善当地环境,以提高生活质量。政府应积极响应人们日益强烈的保护自然环境的愿望,并在其公共政策中体现。按照这种观点,经济发展在最初会导致自然环境的恶化。然而到达某种程度后,这种关系将发生转变,进一步的经济发展会推动自然环境改善。不断增加的收入为社会提供了保护和改善环境质量的手段和动机。

反对者从几个方面对这一观点提出了异议。当然,市场价格可以鼓励对自然资产进行审慎甚至有效的管理。然而,市场并不能充分代表许多环境资源和服务。许多环境资产的市场价格(如果存在的话)根本不能反映其潜在的稀缺性或价值。在这种情况下,特定资源或服务的减少不会触发价格上涨的"警报器"。例如,许多迁徙鸣禽物种正受到严重威胁,原因是发展侵占了它们的自然栖息地,人类制造的化学物质影响了它们的健康和生殖能力。[15]随着鸟类数量持续下降,市场价格并没有拉响警报,提醒我们做出改变。只有鸟类数量和鸟鸣的减少预示着它们的进一步衰落。更进一步说,我们已经有了技术手段来"替代"日益减少的鸟类。为了弥补鸟鸣的缺失,我们可以播放鸟类啼叫的录音磁带。然而,真的有人会认为高质量的录音就足以替代鸟类如歌曲般的啼叫吗?

此外,批评人士认为,政府在保护公众利益方面并不总是积极响应。在世界上的一些地方,政府机构并不代表民意。即使在建立了民主和代议制政府的地方,政府也并不完美。虽然大多数市民可能倾向制定更严格的污染法规,但一些资金雄厚的利益集团却反对如此。利益集团通过重新组织公众辩论,或者游说关键的立法者和政府官员,阻碍更严格的环境立法。无论采取哪种手段，目标集中、资金充足的利益集团都会压制人民群众的呼声，限制污染的民意虽然有广泛基础但不那么强烈。尽管公众不希望出现这种情况，市场和政府的重大缺陷都意味着许多环境问题可能会恶化。

评估两种范式

　　前文讨论的两种范式皆具有两面性。就像大多数被广泛接受的世界观一样，它们都提供了深刻的见解，但是也都限制了我们的理解。的确，目前人口几何级增长的阶段不会持续很长时间，或者肯定不能无限制地持续下去。毫无疑问，不管人类有多少聪明才智，人口的承载能力是有限的。[16]此外，我们不能期望未来可以进行无止境的消费。如果今天所有活着的人都遵循美国人的生活方式，我们的自然环境是否能承受也让人存疑。举个例子，假设世界上其他国家的汽车和美国一样多，那么马路上的汽车会翻两番（甚至更多）。这将严重影响当地的空气污染程度、温室气体排放和石油市场。显然经济增长存在限制，当我们接近这些不同的限制时，可能会发现后面还有更有约束力、更难以规避的限制。18 世纪，经济增长导致英国森林面积大幅减少。在 21 世纪，经济增长政策助推全球气候变化。现代人类面临的限制已经超越地区限制成为全球性问题，而且还带来了一系列我们的祖先没有遇到过的挑战。

尽管我们目前面临的挑战是艰巨的，但正如库兹涅茨环境观所假设的那样，我们确实拥有重要的工具。在世界某些地区，过去的政策创造了人类历史上前所未有的物质繁荣。富裕生活为我们提供了手段，来遏制环境被进一步破坏并修复退化环境中的关键因素。我们有能力承担修复环境的费用，选择减轻未来危害的政策。此外，人类的智慧、知识和技术提供了许多可用的解决方案和更令人满意的选择。

然而，我们不能简单地假设当前政策将创造的解决方案多于带来的问题。正如目前在我们国家，尽管在技术上取得了进步，但经济增长从根本上是与自然系统相对立的。例如，由于新技术推广，如今销售的普通汽车的行驶里程几乎是 1970 年的 2 倍，而其排放的污染物只有 1970 年的 1/10。[17]然而由于人们的出行需求与日俱增，道路上行驶的汽车和行驶的里程几乎增加了一倍。因此，许多地方的臭氧水平较低，汽油销售量和二氧化碳排放量较高。[18]科技发展的红利都用于满足人们对更多、更豪华汽车的需求。人们的欲望无休止地膨胀，但新技术能带来的成就却是有限的。

尽管这些范例并不全面，观点也存在局限性，我们不一定要全盘否决。相反，它们是对部分内容的洞见，能让我们更好地了解更复杂的整体事实，现实的复杂性总是让

我们措手不及。同时持有这两种观点，理解它们之间相互
冲突但又相互补充的见解，可以为我们提供更好的指导。
一张常用的图像可以说明这一点。在图 1-1 中，大多数人
首先能看到年轻的美女或年迈的妇女。只有付出一些努力
和时间，大多数人才能同时看到这两幅图像。虽然一开始
可能倾向于看到一个人，但是在一些帮助下，我们可以同
时看到两个人。拥有两种视角，来回切换，当然比只看一
张图片更新奇、更有趣。更重要的是，尽管这两种图像都
存在，但最初的视角可能会限制我们对年轻或年迈女性图
像的观察。除非我们愿意超越最初的视角，否则可能永远
看不到这幅图像中包含的现实的另一面。

图 1-1 年轻的美女还是年迈的妇女？

资料来源：David Landrigan。

同样，我们在审查现行的经济政策时，必须把两种相互对立的范式结合起来。我们不能继续当前的发展道路，简单地认为"越多越好"。我们将会遇到约束，自然的限制，其中一些可能是毁灭性的。然而，这并不意味着我们不能发展社会以改善人类福祉。

实际上，我们可以憧憬一个更光明美好的未来。然而，我们必须学会运用聪明才智、技术和政策以改善人类生活状况，而不是进一步破坏自然环境。我们可以走"绿色发展"之路。理解生态学和经济学可以让我们更容易踏上这条新道路。

本书的重点

本书从生态经济学的视角，将经济学和生态学这两个经常相互冲突的学科结合起来，表述了新的见解。这种双重框架不仅阐明了单个学科的局限性，而且还将可能持续存在的环境挑战与更容易受到人类解决方案影响的环境挑战区分开来。这种双重视角形成的解决方案和政策在自然世界和经济世界中都行之有效。此外，这种整合促使人们意识到即使是这种综合观点也有其局限性。下面将逐一阐释这些观点。

长期以来，经济学家对自然在经济发展中的价值认识片面。尽管他们认为自然是对经济发展至关重要的三个关键生产要素（factors of production）之一，但大多数观点都将土地置于一个不起眼的角落，而将焦点转向劳动力（labor）和资本（capital）。经济学家们普遍认为，大自然的恩赐在很大程度上是无限的，或者是无穷无尽的，是可以替代的，从而否决了大自然的重要作用。在第 2 章中，纠正了长期以来对大自然作用的忽视，指出大自然为人类经济提供了关键服务。这些服务中有很多是生活中必不可少的，没有办法轻易替代。充分认识土地（land）或自然的经济价值催生了自然资本（natural capital）的概念，这个概念与人力资本、社会资本和物质资本既相关又存在区别。在第 3 章中，将讨论这些自然服务，将容易被过度开发和忽视的服务和更容易受政策影响从而实现有效管理的服务进行区分。在第 4 章中，以"20 世纪 70 年代的能源危机"为例，展示了市场如何"解决"那场危机，尽管这种方式导致人类如今面临更严重的能源危机。在第 5 章中，探讨了市场调节失灵的情况。总的来说，这四章将那些能够有效解决的环境问题与那些需要更多创造性和协同努力的环境问题区分开来。

此后该书将重点转向政策解决方案。作为本书其余章节的概念指南，第 6 章探讨了自然系统是如何运作和长期存在的。特别是，本章确定了可持续自然系统的 4 个关键属性：关键资源的自我调节回收、丰富和持久的能源、适应能力和系统弹性。本章研究了每一种属性在维持生态系统的基本特征和长期保持其功能效力方面的重要性。接下来的第 7～10 章将分别讨论这些属性以及能够鼓励它们在经济中发展的具体政策。

第 7 章探讨材料回收对经济的重要性。本章提出了一系列政策,鼓励增加循环利用,减少关键资源的消耗,尤其是不可再生资源。第 8 章探讨使用更丰富持久能源的意义。本章提出了各种政策选择,以减少目前对化石燃料的依赖,并鼓励转向各种可替代的、危害较小的能源。通过取消对不可再生能源的现行补贴并征收排放费用,这些政策将鼓励能源转型,而这一转型宜早不宜迟。

第 9 章和第 10 章继续探讨那些超越自然资源(natural resources)的自然属性。与自然相似,市场经济对不断变化的外部环境做出反应并逐步适应。这样,以市场为导向应该确保经济不断发展以适应环境需求。然而,市场并未承担发展的全部环境成本,因此鼓励了对环境造成更大破坏的增长。第 9 章探讨了促进市场对环境成本和环境良性发展承担更多责任的政策。第 10 章将弹性的概念应用到经济环境中。当自然和人为因素造成的破坏发生时,我们不应惊慌失措,而应预测它们的可能性,即使这些破坏的时间和地点是不可预测的。因此,应该确保我们的公民、社区和经济有能力和弹性,相对较快地从这种破坏中恢复过来。本章将讨论一些能够提高我们能力的公共政策。

第 11 章,提醒读者将经济学、生态学以及本书观点整合起来的重要性。每一门学科都揭示了另一门学科的局限性，并对世界和我们面临的紧迫挑战提供了更丰富、更全面的理解。贯穿全书，对自然系统的理解使我们看到自然遗产中哪些部分最容易被挥霍，同时也让我们了解必须对经济做出什么样的结构性改变。同样，对经济学的理解为制定有效政策提供了指导。有机农户的秘诀之一是他们学习如何利用自然资源，而不是去对抗大自然免费提供的功能。环境政策制定者需要类似的经济学基础，才能制定出利用而非对抗市场激励的政策。总的来说，生态学和生态经济学的双重视角为理解和有效解决我们当前的许多环境问题提供了重要的见解。但是即使这种丰富的观点也有其局限性，本书将在最后讨论这些局限性。

重新审视当地情况

我所在的社区经历的变化与其他许多社区所发生的情况并无不同。由于许多传统产业已经关门大吉，制造业失去了在当地经济中的重要地位。尽管如此，格林斯博罗的人口仍在不断增长，带来了新的就业机会、商业繁荣和经济发展。平均工资、家庭收入水平、房价水平均有所上升，说明普通家庭比之前更富裕了。尽管人口增加，但如今空气质量总体上好于 20 世纪 70 年代，水质也在改善。然而，并非所有的改变都是积极或者全民共享的。黑人家庭工资水平依然较低，失业率和贫困率更高。并不是所有的空气质量指标，尤其是臭氧含量，都表明空气质量有所改善。当地的绿地面积也在减少。

当下，发展趋势复杂且让人困惑。本书将会解答大部分的困惑。特别是，将解释市场在解决不同环境问题方面的选择性优势，说明为什么某些方面得到了改善。因此，接下来会对地方趋势进行更全面的解释，解答这些问题。

延伸阅读

罗纳德·贝利在《2000 年地球报告：重新审视地球的真实状态》(*Earth Report* 2000: *Revisiting the True State of the Planet*) 的第一章中说明人类如何避免马尔萨斯的陷阱，论点引人入胜。

莱斯特·布朗的《B 计划 4.0：动员起来拯救文明》对人类继续超越自然极限所面临的危险进行了最新评估，并提出了一条可供选择的发展道路。

罗伯特·康斯坦斯等著的《生态经济学导论》(*An Introduction to Ecological Economics*) 对生态经济学领域进行了概述。

赫尔曼·戴利的《生态经济学与可持续发展：赫尔曼·戴利论文集》(*Ecological Economics and Sustainable Development*: *Selected Essays of Herman Daly*)，收录了生态经济学杰出学者

赫尔曼·戴利最近发表的24篇文章、演讲和专家证词。

马修·卡恩的《绿色城市：城市增长与环境》（*Green Cities: Urban Growth and the Environment*），对环境库兹涅茨曲线进行了精彩的讨论，这也是本章所讨论观点的基础。

比约恩·隆伯格的《持怀疑态度的环保主义者：测量世界的真实状态》（*The Skeptical Environmentalist: Measuring the Real State of the World*）提出了大量证据，证明经济增长改善了自然环境，尽管证据存在争议。

多内拉·梅多斯等在《增长的极限：30年的更新》（*Limits to Growth: The 30 - Year Update*）一书中，对之前引发新马尔萨斯主义对现代经济增长批判的著作进行了更新。

第 2 章　宝贵的资源

卡茨基尔斯流域

令人惊讶的是，纽约市以高质量的自来水闻名，纽约的自来水甚至可以灌装并进行商业销售。[1] 这座城市主要从位于曼哈顿以北 100 英里的卡茨基尔斯山脉（Catskills Mountains）取水。该地区大部分地方被森林覆盖，人口稀少，有农场和小型社区，面积为 1600 平方英里，包括两个分水岭，特拉华州和卡茨基尔斯。该地区就像一个收集降水的大盆地，雨水缓慢流入公共水库并最终供给该市 900 万用户。由于该地区未经开发，水只需要最低限度的处理，这是其水质天然纯净、品质过硬的主要原因。

20 世纪 90 年代，这种不同寻常的供水方式让纽约市政府受益。新的联邦水质标准让纽约和其他城市面临昂贵的选择：要么过滤饮用水，要么提供证据说明政府可以通过流域保护来保证水质。市水务官员估计，设立过滤工厂的成本为 60 亿美元或更高，每年的运营成本为 3 亿美元，即使对于纽约市来说，这笔开支也相当可观。为了避免这笔巨额投资，纽约市申请了过滤豁免，并承诺保护该流域。市政府官员承诺提供资金以升级当地的化粪池系统和污水处理厂，限制在道路上使用除冰化合物，并限制建设道路和停车场等不透水表面。[2] 此外，该市同意购买沿河流和水库周围的土地缓冲区，以进一步限制任何化学径流。这样的流域保护措施将花费 10 亿美元。考虑到两种替代方案之间的巨大成本差异，很明显可以看出为什么该市选择保护现有的水域，而不是建设新的水过滤设施。

　　由于各种各样的原因，包括地形、经济、政治实力和运气，纽约的选择是很多其他城市难以企及的。和许多城市一样，纽约很久以前就获得了大部分流域的用水权。然而，在其他城市，发展压力和流域保护不力导致市政供水需要过滤和处理，以满足联邦指导方针。纽约和卡茨基尔斯避免了这种命运。尽管这片地区曾经到处都是农场，但随着农民迁往其他地方寻找更多产的土地，大部分土地已经退耕还林。现在将近一半的土地归国家所有。[3] 尽管该市本身在该流域拥有的土地相对较少，但 1913 年的一项州立法律允许该市拥有保护该流域的某些权力。由于以上这些原因，纽约保留了集水系统，能够提供足够数量的优质水源来满足其目前的需求。只要水务官员阻止进一步的开发破坏流域和降低其饮用水质量，该方案就可以节省数十亿美元的税负。现在他们有明确的责任来保护自然资产，而不是浪费挥霍。

纽约市的决定对卡茨基尔斯来说是一个重大的转变：从关注水源到保护流域。如果纽约市只关注供水量，官员们就会把这个地区仅仅看作一个大水库，因为它有能力提供充足的水流。对水质的关注让官员们开始保护复杂自然系统网络，这些复杂的自然系统会产生珍贵且纯净的水源。如果这些自然系统受损，那么纽约市将面临美国国家环境保护局（EPA）的制裁，不得不承担建设水过滤设施的成本。如今，保护这些自然系统对纽约市来说有着重大的经济利益。

然而，这个地区不仅仅是纯净的淡水来源地，还为纽约人和邻近社区的其他人提供服务。卡茨基尔斯流域生产各种商品和提供各种服务，维系着我们的生存。它不仅为生活在那里的人们提供了生计来源和适宜的社区环境，而且还赋予了人们许多娱乐和文化机会。它为野生动物和植物提供了一个避风港，净化了空气中的有毒污染物，使我们的气候变得温和。然而，这些不同的服务，以及人们对这些服务的不同需求滋生争吵和冲突。纽约市的自来水消费者希望尽可能保持卡茨基尔斯流域的原生态，但该地区的居民可能对该地区有不同的期望。解决这些利益冲突需要讨论、谈判和妥协。然而必须首先认识到我们从这些自然系统中得到的不同好处和服务。

就像卡茨基尔斯一样，任何地区都提供了大量的免费服务，这些服务是由无数复杂而相互关联的生态过程产生的。它们的多样性证明了自然环境的复杂性及其对个人福祉、社区和经济的慷慨贡献。我们不能把环境仅仅看作无价资源的来源，而必须把它看作一个相互连接的服务网络，其中一些服务至关重要，而另一些则仅仅是让人愉悦。然而，仅仅认同这些不同的服务是不够的，我们还必须了解提供这些服务的基本生态系统。否则，我们很可能会浪费类似纽约市抓住的这种机会。为了充分认识大自然给予我们的恩惠，本章现在转而全面讨论这些生态服务。只有了解这些服务及其对我们的价值，我们才能重视拥有的自然禀赋。通过这种方式，我们学习了纽约市备受赞誉的自来水管理经验。

自然的益处

在过去的 10 年里，几位不同的研究人员对我们从自然环境中获得的各种益处或生态服务进行了分类。格雷琴·戴利（Gretchen Daily）[4] 确认了 13 种不同的生态系统服务，罗伯特·科斯坦扎（Robert Costanza）（与他人合作）[5] 列出了 17 种不同的服务，鲁道夫·德·格鲁特（Rudoff de Groot）[6] 列举了 37 种不同的益处。事实上，这些列表非常相似。我们从自然中获益的方式几乎没有争议，不同之处在于如何对这些自然禀赋进行分类和表述。本章列举的清单不多不少，共24种不同的服务。像德·格鲁特一样，本章首先将这些不同的服务分为4个类别，以反映它们与人类的关系。其次将依次讨论每种服务的重要性，分别是生命支持服务、供给服务、文化服务和承载服务（见表2-1）。

表2-1　生态服务

生命支持服务	供给服务	文化服务	承载服务
大气气体调节	粮食生产	审美与精神	人类居所
气候调节	原材料	教育和信息	种植和畜牧业
干扰调节	遗传资源		商业和运输
水的调节			能量转换
水的供应			娱乐
土壤形成			庇护区
控制侵蚀和泥沙淤积			
养分循环			
废物处理			
固定太阳能和生物质生产			
生物控制			
授粉			
维持生物多样性			

生命支持服务

通过神话、宗教信仰、艺术和口耳相传的传统，人类早已认识到自然界在我们生活中扮演的各种角色。我们的祖先不明白大自然是如何提供这些基本服务的，然而，他们的故事、绘画、与繁殖相关的节日和文化表达都证明了他们对这些自然禀赋的重视。相比之下，我们能更好地理解这些非常复杂的过程，这些过程不断为我们提供保护性的气候，食物、水和生存必需品。讽刺的是，尽管拥有科学认知，我们却很少关注来自大自然的重要恩赐。我们越来越依赖现代科技，与变幻莫测的大自然日益隔绝开来。当我们这样做的时候，慢慢不再感激大自然的恩赐。

大气气体调节

将地球的大气层与其邻近行星的大气层进行比较，可以看出这项关键服务的重要性。金星和火星的大气层相似，由二氧化碳（约 95%）、氮气（约 3.5%）、微量气体和水组成。虽然最初类似于金星和火星，但是地球的大气层现在由 78% 的氮、21% 的氧、少量的二氧化碳（令人惊讶的是，只有 0.04%）、稀有气体和水组成。亿万年来，我们的行星大气和生命共同进化，形成了现在的气体混合物，这种平衡在许多方面对生命至关重要。如果大气中的氧气太少，大约 15% 或更少，大多数需要靠氧气呼吸的生命都会窒息。如果氧气过量，大约 25% 或更多，行星表面将会自燃，产生巨大的火焰，地球上的生命几乎无法存活。幸运的是，复杂的自然系统能够有效地控制气体平衡。例如，动物和植物之间的持续平衡可以维持大气中氧气和二氧化碳的平衡。有证据表明，在过去的 7000 万年里，地球大气的气体组成相对稳定。

目前的大气成分在另一方面对地球生命也至关重要，因为它保护我们免受威胁生命的紫外线的伤害。上层大气中臭氧（O_3）的存在，而不是大气中氧气（O_2）的存在让原始生命离开了安全的海洋。臭氧层会屏蔽有害的紫外线，如果允许紫外线穿透到地球表面，所有陆地生命都将受到威胁。穿透臭氧层到达地球表面的紫外线伤害较小，但也会导致我们在海滩上被晒伤。然而，这些紫外线将具有保护作用的臭氧转化为普通的氧气，这个过程会损耗臭氧。幸运的是，自然大气系统的功能是在上层大气中产生更多的臭氧，以取代耗尽的臭氧。如果没有这些补充过程，几乎所有的陆地生命都将灭亡或回到安全的海洋之中。

气候调节

许多调节保护性大气的自然过程也提供了舒适和稳定的气候。例如，植物和动物呼吸之间的气体调节维持了地球上生命的二氧化碳水平。如果没有二氧化碳和其他气体，地球表面的温度将会骤降到 1 华氏度，形成一个几乎对所有生命形式都不利的冰冻星球。二氧化碳允许部分（但不是全部）太阳辐射使我们的星球温度上升到舒适温度，从而产生"温室效应"。大气在另一个关键方面调节着我们的气候。由于太阳辐射的角度，地球赤道附近的地表区域比高纬度地区接收到更多的太阳热量。这种热差驱动信风和其他大气力量，从而主导天气和气候变化。这些风将热量和水分散布到世界各地，从而调节了热带和温带地区的气候。这种气候调节倾向于限制极端温度，而极端温度会给大多数生命形式带来过度的压力。

我们每个人都能体会到温和的温度和免于极端天气条件的好处。然而，这些气候调节过程还带来了一些不太明显的好处。温和的气候使动植物能在地球上更广泛地繁衍生息。动植物的生存范围拓展意味着人类可以在更大的范围内生存和发展。气候温和也使得植物和动物能够将更少的能量用于维持生存。植物可以将更多的能量用于植物生产，而用较少的能量用于克服极端条件造成的压力。有效地利用太阳能可以使植物生长得更茂盛，并为食草动物提供更多的食物来源。在稳定、温和的气候条件下，人类和其他动物需要较少的能量来保护自己免受环境的伤害，从而将能量释放出来用于其他目的。通过这些方式，稳定的温带气候带来了更丰富的动植物和谐相处的世界。

干扰调节

然而，无论是我们的气候，还是与之相对的短期天气，都不是固定不变的。严重和极端天气时有发生，有时会造成毁灭性的后果。然而，自然系统减轻了这些风暴的极端负面影响，并促进大自然从破坏中恢复。出现强力飓风和暴雨的时候，植被缓冲了暴风雨带来的最严重影响。树木抑制狂风的威力，它们的树冠保护地面不受倾盆大雨的侵袭。植被和土壤吸收大量水分，避免洪水带来最严重的影响。某些土壤就像海绵一样，在暴雨期间吸收大量的水分，然后慢慢将其释放到最初被洪水淹没的流域。另外，在干旱条件下，大多数植物和动物都通过限制水分流失的行为反应来忍耐干旱。此外，许多树木尤其是灌木有耐火的树皮，使它们可以经受烈火的考验。

自然系统有能力恢复受自然或人为灾难破坏的地区。一旦创伤源消退，被火灾、洪水或严重干旱侵蚀的土地就会吸引生命力强的植物、动物和微生物落户。这些物种率先迁移到新创造的空间中，开启复苏进程。这种自愈能力是维持生态系统长期稳定的一项重要功能。这种恢复过程被称为次生演替（secondary succession），赋予大自然恢复的能力，尽管不一定会恢复到原始状态。考虑到我们有能力影响甚至伤害环境，这种休养生息的服务将保障大自然不受人类过去、现在和未来所犯错误的影响。

当然，这种恢复服务也有不受欢迎的时候。在现代农业（以及在典型的郊区景观）中，我们需要克服次生演替带来的挑战。我们创造良好的条件来种植选定的植物和作物，这同时也催生了"杂草"的生长，这些杂草当然是不受欢迎的。一心想要提高产量的农民必须除掉这些与经济作物竞争水、营养和太阳能的对手。他们每年花费数亿美元来抑制大自然的这种重要反应机制。同样，这些杂草破坏了翠绿整齐的草坪，房主在除草方面也花费颇多。

水的调节

水是生命之源。人体的 2/3 由水组成。幸运的是，我们的星球上有很多水，尽管绝大多数水都无法利用。[7] 有些水被锁在冰川里，而大多数水则存在于海洋里。如果没有全球范围内的水分蒸发、风和降水系统，我们将很快耗尽陆地上的淡水。水由于重力向山下流动，落在陆地上的雨水最终会通过溪流和河流等地表水系统，地下水含水层，或者通过蒸发和降雨循环回到海洋。无论采取何种方式，淡水最终都会流入咸水海洋，而对大多数陆地生物来说，咸水几乎没有什么用处。幸运的是，太阳能将海水加热并以水蒸气的形式返回到大气中，将多余的盐分留在海水中。大气风把水分带到地球的遥远角落。足够多的水蒸气聚集在一起就会形成雨。没有这一系列复杂的机制，陆地上的生命就无法继续存活。虽然地球上可用的水量是有限的，但这种持续循环使其具有弹性，使得可用水量几乎达到无限状态。虽然降雨的规律性和数量会随着不同地点发生变化，而且常常让人难以琢磨，但降雨的整体可靠性对陆地生物来说至关重要。

水的供应

当你需要水的时候，地球上随时都有地方在下雨，并不能给你带来多少安慰。即使下雨了，落下的雨水也像匆忙的旅客一样，随时准备重新回到海洋。大部分落在土地上的雨水通过蒸发和蒸腾的双重机制返回到大气中。剩余的水要么成为径流，要么通过土壤渗入地下水系统。由于水倾向于寻找最低的水位，河流和湖泊中的地表水会迅速流向海洋。在不到三周的时间里，这些地表径流就会回归海洋家园。这种唾手可得的水源似乎从我们指尖流过，然后就消失不见了。

幸运的是，大自然提供了各种各样的储水方式，以在不下雨的时候供应水分。低洼地区作为池塘和湖泊储蓄地表水流，充当天然水库。在地下，大雨期间土壤吸收水分，并缓慢地将水释放到含水层，使其流向地表河流。这种海绵效应减缓了淡水返回咸水海洋的速度，也解释了为什么即使在当地几天没有降雨之后，小溪和河流仍在继续流动。此外，土壤和地下水蕴藏着巨大的天然水库，可以根据需要不受天气限制取水。这些收集到的水为我们提供了可靠的水源来解渴和灌溉农田。平坦的地形、大面积地造林和特定的土壤都促进了这种保水过程。森林砍伐降低了土壤吸收雨水的能力，导致更多的水以径流的形式流动。被侵蚀的土壤和那些被暴雨冲刷的土壤吸收的水分较少。更糟糕的是，在土壤上铺路和修建停车场会助推洪水发生，因为这些做法会阻止水分渗透。补充地下水库的水量减少，更多的水以径流的形式流动，径流很快就会消散。我们可以通过修建水库来抵消水调节方面的任何损失。然而，失去这项免费服务会让我们付出沉重的代价。

土壤形成

土壤也许是自然作为自然资源或资本来源的最明显的例子。几千年来，人类认识到土地的价值，为肥沃的土地而战。土壤对植物具有重要的作用，有如下几个原因：它让植物在强风和暴雨期间可以依附，肥沃的土壤能固定植物，此外土壤可以涵养重要的植物养分以及大量有助于植物利用这些养分的微生物。肥沃的土壤富含这些元素。最后，正如前面提到的，土壤是用来储存水分的。肥沃的土壤为植物生长创造了适宜的家园，为农业经济提供了必不可少的庇护所。

让有些人惊讶的是土壤是一种可再生资源，尽管其再生速度极慢。土壤的形成是大规模全球侵蚀系统的一部分，这个系统持续地将沉积物从一个地方搬运到另一个地方。岩石的风化——无论是由于风、水还是化学反应——缓慢而持久地将基岩破坏成越来越小的碎片。风和水坚持不懈地推动这些颗粒从一个地方到另一个地方，并暂时降落在当地的土壤中。最终，它们以沉淀物的形式沉淀在海洋深处。经过亿万年，它们可能会在火山活动期间以岩浆的形式重新出现。然后冷却的熔岩变成了基岩，侵蚀作用最终会将岩石转化成新的土壤。此外，土壤不仅仅是小块岩石，它们还需要有机物质来为空气和水提供生存空间。这些有机物质来源于复杂的生物过程，通常通过蚯蚓将腐烂的植物埋入土壤。这些资源一起慢慢作用形成了有深度的土壤。

控制侵蚀和泥沙淤积

然而，得到的终将会失去。持续创造新土壤的过程也会将这些颗粒从它们目前的家园中分离出来，并将它们转移到下风处或下游。幸运的是，植被减少了这些力量的腐蚀性。作为防风林，植被减少了被强风带走的土壤量。植被冠层保护土壤免受强降雨的影响，从而减轻雨水的侵蚀。当水冲刷土壤时，植物的根茎进一步抑制土壤的运动。通常植物提供了一个屏障，在这个屏障后面沉积物会堆积起来，从而抵御水的潮汐力，把沉积物带到斜坡的更深处。在提供这些服务的过程中，植被覆盖阻止了土壤——这一重要的、可见的自然资本遭受侵蚀，这种自然资本在数百万年里维系了生命和人类活动。

尽量减少局部土壤侵蚀，让其缓慢堆积，就能形成深厚而肥沃的地表土。不幸的是，现代耕作方法使土壤更容易受到侵蚀，人们担心各种耕种方式正在耗尽土壤，因为侵蚀速度超过了土壤的形成速度。也许新技术将减少我们目前对自然土壤的依赖，以种植足够的粮食来满足人类的需要。[8]然而，在此之前，我们依靠不断形成的土壤来替代那些因侵蚀而不可避免丧失的土壤，从而维持农业经济和所有的陆地生物生命。

养分循环

　　植物的苗壮成长，需要的不仅是适宜生存的土壤、阳光和水，还需要四种主要营养物质（碳、氮、磷和硫）和另外十几种次要营养物质来生长和繁殖。就像所有的物质一样，这些营养物质都是有限的。然而，植物需要持续充足地补充每一种养分。为了满足这些要求，精心设计的网络已经发展到可以跨越整个地球，以确保营养物质不断循环利用。这些网络包括复杂的地质、化学和生物过程，我们对其中的一些几乎一无所知。例如，碳以不同的形式通过地球的大气层、水、土壤、活体组织和熔融的地核被循环利用。从火山爆发等灾难性事件到日常的呼吸活动（当我们呼出体内的二氧化碳时），大量的过程都参与了碳循环过程。这些循环过程在全球范围内发生，确保它们能扩散开来。这种传播为支持植物生长的土壤提供持续的肥力。不幸的是，对现代农业系统来说，补充的速度通常不够快，现代农业系统已经转向商业营养物（肥料），以提高产量和弥补下降的自然肥力。

　　并非所有营养物质的循环都依赖全球过程，事实上，大部分循环都是地方性的。我们生活在一个"自相残杀的世界"，而且谢天谢地我们生活在这样一个世界。植物主要通过土壤中的营养物质来满足日常所需的维生素。食草动物以这些植物为能量和营养的来源，而食草动物又是食肉动物的食物来源。在每个阶段，进食者都能利用这些营养物质并将它们转化成新的结构。这种新形式成为另一种捕食者的美味佳肴。最后，那些被称为分解者的动物和微生物消费残留的东西。这个过程本质上是将这些关键的营养物质返回到土壤中，为新植物的生长提供"资本"。这些食物网保存了当地的土壤肥力。

　　营养循环的地方性给国际化的农业和粮食系统带来了一个根本问题。"面包篮子"内布拉斯加州出口大量小麦以满足城市人口日益增长的需求。在这个过程中，关键的营养物质被"输出"。如果任由这些营养物质在土地里分解，土壤的肥力能够得到维持，为未来的收获做准备。为了抵消流失的养分，农民需要"进口"昂贵的肥料来补充土壤肥力。与此同时，城市地区营养物质过载。一些食物垃圾被运送到垃圾填埋场，在那里也存放有毒物质。剩余的食物垃圾被冲入当地的小溪和河流，它们经常淹没水道，最终流入海洋。这两种选择都不便于基本营养物质的回收和循环利用。

废物处理

调节大气和循环养分的生物地球化学过程也提供废物处理服务。正如每个生物体都需要食物和营养一样，它也必须排出不再对自身有用的废物。这些排泄物不仅不受欢迎，而且通常对机体有害。必须用某种方法来消除这些废物，以抵消它们不断产生的过程，否则，任何生命形式都将很快被自己产生的垃圾吞噬。幸运的是，大自然创造了一个系统，在此系统中，一种生物的有害废物是另一种生物的食物和营养来源。

许多人认为氧气是地球上的第一种污染物。当早期生命形式出现时，它们利用二氧化碳并将氧气排入大气。慢慢积累的氧气最终威胁到了同样排放氧气的生命形式。同时，积累的氧气催生了能够利用这种元素的生命形式的进化。动物生命的发展与植物生命的需求互补，因此创造了一个双向的废物处理系统，并且稳定了大气系统。大自然似乎具有创新精神，它奖励一些物种消耗其他物种日积月累产生的废物。

就像美貌一样，"食物"是否可口也是见仁见智的。一个有机体的废物是另一个有机体的食物来源。被称为分解者的各种各样的动物和微生物被动植物产生的废物吸引，并将这些废物转化成更有用的形式。它们是营养循环链中必不可少的环节。此外，这些生物还提供各种专门的服务。

科学家们发现了许多不同的菌种,它们对石油贪得无厌。这些细菌现在被用来对抗沿海石油泄漏。在消耗石油的过程中,它们降低了石油的破坏性。早在人类钻探石油之前,这些细菌就已经在自然发生石油泄漏的地区进化。因此,这些废物处理服务不仅可以净化我们的环境,而且我们还可以利用这些服务来减轻现代生活方式造成的伤害。

固定太阳能和生物质生产

正如前文所讨论的,巨大而复杂的自然系统促进生命重要元素的循环,包括水和关键营养物质。为了有效运作,这些全球系统需要太阳提供的能量。太阳的热量驱动蒸发过程,并推动风将水分分散到整个星球上,最终形成雨或雪。每一个参与营养循环的有机体都需要能量将食物和水转化为可用的物质。不像可以无休止地循环利用的水和关键营养物质,我们利用的能源只能使用一次。这是由熵定律或热力学第二定律决定的,着实让人沮丧。根据这一定律,任何一种能源的功势在使用过程中都会不可避免地下降。然而,之前提及的每一项自然服务都需要可靠的能源。幸运的是,在接下来的一亿多年里,太阳应该是一个可靠的来源。

虽然所有的生物体都需要能量才能生存,但只有少数能直接利用阳光作为能源。动物沐浴在温暖的阳光中,它们可能珍视(或者害怕)太阳带来的光亮,然而动物不能直接利用阳光来驱动自身的生物功能。只有植物才能做到这一点。植物通过光合作用利用太阳能将营养物质和水转化为储存的化学能，即碳水化合物。无论是直接地还是间接地，几乎所有其他生物体都以产生的这些碳水化合物为食，从而满足它们的能量需求。太阳能支持地球上几乎所有的生命。光合作用不仅创造了一种不同的、更有用的（对动物和一些植物）能量形式，还创造了一种更集中的能量形式。虽然数量充足，但阳光是一种高度分散的能量形式。光合作用将阳光中的能量集中起来，并将其转化。通过这种方式，它减轻了所有以植物为食的生物的生命负担，提供了相对丰富的能量来源作为觅食成本的补偿。

生物控制

生命之网包括许多高度复杂的系统和机制，这些系统和机制使不同物种的种群大致保持平衡，从而保持生命的多样性。各种各样的行为关系——捕食、竞争、共生和寄生——是生物控制的方法。每一种行为都是为了防止一个物种占据全部能量，控制其他物种，并阻止其他物种寻找新的生存空间。一个由少数关键物种主宰的世界不仅会变得无趣，而且适应性也会更差，更容易受到破坏性变化的影响。

当我们看到宠物在院子里杀死一些毫无戒备的鸟类，许多养猫的人会感到厌恶并抱怨大自然残忍无情。然而，这种捕食过程是生物控制服务的一个重要机制。环境的任何变化，无论是自然的还是人为的，都可能有利于某些物种。异常温暖的冬天可能会让更多的鹿存活下来。如果不加控制，鹿群数量增加会消耗作为饲料的灌木丛。过度放牧导致土壤侵蚀和耗竭。这些损失不仅会导致鹿群饥饿，而且会导致未来鹿群数量减少。一些地方存在鹿群的捕食者——狼和其他食肉动物，那会是另一番情形。鹿群数量的增加为捕食者带来了更多的机会，并使捕食动物数量膨胀。食肉动物抑制了鹿群的爆炸性增长，使当地的森林免于过度放牧。此外，捕食者会将较弱的鹿群淘汰，从而使鹿群整体变得更加强壮。鹿群的数量减少导致狼的数量减少，因为捕杀的次数减少了。最终，猎物和捕食者都回归某种程度上的平衡，尽管这也不是绝对稳定的平衡。捕食可能会导致某种猎物的灭绝，但这种情况很少发生。更有可能的结果是，生物控制维持（在某些情况下刺激）更为多样性的自然系统。多样性提升强化了自然系统的完整性，并使其长期存在。[9]

授粉

除了生存，所有的生物体活着都是为了繁殖。植物繁殖与动物繁殖形成了有趣的对比。与动物不同，植物通常同时产生雄配子和雌配子，因此具有自花授粉或无性繁殖的潜力。奇怪的是，大多数植物都避开了自花授粉或无性繁殖，而选择风险更大的异花授粉和有性繁殖。与能移动并寻找潜在伴侣的动物相比，植物是固定着的，不能"寻找"可能的伴侣。相反，它们依靠运气，希望风或水把种子带到附近的"表亲"那里，或者希望一些昆虫或鸟带着合适的花粉来"拜访"。大多数植物已经进化到依靠动物传粉来提供这种关键的服务。[10]

为什么大多数植物会忽视相对安全的自花授粉，而把自己的命运付诸如此冒险的赌博呢？尽管相对安全，无性繁殖也有风险，因为它产生的后代具有相同的遗传密码。在植物完全适应环境的情况下，这实际上是一个优势。如果不出现随机突变，每一株植物后代都获得了亲本植物的积极特性。然而，自花授粉降低了物种内部的遗传多样性，一旦环境发生变化，植物的遗传适应机会也会变少。采用异花授粉的植物在其种群中的遗传多样性更高，对环境变化具有更强的适应性。然而，异花授粉面临的风险是授粉无法完成，不能留下后代。谁说赌博只是人类的恶习呢？

传粉者的可及性不仅对植物繁殖至关重要，而且对物种种群内部和跨物种的生物多样性也至关重要。虽然大多数人只知道"鸟和蜜蜂"是植物授粉者，但其他昆虫，如苍蝇、黄蜂、甲虫、蝴蝶、飞蛾，甚至蝙蝠，都提供授粉服务。然而，蜜蜂是最重要的传粉者，在 1500 种主要农作物和药用植物中，70% 以上是由蜜蜂授粉的。不幸的是，有证据表明，在过去的半个世纪里，蜜蜂的数量因多种疾病而出现下降。[11]此外，非洲蜜蜂的入侵威胁也在减少蜜蜂的数量。

已经有证据表明，蜜蜂数量减少对美国农业产生了影响。[12]虽然我们可以通过一些方式弥补自然授粉的不足，但这也会导致农业成本显著增加。自然授粉服务减少意味着农民的成本增加，要么是土地减产，要么承担授粉服务带来的额外成本。

维持生物多样性

每个人类生命体终将走向死亡，而任何特定物种也终将走向灭绝。即使没有现代人类的足迹，气候变化和其他自然事件也会导致物种灭绝。科学家估计，物种灭绝率大约为每年一个物种。[13]此外，科学家们在 5 次物种大灭绝的化石记录中发现了证据，上一次大灭绝发生在 6500 万年前，当时恐龙也灭绝了。[14]专家们认为，几乎所有曾经生活在地球上的物种都已经灭绝了（99%）。[15]灭绝是常态，而不是例外。

死亡和灭绝不可避免，幸运的是大自然的机制创造了新物种来抵消灭绝的影响。通过三个生物学过程——基因突变、有性繁殖和物种形成，自然界持续补充和扩大世界基因资源。这种生物多样性在物种内部（称为遗传多样性）以及物种间（称为物种丰富度）都具有重要意义。随机突变和有性繁殖都有助于扩大一个物种的遗传多样性。遗传繁殖中的随机错误可能会产生新的基因。虽然这些偶然发生的突变大多是"错误"，却能提升生存优势。自然选择鼓励这种突变在物种的基因库中变得更加普遍。有性繁殖鼓

励具有不同基因类型的配偶创造新的基因原型组合。这两
种机制的作用都是扩展特定物种的基因，从而更能适应不
断变化的环境。

与此同时，几种物种形成的方法也催生了新物种的产
生。生物学家认为，当某一特定群体的一个亚群体与群体
的其他成员以某种方式隔离时，物种形成就发生了。这种
隔离可以是地理的、生态的或行为上的。在地理隔离的情
况下，每个亚群所面临的不同环境条件产生不同的进化路
径。隔离阻止在一个亚群中发生的任何变化在其他亚群中
也发生。最终，不同路径产生了充分的差异，从而使亚群
成为不同的物种。生活在加拉帕戈斯群岛的达尔文雀就是
一个明显的例子。这些鸟被认为有一个共同的祖先，由于
岛屿的相对隔离，它们能够进化成不同的物种。随着时间
推移，每一个物种都在进化，以更好地适应其岛屿栖息地
的特定条件和食物来源，直到成为独立的物种。

生物多样性不仅有多个益处，还是一项综合生态保险
政策。[16]遗传多样性和物种丰富度都为未来的变化和不确定
性提供了保障。拥有更广泛基因库的物种在面对不断变化
的环境条件时具有更强的适应性。在现有条件下平平无奇
的基因组合可能会成为未来生存所必需的属性。同样，生
态系统未来的生存能力取决于它的物种丰富程度。在生态
系统中不同的物种常常扮演着提供冗余服务的角色，每个
物种在其他物种灭绝时都可提供备份。正如投资者被警告

不要把所有资产都投资在一种理财产品上一样，我们也应该避免减少生物禀赋的多样性。这样做将导致我们目前所依赖的关键生态服务减少甚至消失。

这13种生命支持服务（见表2-1）有一个共同特点：它们提供和维持生命——包括人类存在的基本条件。取消其中任何一种服务将几乎消灭所有形式的生命。从积极的方面来说，这13种生命支持服务不仅仅是维系生命的存在，还提供了一个友好、慷慨和宽容的栖息地。这些服务不仅保护我们免受宇宙的危害，这些危害使生命形式变少，而且它们还提供了让我们赖以生存且舒适的所有关键功能。

供给服务

与生命支持服务不同，供给服务更能引发我们的兴趣。所有能解渴、充饥、提供衣食住行、遮风挡雨、给工具和机器提供动力、满足我们一切物质欲望的物质产品，都是大自然的馈赠，而且往往是免费的。人类早就认识到这些服务的价值，无论过去还是现在，它们一直是冲突和战争的根源。这些服务的产品构成了经济学家所称的自然资源（natural resources），它们为我们的物质幸福做出了重要贡献，这可以用GDP（国内生产总值）等指标来衡量。人类生产的每一种商品都需要依靠自然供给服务。基于现代生物技术的进步，我们认识到多样基因库在新兴的生物技术产业中发挥了基石作用。多元化的基因库为生物技术进步提供了更广泛的选择。

粮食生产

　　为我们提供生命支持服务的自然系统也创造了满足我们饮食需求的食物（和饮料）。我们所食用的所有食物——水果、蔬菜、谷物、豆类、坚果、肉类和鱼类，以及草本植物——基本上是由自我调节的自然系统创造的。我们喝的液体，包括来自动物的液体，也来自相同的自然系统。在农业出现之前的几千年里，人类依靠这些自然提供的物品生存，甚至繁荣起来。他们寻找淡水、野生谷物、蔬菜和水果，并狩猎野味。大自然慷慨地给予这些礼物，人类只需收集或捕捉就能获得。

　　在过去的一万年里，人类用大量创造性的劳动来补充这些自然提供的食物来源。首先，我们驯化了一些野生动物，后来又培育了野生植物和树木。这两项创新都使我们的祖先能够提高这些食物来源的产量。为了增加收成，我们的祖先创造了灌溉系统来弥补不规律的降雨的缺陷，并为土壤补充养分。他们使用其他天然肥料以进一步提高产量。这些创新常常带来可观的收成，但在某些情况下，它们也导致了当地土壤长期退化。曾经被称为"新月沃土"的当代伊拉克的沙漠，其形成的部分原因是过去的灌溉实践。[17]持续灌溉土壤慢慢将位于下层土壤中的盐分带到了地表，使表层土壤不适合大多数植被生长。

近几十年来，我们越来越善于利用人力资本代替自然资本。复杂的机械、化肥和杀虫剂、基因工程、温室和水培农业都扩大了自然极限，提高了农作物产量，以供养不断增长的人口。尽管有了这些创新，粮食生产系统仍然依赖一些极其复杂和我们了解甚少的自然系统。粮食生产系统要求我们了解并保持这些自然基本系统的完整性和有效性。不幸的是，有证据表明，人类的一些创新正在削弱它们的效力。化学杀虫剂不仅能杀死以农作物为食的害虫，还能杀死制约这些害虫的天敌。商业杀虫剂在解决一个问题的同时也意外遇到了另一个问题。

原材料

我们的生活不仅仅包括面包和水，房屋温暖着我们，衣服和饰品让我们光彩照人，人们利用丰富的想象力创造出来的工具和产品让生活多姿多彩。大自然为人类慷慨提供了生产大量产品所需的材料。有些是可再生资源，如植物和树木的纤维和花朵，以及动物的皮毛和羽毛，都是由上述相同的自然系统产生的，受季节和年度变化的影响。自然补给使得这些资源可以持续使用。矿物和宝石等其他资源是不可再生的。但是实际上所有这些有限的资源都是可重复使用的。根据我们的目的，这些资源可以重复使用，以在相当长的一段时间内满足我们的需求。此外，我们一直在开发某些材料的新用途。举个有趣的例子,鲨的血液中含有一种独特的物质,可以支持正在进行的医学研究。这种化合物只在鲨中被发现,"它能有效检测美国所有医院的药物和疫苗、假肢和静脉滴注物中的污染物"。[18]到目前为止,科学家还无法合成这种化合物。

如前所述,我们对非生物资源的再利用存在一个例外:能源。根据热力学定律,能量既不能产生也不能消灭。然而,当我们使用能源的时候,它的实用性确实在下降。当用煤发电时,我们把能量转化成不同的形式,但没有任何一种形式被破坏。煤中的大部分能量变成热能。当加热的蒸汽驱动涡轮时,一部分热能转化为物理能量。剩余的热能随之消散到较冷的环境中,其有用性迅速下降。一旦被使用,能量就会变得分散,其未来的效用就会降低。可以肯定的是,即使没有我们的干预,这种能量从高度集中到较不集中形式的退化也会发生,尽管速度要慢得多。正因为如此,一些人把我们的世界看作一个巨大的电池,它不可避免地消耗着能量。幸运的是,所有迹象都表明,我们的原电池——太阳——电量很足。然而,并非我们目前使用的所有电池(能源)都如此可靠。

遗传资源

如前所述,生物多样性使自然生态系统在面对不断变化的环境条件时更加多产和持久。生命支持服务至关重要,我们同样也从自然界提供的遗传资源中直接受益。慷慨的基因不仅提供了大量的水果和蔬菜供我们选择，而且在一个特定的物种中也提供了多样性，比如苹果。遗传资源丰富给我们提供了更多选择。从本质上说，我们目前的药物有一半源自植物、动物或微生物。[19]说不定某些存在于植物或动物体内的化合物将来可能用于治疗癌症、艾滋病或其他疾病，谁知道呢？这些药物不仅拯救了无数人的生命，减轻了人类的痛苦，而且服务于重要的经济领域，如制药和化学工业。

长期以来，人类一直在利用这一庞大的基因集合。从几千年前开始，我们的祖先就学会通过选择育种"改良"他们物色的野生动植物。偏爱具有理想性状的个体动物和植物，他们培育出的杂交后代表现出理想性状，同时抑制了不良性状。长此以往选择性育种产生了攻击性较弱、繁殖力更强的动物，以及能结出大颗果实的植物。没有人类的帮助，这些杂交品种甚至无法再繁殖。这些改良提高了产量，同时降低了生产成本。人类偏爱这些被选中的品种，而不是它们的野生近亲，这也导致不受人类欢迎的品种渐渐灭绝消失。

在财务管理中，广泛和多样化的投资组合可以降低风险。虽然目前的植物和动物杂交品种已经很好地适应了现代环境，但环境必然会发生变化。气候和降水模式的变化、土壤肥力降低和害虫突变都可能改变任何品种的适宜性。

如果没有更广泛的基因库可以依赖，这些被选择的杂交后代未来的变化将是有限的。此外，植物和动物的连续近亲繁殖最终会造成基因缺陷。现代杂交品种几乎丧失了它们的"野生"表亲的自然耐久性和抗虫害能力。杂交品种的广泛使用拉响了自然警报，警示任何害虫都能够突破自然和人为的防御。尽管现代农业方法在很大程度上掩盖了这种脆弱性，但有时它也会成为一个重大问题。1970 年，美国农民使用的商业玉米种子的 70% 来自 6 个自交系。那一年，一种叶霉菌席卷玉米带，摧毁了 15% 的农作物，大幅减少了农场收入，导致食品价格上涨。[20] 幸运的是，研究人员发现了一种野生的、几乎灭绝的玉米品种，这种玉米对叶霉菌有天然的抵抗力。植物育种家能够将这种特性整合到此后的商业品种中，从而保护庞大的玉米产业免受这种霉菌的破坏。如果没有广泛的基因资源库，育种者在如何应对未来的害虫和枯萎病方面的选择将非常有限。随着生物工程技术的进步，基因资源的多样性将完全决定我们是否有能力应对未来问题。

文化服务

与刚才讨论的服务不同，文化服务为我们提供了非消费性的直接利益。与我们消费食物或原材料的方式不同，我们从这些服务中受益，而不需要用完它们。这些服务包括壮观的景点,如大峡谷和尼亚加拉大瀑布,也包括步行穿过附近的树林便能抵达的宁静之所。当我们的精神和艺术自我试图以各种形式解释世界并用多种形式进行表达时,大自然给了我们几乎无限的灵感。实际上,在所有情况下,我们都可以选择从这些自然服务中受益,而不必消费它们或威胁到它们对后代的贡献。然而,不久我们就会发现人类的行为正在威胁这些服务。

审美与精神

长久以来,大自然一直吸引着我们,引起恐惧和敬畏。法国西南部发现的古代洞穴壁画证明了大自然的持久魅力,在这些壁画中画家们竭尽全力画出了有助于人类生计的动物。穿越时空,跨越文化,我们的祖先以大自然的景象装饰陶器和饰品。在现代,景观画满足了当代人与神秘的大自然产生联结的愿望。大自然中令人眼花缭乱的形状、样式和材料启发了其他艺术形式,包括雕塑和建筑。大自然的神秘复杂性激发了无数说书人、作家和音乐家的想象力,带来了大量寓教于乐的故事。

自然的美学力量远远超出我们的艺术表现,甚至影响了我们的生活方式。20世纪初,田园乡村吸引富裕的城市居民向乡郊搬迁。现代交通工具为大众提供了在城市工作、在农村生活的机会。郊区的兴起就是为了满足这种愿望,即远离城市公寓的噪声和拥挤,获得乡村"庄园"的宁静和私密。大量人口向郊区迁移也带来了嘈杂和拥挤的问题，还产生了一些新的问题，导致人们搬到更偏远的地方。海滨或山间住宅的蓬勃发展和飞涨的房价进一步证明了我们对自然环境的重视。亲生命假说认为，人类天生就被大自然及其活力吸引。最近的研究表明，即使是大自然的图像也有助于恢复精神创伤和手术后创伤。[21] 这个理念催生了建筑领域的新方向，设计师们正在寻找将自然融入建筑环境的方法，以提振员工士气。

我们常常在自然环境中寻求庇护，以充实精神世界。大多数主流宗教和精神实践形式都鼓励静心冥想，以此作为实现精神洗礼的一种方式。相对宁静的自然景观为我们提供了一个完美的环境，让我们脱离繁忙的生活，休养生息。有人选择在林间散步，也有人选择去精神静修中心。不出所料，绝大多数这样的中心都位于偏僻的自然区域中。不管我们从事什么工作，造访大自然让每个人都有机会摆脱现代生活的干扰，并重新建立内在自我和自然的联系。

教育和信息

大自然丰富的生物多样性为我们提供了一个巨大的信息库——人类最近才开始对这个信息库进行分类和了解。正如前文提到的，目前许多药物都来自天然化合物。毫无疑问，未来人类会进一步加深对植物或昆虫化学物质潜能的了解，这将推动研发更多药物。工业生产中使用的许多关键油脂和树胶都是从叶子或种子中提取的植物油衍生物。一些树种——包括橡树、山毛榉、梧桐树和柳树——在净化空气中二氧化硫等有毒污染物方面特别有效。[22]这些知识有利于城市森林管理员规划城市景观。长期以来，不同的物种以无尽的方式进化，它们已经可以更好地适应环境以免受饥饿的捕食者或不断变化的栖息地的影响。充分了解这种多样性可以帮助我们为当前和未来的问题制订生物解决方案。

深入了解自然系统可以促进更有效的农业实践。简单地喷洒化学杀虫剂来清除农作物的自然害虫从长远来看是行不通的，即使这些化学物质不会在杀虫时产生附带伤害。持续喷洒杀虫剂会促使杀虫剂抗药性菌株出现，而这些菌株通常需要不断增加剂量才能清除。在理解自然的过程中，害虫综合治理理念通常鼓励使用不同的化学和生物控制手段来改变对有害生物的攻击，并通过这种变化使其失去平衡。与其他许多领域一样，对自然系统的了解使我们能够设计出更有效、成本更低的化学品和工艺。

作为有用信息的源泉，大自然可以教给我们很多关于我们自身的历史。从埋藏已久的化石和冰原岩芯样本中收集到的信息可以告诉我们过去的历史。已发现的化石提供了进化过程的证据，并使我们重新审视人类的起源以及人类与神的关系。考古挖掘让我们了解祖先的生活，以及他们的行为是否破坏了社会的持久性。冰核样本提供了过去气候和温度波动的证据，帮助我们了解历史以及可能的未来。上述这些都为我们提供了指引，指导我们以一种为后代提供更多机会的方式生活。

承载服务

除了维持生命和供给需求，所有生物体都有空间需求。这些要求不仅包括居住所需的物理空间，而且包括满足其物质和庇护需求的足够空间。每个生物体都需要足够的空间来满足其供给需求并允许其自然废物得到充分吸收。同样，我们也重视对空间的使用，以满足各种功能和用途。我们不仅需要物理空间来建造家园和增加食物种类，我们还需要土地（和水）来运输想要的产品，获得娱乐享受，甚至转换必要的能源。最后，我们认识到必须保留一些土地作为自然的庇护所。不幸的是，任何一块土地的承载功能基本上都受到零和约束。两种不同的生物不能同时占据同一物理空间，一块土地也不能同时承载两种功能。[23]对于那些在自家花园里同时种植新鲜水果和蔬菜的人来说，这条规则可能不会产生太大影响。然而，如果我们想要扩建房屋，必然要牺牲花园空间。与其他自然限制相比，物理空间对我们如何利用自然世界的限制可能更为严重。

人类居所

我们每个人都需要一个居住和休憩的地方。人类作为一个物种不断繁衍，用于居住的物理空间必然会增加。然而，推动居住空间增长的不仅仅是人口数量。经济发展、技术进步和文化活跃促成了房地产的繁荣，使肥沃的农田或未开发的地区被开发成住宅区。在全国无数的社区里，人们意识到当地农场和绿化带正在消失，并为此扼腕叹息。当我们试图满足不断增长的人口对于"家"的需求时，城市扩张正在影响大多数社区。很明显，很多经济领域，包括住宅房地产、房屋建筑和家居装饰行业，都依赖这种持续的扩张。

种植和畜牧业

不断增长的人口和我们对更丰富饮食的需求使得更多的土地被用来种植庄稼和饲养动物。我们已经把很多地理位置优越的肥沃土地变为农庄。作为补偿，我们把以前不发达地区、森林和陡峭的山坡开发成农场和牧场。幸运的是，现代技术已经减少了种植粮食所需的土地面积。产量更高的新作物品种，以及动物的"工厂化养殖"减少了对土地的需求。这些做法虽然有效地减少了土地使用需求，但也给自然系统带来了其他不易察觉的压力。在这两种情况下，集约化食物生产都需要大量进口营养物质或饲料，并且未使用的废物会产生严重的"排污"问题。此外,全球收入不断增长让人们转向消费更多土地密集型食物,尤其是肉类。所有这些因素加在一起,使得提供足够的土地以种植充足的粮食作物压力变大。

商业和运输

只有当粮食产量增加,社会不再依赖农业经济时,这一类别才具有重大意义。然而,在我们目前的经济中,商业是土地的主要消费者,特别是因为它包括零售、政府和工业。因此,人口增长和物质繁荣是驱动这种土地利用形式的两大动力。幸运的是,我们可以预期这里会出现一些限制。为了削减开支,企业会降低不必要的房地产成本,从而限制土地使用需求。例如,现代建筑技术和材料允许企业限制它们的空间需求,通过建造摩天大楼和其他多层建筑来"扩展"可用的土地。

我们还需要土地来完成另一项功能。现代工业需要进入市场才能销售其生产的商品和服务。此外,这些企业需要获取可靠的关键资源,包括原材料、能源和劳动力。在这两种情况下,企业都需要可靠和方便的交通网络来促进资源、人员和货物的流动。因此,现代经济把越来越多的土地用于道路、铁路、港口设施和机场。商业的增长将需要更多这种交通基础设施。不仅是陆地,还有以可通航河流、湖泊和海洋形式存在的地表水,它们都是货物和人员往返工作场所的重要交通工具。虽然这种对水的使用方式似乎并不妨碍其他用途，但实际并非如此。在河流上筑坝蓄水并及时提供电力，就会限制水道的运输功能。即使建造水闸系统允许水上运输通行，用于运输的水路也不能用于其他目的。

能量转换

鉴于能源对人类的重要性，一些土地也必须用于这种用途。传统人类社会依靠林地提供柴火来满足能源需要。今天，这一功能所需的土地反映了目前对"开采"能源的重视。一些能源，如石油、天然气和深采煤，所需的表面积相对较小。其他关键资源，如地表煤和铀则需要更大面积的地表，并经常产生毁灭性的后果。总的来说，与我们的其他需求相比，用于能源转换的土地相对较少。然而，随着现有的石油和天然气资源逐渐耗尽，我们将需要开发替代能源，许多替代能源需要更多的土地。风能和太阳能都是相对良性的可再生能源。然而，如果要在未来能源领域发挥重要作用，两者都需要大量的空间。

娱乐

人类社会长期以来把土地用于娱乐和体育活动。城市用地密集使得附近未开发的土地变得稀缺，因此需要留出土地用于娱乐。城市公园和乡村绿地就是土地用于娱乐的两个例子。在全国范围内，对荒野消失的担忧促使我们建立了国家公园。今天，我们的大部分土地，特别是西部的荒野地区被开发成私人狩猎保护区、自然公园和露营区。这证明公众对追求这些传统娱乐形式有极大的兴趣，包括打猎、钓鱼、骑马和徒步旅行等。其他土地被用于满足人们对体育的迷恋，如高尔夫球场、足球场、棒球场和网球场，点缀着郊区景观。室内活动包括音乐、戏剧、电影和艺术需要其他场地和空间。最后，物质富裕和科技发展推动产生了新兴娱乐场所，包括体育竞技场和游乐园。

庇护区

土地的这一承载功能是指非人类物种的需要。正如人类需要栖息地来提供舒适的居所和保护，获取食物来源并融入当地环境，其他物种也是如此。昆虫、鸟类和小型动物需要植物和树木来提供庇护以及作为筑巢材料。它们同样需要天敌来帮助保持种群的平衡，也需要那些分解废物并将营养物质送回生态系统的物种。因此，庇护区必须提供健康和持久的生态系统，而不仅仅是特定物种的栖息地。对于一些像候鸟这样的迁徙物种来说，这些庇护区必须存在于多个地方，包括出生区、沿着主要候鸟迁徙路线的"休息站"和夏季庇护所。没有这些区域，我们将失去各种各样的物种，对本章已经讨论过的生态系统服务造成浪费。

　　并不是所有的其他载体功能都与庇护功能相冲突。例如，未开发的"荒野"地区经常可以作为有效的野生生物保护区。良好的捕鱼和狩猎区域需要健康的生态系统。徒步旅行者通常会寻找有各种各样（不具威胁性的）动物和奇异植物的地方。然而，即使是这些活动也会对物种施加一定的选择性压力，尤其是那些对人类干扰或人类活动目标敏感的物种。其他形式的载体功能对大多数物种来说更不适宜。除了最顽强的动物和少数受人喜爱的物种外，现代住宅和企业对所有其他物种都是禁区。地面运输系统对大多数试图共享它们的物种来说是致命的。虽然作为木柴来源的森林土地对许多物种来说是相当适宜居住的，但是用于开采地表煤炭和铀的土地对大多数物种来说基本上没有吸引力，对许多物种来说甚至是有害的。[24]最后，用来种植庄稼和饲养动物的土地对大多数物种来说是不适宜居住的。现代农业在提高产量方面取得的成功是以牺牲这些自然竞争对手为代价的。人类喷洒化学药品来消灭啃食庄稼的害虫。其他化学物质可以消除杂草，这些杂草会侵占受人们喜爱的植物的空间。为了使现代农业具有成本效益，我们清除了大片与之竞争的植物，平整了地面，以便更有效地使用机械。几乎所有现代农业技术的关注点都是为了不让农田为其他物种提供庇护。确实可以说人类大部分土地开发和景观实践都是基于此目的。

回到卡茨基尔斯流域

尽管纽约人无疑喜欢清洁的自来水，但我怀疑他们没有完全意识到卡茨基尔斯流域资源是多么宝贵。尽管大多数美国人可以获得廉价且安全的饮用水，但很少有城市居民的自来水不受氯和其他净化化学品的污染。目前的水处理技术在很大程度上消除了伤寒等过去的病毒祸害，这证明对这些设施的公共投资是合理的。然而，卡茨基尔斯流域提供了一个清晰的例证，说明自然即是资本，或者说是自然资本（natural capital）。纽约官员可以选择投资建设新的水处理和储存设施，或者投资流域保护，以保护自然提供的水处理服务。这两项投资都为水用户提供了有价值的服务。当我们认识到从自然中获得的资源是一种资本时，重要的转变发生了。自然资本的概念鼓励我们保护自然，充当管理者的角色，而不是将自然视为某种可以开发和消费的东西。正如年轻的继承人消耗他们的遗产是愚蠢的行为，一个社会耗尽其自然资源也是灾难性的行为。

从几个方面来看，将自然及其基础过程视为自然资本是一个恰当的类比。就生产性资本而言，像建筑、机械和工具这样的物品，我们真正欣赏的不是这些物品本身，而是它们为我们提供的服务。实物资产为所有者带来收益或收入，从而赋予它们价值。同样，我们可能会惊叹于复杂的水循环设计，但是我们最看重的还是这个循环带来的淡水补给。从这些自然系统获得的服务就像"收入"，要么为我们所用，要么可以与他人分享。此外，我们可以享受这些自然系统提供的收入或福利，而不会威胁到提供这些自然系统的资产或本金。我们可以享受大自然的丰收——野生浆果、森林的木材、田野的粮食——而不损害大自然未来提供这些产品的能力。这些生命维持服务是大自然慷慨提供的，它们是自我产生的，因此，合理使用这些服务不会损害它们的功能。这些自然系统可以有效、可靠、持续地运转，而不需要人类的关注。然而，不合理地使用或破坏这些自然资产将导致生态功能的丧失。正如以非制造商设定的方式使用人造机器，机器可能受到伤害一样，自然禀赋也是如此。人类消除或损害这些系统的行为将不可避免地导致它们所产生的益处丧失。太多时候，我们把自然当作无限的"资源"，最后意识到我们浪费了提供这些服务的自然资本。

另一方面，类比可能掩盖重要的差异。把自然系统严格地比作任何其他形式的金融资本都会产生误导。有一个例子很有启发性。出于对美国森林减少的担忧，林业专家提出了"可持续产量"的概念。这个概念的目标是在可持续的基础上将森林收益最大化。要计算这一收益率，可以参考有关审慎使用的财务指南。对于一个简单的储蓄账户，只要消费不超过年度利息，就不会影响账户余额。只要不消耗本金，人们就可以指望将来获得相当水平的利息收入。将这一规则应用于森林的可持续产量，我们可以得到以下指导原则：只要我们开采的木材不超过森林存量的年增长率，这些存量就不会受到开采的威胁。根据这个原则，如果森林的年增长率为 2%，我们应该能够在不减少存量的情况下开采 2% 的森林。不幸的是，事情并没有那么简单。

活物资本对规则的反应要大于金融或物理（机械）资本。看起来似乎是对森林资源进行的"可持续"开采也会导致问题。砍伐树木出售木材会威胁到森林系统的完整性。砍伐树木会清除一些重要的养分，这些养分通常通过腐化补充森林土壤并促进未来树木成长。养分被输出而不采取一些补偿措施，就会慢慢地破坏森林的肥力和活力，导致未来产量下降。现代农业迅速耗尽土壤的养分，农林间作方法的应用也会如此。此外，从森林银行中"提款"的方式也很重要。通过森林砍伐来"提款"很可能会破坏自然系统，因为这样会使该地区得不到保护，容易受到一系列危害的影响，这点前文已提及。选择性砍伐某些树种或质量最优的树木会使森林中的木材种类减少，质量变差，而这些都是未来森林补给的来源。甚至砍伐树龄老、患病的树木也会造成问题。许多物种只生活在这些衰败甚至腐烂的树木上，移走它们的栖息地会威胁森林系统的生物多样性。开采后再进行人工林培育可增加未来的产量，并为后代储备更多"本金"。然而这些人工林的生物多样性要差得多，提供的生态服务水平也有所降低。

鉴于对自然服务的这种讨论，保护卡茨基尔流域是两种选择中较划算的一种就不足为奇了。流域可以进行水调节、供水和废物处理，这个过程不需要人工补偿。自然降水提供了最初的水源，蒸发和蒸腾过程很大程度上净化了这种水源，留下有害的盐和化学物质。茂密的植被保护着土壤，土壤吸收雨水，慢慢将其释放到河流中，从而提供了免费的蓄水。充满水生植物和野生动物的健康水系可以进一步消除杂质，让水的"味道"变好。即使遭到风暴和其他自然灾害的破坏，自然系统也有能力通过一段时间恢复并补充其服务。这些服务都是大自然免费提供的。通过有策略地使用这些服务，城市水务部门可以非常合理的成本为客户提供优质的水源。通常保护环境资源的成本比在漠视和破坏环境之后再进行恢复的成本低得多。

即使是了解该地区水资源管理和废物处理服务的水务官员也可能低估了它的价值。流域保护能确保纽约市民有充足和安全的饮用水供应。该地区点缀着农场和小社区，为当地人口提供了有限的承载功能，包括人类居住、耕作、工业和交通。该地区大部分仍是未开发的森林，因此为当地动植物提供了大量的庇护服务。有些土地为狩猎、钓鱼和徒步旅行提供了娱乐场所。森林使当地居民得到了精神上的洗礼，同时也能发现该地区过去人类定居的证据。此外，这些土地对前文讨论的生命支持服务都有很大的贡献，而不仅仅是供应淡水相关的服务。茂密的森林具有调节大气气体和当地气候、吸收太阳能、保护土壤以及为其他野生动物提供栖息地和资源的功能。虽然难以评估，但这些不同的服务无疑大大增加了该区域的总价值。

　　尽管卡茨基尔斯流域提供了非凡的价值，纽约市水务官员所做的选择也是一个例外。很少有大城市能像纽约这样选择。虽然大多数大城市一度可以选择保护作为其清洁水源的自然集水区，但几乎所有城市后来都失去或浪费了这一机会。发展的诱惑或压力导致当地流域退化，生活用水需要处理。直到最近，我们才认识到这些自然提供的服务和提供这些服务的自然系统的价值。然而，仅仅是感激大自然的馈赠并不足以阻止它的衰落。即使在今天，我们的决定和政策仍没有充分考虑到这些自然服务。第 3 章将讨论为什么我们继续浪费这么多宝贵的自然资源。

　　在特殊情况下，人类的创造力和技术提供了一种替代天然淡水供应的方法。我们有专门的技术和机械设备来处理不洁净的水源，并使其安全可饮用。查看完整的表 2 - 1，我们会发现这种替代性选择并不总是存在。是否有经济的方法替代日益消耗的上层大气臭氧层呢？臭氧层保护所有地球生物不受致命太阳辐射侵害。如果不断变化的环境导致区域降雨模式改变，哪种技术能帮助人类产生淡水？[25]运输这些水需要多少费用？农业系统是否已经有经济的替代品来弥补数据急剧下降的自然传粉者？保险公司是否已准备好赔偿因干扰调节服务减少而上升的风险和损害？虽然我们可以用技术来补充甚至取代这些免费提供的生态服务，但许多其他服务是不可替代的。正如第 3 章所述，我们采取的政策和行为并不总是在保护那些没有替代品的服务。

延伸阅读

罗伯特·科斯坦扎等撰写了《世界生态系统服务和自然资本的价值》（The Value of the World's Ecosystem services and Natural Capital）一文，该文解决了衡量世界生态系统服务价值并计算估值的难题，尽管观点备受争议。

格雷琴·戴利编辑的《自然的服务：社会对自然系统的依赖》（*Nature's Services：Societal Dependence on Natural Systems*）对各种生态系统服务进行了深入的讨论，著名科学家综述了当前关于这些服务重要性的研究。

R. S. 德格鲁特著的《自然的功能：环境规划、管理和决策中的自然评估》（*Functions of Nature：Evaluation of Nature in Environmental Planning，Management，and Decision Making*），全面阐释人类从自然提供的许多生态服务中得到的益处，并为本章主要遵循的 4 个功能领域提供了理论基础。

小彼得·卡恩的《人类与自然的关系：发展与文化》（*The Hu-*

man Relationship with Nature：Development and Culture），对
亲生命假说进行了全面的评估，并对其研究意义进行了
评述。

马克·萨戈夫的《论自然生态系统的价值：卡茨基尔斯寓言》
（On the Value of Natural Ecosystems：The Catskills Parable）
一文提供了更多关于纽约市卡茨基尔斯流域经验的背景
资料。

E. O. 威尔逊的《生命的多样性》（The Diversity of life）一书对
自然系统的复杂性及其对我们的意义进行了阐述，极具可
读性。

第 3 章　了解自然资源

在我工作场所附近，有一大片面积超过 400 英亩的土地，这片土地目前正在发生巨大的变化。这片土地由当地保险公司杰斐逊派洛特所有，数十年来一直是该公司员工及其家人的休闲场所。[1]这片土地基本上保持了原生态，它有起伏的丘陵和高耸的阔叶林，开阔的田野和蜿蜒的溪流。坐落在远眺台上的是一个用石头装饰门面的俱乐部，很多的公司聚会在这里举行。多年来，公司员工及其家属经常在周日一起用餐，享受舒适的环境、美味的食物和公司的福利。附近有一个小湖，适合那些喜欢在夏天游泳或划船的人，还有一个湖可以钓鱼。穿越数英亩森林的步行道对穿行其中的人来说既是一种慰藉，也是一种锻炼。在夏天，公司为员工的孩子们举办日间夏令营，孩子们可以游泳、打网球和享受户外活动。当时格林斯博罗几乎没有公园，这片土地提供了宝贵的娱乐设施。在当地长大的人们一提到这片土地就会兴奋不已，因为这触发了他们对过去时光的温暖回忆。

这片几乎未经开发的土地不仅仅为拥有它的公司提供服务，也为当地社区提供了各种服务。茂密的树林有助于净化当地的空气，为炎热的夏季带来凉爽，并减弱经常伴随夏季雷暴而来的强风。开阔的田野和蜿蜒的溪流保护下游业主免受洪水侵害，并在水流进入市政供水系统之前净化了其中的杂质。当地居民也从其他方面受益。树林和田野为各种植物和树木提供了舒适的栖息地，这些植物和树木与居民区整齐划一的草坪和灌木丛形成了鲜明的对比。各种各样的植物枝叶为动物、鸟类和昆虫提供了庇护所。这些当地"居民"以大自然的害虫为食，为附近农场或郊区花园的植物授粉，为邻近的土地提供宝贵的服务。尽管有"禁止擅自进入"的标志，一些邻近居民还是沿着山间小路散步，而其他开车经过的人也可以欣赏到这里的美景和安宁。即使从未受邀参观这片土地，社区中的许多人仍受益于这片土地和它提供的多种服务。

然而，变化是先从局部开始的。世界上没有什么是静止不变的，无论是在自然界还是在人类社会。80 年前被购买时，这片土地与周围的农田几乎没有什么区别。自那时以来，人口和经济发展的压力日益笼罩这片土地，该地区发生了巨大变化。道路网络、郊区居民区和购物中心如雨后春笋般出现在邻近地区。渐渐地，拥挤和喧闹将这片开阔的拥有众多植物的土地包围起来。与此同时，企业设施的使用频率也在缓慢下降。多年来，7月4日国庆日的公司聚会一直是吸引大多数雇员及其家人参加的重要活动。近些年，这样的聚会失去了往日的吸引力，参加人数在减少。在全盛时期，夏令营接纳了近300名儿童，在过去的10年里，每年夏天的入住人数减少到100人左右。[2] 随着时间的流逝，曾经喧闹的饭店变得寂静，逐渐处于闲置状态。

当然，许多因素导致了这片企业休闲用地的使用频率下降。人们拥有了更多休闲选择，包括城市公园、夏令营和地区餐馆，都在争夺公司员工的休闲时间和用于休闲的资金。不断变化的企业文化也发挥了作用。随着这家公司从一个小镇企业发展成为一家全国知名的公司，机构变革在所难免。高层管理人员不太重视营造园区提供的"企业家庭氛围"。与此同时，较年轻的员工对园区福利所附加的家长式管理不那么感兴趣。收入增加使员工能够选择其他的替代方式。劳动力的老龄化削弱了人们对夏令营的兴趣，因为现在许多人的子女和孙辈都已长大，住在遥远的城市。在该行业内，人们日益重视利润率和公司资产收益率。这块地位于城市繁华地带，由于当地开发商考虑到它的潜在用途，此处地产的价值有所上升。最终，由于诱惑实在太大了，开发房地产是必然趋势。[3]

10年前，公司所有者提出了一项发展计划，旨在配合格林斯博罗的长期增长计划，并提高股东回报。具体来说，

该计划的目标是将一半以上的土地用于住宅开发，其中 3/4
是单户住宅，1/4 是多户公寓。零售和办公空间将占总用地
的 1/4。其余的部分约占总土地面积的 1/5，作为开放空间，
以容纳该地区的小溪、湖泊和湿地。这一开发计划的实施
为公司股东带来了数千万美元的收益。与此同时，这项计
划的实现也会改变当地房地产业。为了容纳新的住宅、企
业和道路，开发商将砍掉许多树木，并铺设大片土地，这
将使大自然提供的生命支持服务减少。办公楼、餐馆和零
售店将吸引更多的车辆，造成交通拥堵、噪声和污染。担
心这项计划会令他们失去各种自然服务以及对社区造成不
良影响，许多当地居民加入反对这项开发计划的行列，呼
吁地方政府购买这片土地，以保持其作为绿色空地的价值。
这些呼吁从未得到政府的可靠回应，主要原因是土地价格
不断飞涨，而当地政府的财力有限。

　　全国各地的社区每天都面临这样的抉择。新来的居民
需要住房居住、商店购物和办公室工作。必须实现新的发
展，以满足不断增长的人口和不断扩大的社区的需要。因
此，我们关于居住、工作和购物地点的日常决策显然会影
响当地环境和生活质量。这些新的发展破坏了肥沃的农田
和绿地，带来了更多的车辆，造成了拥堵和污染。当地居
民自然会担心这些变化对他们的生活（和房产价值）造成
影响。一些人认识到，任何新发展的结果都是喜忧参半的，
市场有效地评判了这些成本和收益。他们认为，市场非常

适合裁定一块土地的最高价值用途。此外，随着社区需求的改变，土地现行市场价格也会随之改变，因为市场价格反映了竞争用途的估值的变化。开发不同地产的经济决策不可避免地影响了自然资本的资源。尽管有些人担忧会对市场造成影响，但其他人并不这么认为。无论其形式如何，那些倾向于市场的人都将市场视为有效的资本管理者。允许市场支配自然资本的使用，制定可以确保维持和促进私人资本发展的机制也将对自然资本发挥同样的作用。这个观点值得深入考虑。

市场运作

市场就是潜在的买家和卖家可以交易商品和服务以获得款项的"地方"。市场无论以何种形式存在，无论是本地的还是全球的，在线的还是实体的，都有各种各样的用途。首先，市场为具有价值的商品和服务定价，从而使每一种商品和服务具有相对价值。一块土地的价格能反映附近类似土地的价值。由于地理位置优越，任何在纽约曼哈顿的地块，其价值都远远高于在堪萨斯州曼哈顿的类似面积的地块。然而，任何一块土地都有其独特的属性，使其在现行市场价的基础上增值或减值。这些属性赋予的价值可能会随着土地预期用途的变化而变化。例如，对建造低密度住宅感兴趣的开发商会认为一块起伏的丘陵地带特别有吸引力。丘陵地带让开发商为潜在购房者提供"独特"的地段。树林的存在给住宅开发带来"自然的景观",这可能会进一步推高地块价格。但是对于打算建立新购物中心的开发商而言,这些特征将带来额外的成本负担,而不是独特的收益。为方便商场建设,开发商可能需要平整土地并砍伐树木,这增加了项目成本。附近地势平坦、树木稀少的地块对开发商更具吸引力。

通过为不同的商品和服务分配不同的价值标准,市场进一步影响我们的决定。大多数人都想改善物质生活。因此,我们试图做出能够增加福利和服务并降低任何成本或支出的决策。令人惊讶的是,追求个人利益往往不仅会带来个人利益,还会带来有利于更广泛群体的决策。在前文讨论的例子中,经济利益可能会导致购物中心开发商竞标平坦、森林较少的土地。购物中心的开发商不会花费额外的费用来改造丘陵地带,而是会选择另一个地点,留下树木和丘陵地带作为未来居民的便利设施。在这种情况下,市场鼓励开发商做出保留这些自然景观的决策。对开发商来说有利可图的决策对社区也有意义——亚当·斯密在两个多世纪前用"看不见的手"的概念阐明了这一观点。

市场的影响范围远远超出了土地使用决策。作为消费者,我们会对比所有商品的价格与其预期效益。商品价格高意味着要精打细算以减少对家庭预算的影响。商品价格低意味着我们会囤货从而省钱。我们做出这些决定以维持家庭预算，这也为社区带来了更广泛的好处。当资源、商品和服务相对于需求变得越来越稀缺时，它们的价格将会上涨。商品价格上涨会促使我们减少购买这些商品，从而缓解这些商品供不应求的局面。资源、商品和服务相对于需求变得更加丰富时，价格就会下降。价格下降会促使我们购买更多商品，从而缓解供应过剩，防止生产浪费。市场的作用是平衡对关键商品和服务的需求及其现有供应。更重要的是，当失衡发生时，市场会提供自我修正的反馈。通过这种方式，市场模仿了许多自然过程中自我修正过程，这在第2章中讨论过。市场失衡会触发一系列反应，从而恢复市场平衡。

市场定价可以管理资产，无论是不动产、金融资产还是自然资产。买卖资产可以使我们持续拥有资产的价值。保护资产的价值并限制可能损害其价值的任何变动符合我们的物质利益。这些激励措施的力量是不可否认的。对比房主和租客如何维护和改善房屋，或者对比我们是如何维护自己的车子和租用的车子，就可略知一二。这些激励措施确实也适用于自然资产。林区的私人业主有很强大的动力来确保树木健康生长，特别是在木材价格上涨、木材产品日益短缺的情况下。同样，天然气田的所有者也面临着经济激励，采取成本高昂的修复方法，尽可能多地从地下气田开采天然气。为个人物质利益而采取的这两项行动都满足了社会对木质产品和清洁能源的广泛需求。

当主要参与者，即买方和卖方，一起分享给定交易的全部利益和一起承担给定交易的全部成本时，市场激励就能最有效地发挥作用。在这种情况下，市场通常会引导参与者做出对社会有益的决定。当决策者忽视或低估其中一些后果时，问题就会出现。错误或不完整的信息妨碍所有的经济决策。回想购买体验，我们每个人都可能经历过这种现象，在这些交易中我们的实际体验与我们对产品收益或成本的预期不符。有了这些知识，我们可以预判错误从而避免重蹈覆辙。当我们的决定产生的后果不需要个人承担责任时，还会出现其他问题。尽管大多数人都在抱怨城市雾霾造成的能见度下降和眼睛刺痛，但我们还是继续开车。大多数人都意识到开车和雾霾增加存在关联，但这种意识很少会影响到我们开车的决定。与此相比，飙升的汽油价格会给我们的驾驶习惯带来影响。因为很大程度上不需要对开车行为负全部责任，因此我们做出的决定不仅会伤害他人，最终也会伤害我们自己。为了评估市场如何有效地获取自然资本所提供的各种利益，我们需要回到第 2章讨论生态服务类别。然后就可以区分在哪些环境下市场提供了合理有效的激励，而在哪些环境下市场表现不佳。

市场定价与生态服务

毫无疑问，大自然对市场及市场准确定价的能力构成了巨大挑战。这些困难中有一些是第 2 章所讨论的全部 24 种服务所共有的。在某些情况下，这 4 个功能领域的特定属性要么缓解这些挑战，要么加剧这些挑战。在其他情况下，特定的属性对特定的功能区域造成困扰。正如下文将指出的，某些环境领域对市场及市场准确为生态服务定价的能力构成了挑战。认清这些影响是至关重要的，这样才能了解经济发展道路对自然环境造成的不均衡影响。

所有的生态服务都有一个共同点，那就是我们倾向于把大自然的恩赐视为理所当然，尽管事实是这些服务中的大多数对生命来说必不可少。造成这种矛盾的不仅在于人类的自大傲慢，而且有些责任要归咎于大自然提供这些服务的方式。产生这些服务的生态系统复杂且庞大，并且经常在全球范围内起作用。生态系统看似无限的特性让人误以为这些系统不会受到人为伤害，这导致了人类的自满。[4] 两个世纪前，候鸽是地球上最多产的鸟类。19 世纪早期的记载显示，成群的候鸽从头顶飞过，遮天蔽日长达数小时。不到 100 年后，候鸽成为当地屠杀行为的受害者，最后一只死在辛辛那提动物园。现在，鉴于大气的巨大规模，人类很难理解我们正在改变关键气体的平衡，从而改变地球的气候。然而，有证据显示在过去的 150 年，二氧化碳的含量增加了 1/3 以上。我们常常忽视或质疑个人行为可能产生的影响。

大自然以另一种方式让我们无视它所提供的服务，它运作着自我调节的自然系统，免费提供这些服务。这些自然系统持续运作不需要人类的干预、管理或有意识的思考。良好的环境管理只需要我们保持这些自然系统不受干扰，以维持它们的运作水平。例如，自然水循环为我们提供了源源不断的淡水。虽然降雨的时间、时长和空间分布可能会让人感到沮丧，但我们受益于源源不断供应的淡水。我们知道降雨不需要任何努力就能继续。由于大自然对我们没有任何要求，我们变得自满和疏忽，这是可以理解的。然而，我们的疏忽可能会对这个系统造成损害，至少在局部来说是这样的。剥去自然植被的覆盖将减少自然蒸发蒸腾作用，而自然蒸发蒸腾作用正是当地降雨的来源。虽然大自然在提供这些服务的时候对我们没有任何要求，但它确实要求我们不要伤害它。

　　严格地说，上面的观点对于供给服务和承载服务也是如此，尽管我们已经学会"改进"大自然提供给我们的服务。大自然提供了维持生命所需要的基本物品和服务，这些基本物品和服务来自刚才讨论过的自然系统。在农业出现之前的几千年里，人类依靠这些自然提供的物品生存下来，甚至繁荣起来。我们的祖先寻找淡水、野生谷物、蔬菜和水果，狩猎野味。随着时间的推移，我们的祖先学会了将大自然提供的植物纤维、皮革和矿物质加工成衣服、工具、武器和装饰品。除了季节和年度变化之外，只要基本的生态过程不受损害，我们的祖先就可以依靠自然补给生存。如今人们还是会在海洋中捕鱼。同样，大自然为我们提供了满足空间需求所需的土地，给我们提供了生活、工作和娱乐的空间。人们已经学会使大自然的恩赐更加丰富。在农业方面，我们运用知识来提高产量，同时利用建造技术优化我们使用土地的方式。开发这些服务仍然以自然供给的过程为基础。

自然及其生态服务的这些特性不仅让我们不知感恩，而且还带来了其他挑战。通常，产生这些服务的自然系统跨越时空相互依赖。地方性活动确实具有区域性甚至全球性的影响。利用大气来驱散有害污染物，可能会影响下风向数百英里的地区，并威胁到这些遥远生态系统的健康状态和生产力。区域性的森林砍伐会减少邻近地区的降雨量，从而减少这些受影响地区所能提供的支持服务。利用土地兴建工厂、填埋场或机场，无疑会影响邻近居民。在这些情况下，我们作为市场参与者的决定会给那些未能参与市场决定的人带来后果——有时是有益的，通常是有害的。此外，时间的流逝会使违法行为与其生态影响之间的联系变得模糊。目前，向大气中排放温室气体的活动将导致气候变化，其影响在未来几十年才会全面显现出来。在给定的原因和它不确定的影响之间有很长时间的延迟，这使得很难准确评估当前决策和实践的影响。由于这种时空上的相互依存关系，未来相距遥远的个人将承担我们现在行为的后果，从而产生经济学家所谓的"市场外部性"[5]。更重要的是，这种复杂的相互联系将市场参与者与其决策的关键后果隔离开来，从而减少了市场责任。

大自然的慷慨大方给市场及市场准确评估自然服务的能力带来了另一个严峻挑战。大自然无条件地为所有人提供这些服务，而且常常是在没有人为限制的情况下有求必应。由于我们的存在，每个人都能够使用这些服务。所有人都受益于地球适宜居住的气候，丰富的动植物资源，神秘莫测的世界，以及供我们漫步栖息的辽阔土地。大部分时候，我们可以根据自己的需要来使用这些服务。在"开放获取"的条件下，这些服务的市场无法出现。任何产品或服务市场出现的必要条件是，服务提供者向那些愿意支付一定市场价格的个人提供服务，而不包括那些不愿意支付费用的个人。如果店主必须向所有需要的人提供商品，无论他们是否愿意付钱，没有一个店主能长久生存。如果让我们选择为某样东西付费或不付费，大多数人会选择"搭便车"。每当我们收听广播或收看电视节目时，就会做这样的选择。即使"我们"中有些人认可这些自然服务，通常也会低估服务的实际价值。因为可以免费使用这些服务，很少有人愿意付费。[6]如果有人建议每个人都要为温暖的阳光或滋润庭院和花园的降雨付费，难道不会遭到嘲讽吗？我们倾向于把这些服务和使用这些服务看作我们的权利，而不是我们应该花钱支付的东西。

既然大自然免费提供这些服务，我们为什么要为这些服务付费呢？不管我们是否付费，太阳还是会继续照耀，雨还是会继续下。大自然提供的这些服务将会一直如此吗？市场价格向我们传达潜在的价值，并促使我们采取相应的行动。大多数人会用不同的方式品尝 100 美元一瓶的葡萄酒和 10 美元一瓶的佐餐葡萄酒，即使我们的味觉无法分辨其中的区别。这些大自然服务没有任何市场价格，更具体地说，是免费提供的，这让我们误认为这些服务缺乏价值。因此，我们被鼓励消费这些服务，似乎用之不竭、取之不尽。在自然资源丰富、人口稀少的世界里，这种错误认知产生的影响是微不足道的。然而在一个充满压力的自然系统里，由于人口空前增长以及人们不断追求物质享受，这种脱节产生了难以估量的后果。免费使用这些服务造成对这些服务的过度使用，这往往导致这些服务被损耗。更危险的是，这些服务的价格为零，这阻碍了人们采取行动保护或恢复提供这些服务的自然系统，因为这样做没有经济回报。

"过度使用"环境服务并不总是会导致环境受损或导致其自身耗竭。有时人们可以无限制地使用这些服务。每个人都可以同时（不受限制地）享受大气臭氧层的保护，并且不会破坏维持我们适宜气候的自然系统。每个人都可以从自然系统中受益无穷，这些系统鼓励生物多样性，并维持自身高度运转的生态系统，以应对动态变化的挑战。从一些不知名的植物或动物身上提取的药物，可以拯救或改善未来数不清的生命。当莫奈的风景画挂在公共画廊时，无数艺术爱好者可以进行鉴赏。更多人可以欣赏高质量的莫奈风景画复制品，这是没有限制的。我们可以在很大程度上不受限制地使用这些服务，也无须为他人担心。这些服务被经济学家称为非竞争性服务，因为使用这些服务并不会减少对同种服务的享受。

然而，对其他生态服务的使用确实导致了竞争。大多数供给服务实际上属于实物商品，受制于竞争消费。让一个人解渴的水不能同时让另一个人解渴。一个人不能再度食用另一个人已经吃过的食物。人们可以分享一件衣服，但不能共享。竞争消费的这种特性必然造成一种匮乏的状况，因为有限数量的商品只能满足有限数量的人类需求。同样，土地的可及性限制了承载服务。没有两个人可以同时占据某个精确定位的位置，我们也不能用一个特定的地方来满足两个不同的承载功能。甚至一些生命支持服务也受到这种冲突的影响。大量废物的产生正在损耗自然系统的吸收能力，并给我们的邻居带来麻烦。从农场和城市流出的化学物质污染了当地的河流，损坏了河流净化水源的能力。越来越多的固体废物迅速填满了垃圾填埋场，而新的填埋场越来越难找，距离也越来越远。自然为使用这些服务设置了门槛。然而，由于我们习惯认为这些服务是"免费的"，对这些服务的使用几乎没有什么限制。无限制地使用会破坏生态系统，损坏生态功能，并降低它们提供的服务的水平。

对这些生态服务的"开放获取"带来了另一个难题。[7] 想象有一所大房子，无论他们选择什么时候都向任何想要使用它的人开放。在这种情况下，任何人都没有动力去维护房屋，更不用说改善房屋状况。既然房子是对所有人免费开放的，那么对于任何愿意花费时间、精力和资源来维护和改善房子的人来说，有什么奖励呢？事实上，改善房屋住宿条件可能只会吸引那些重视变化的人。由于每个人都可以随意使用许多生态服务，因此作为个人我们几乎没有动力去保护甚至改进这些服务。我们当中有谁积极采取措施维护保护所有生命的臭氧层呢？在当地，许多人沿着小路穿过树林，逃离现代社会的压力。然而，很少有徒步旅行者会承担起维护这些小路的责任，以减轻对它们的破坏。有时人会因为情感上的原因而采取行动，但是很少能获得经济上的回报，回馈他们对提供无限服务的自然资产的管理。

虽然所有 24 种生态服务和 4 个功能领域都面临着刚才讨论的挑战，但它们受到的影响并不尽相同。这 4 个功能领域之间存在明显差异，这也解释了市场对它们的区别对待。在某些情况下，这些差异是由这 4 个功能领域的不同特征造成的。在其他情况下，我们已经建立了解决这些困难的机制。总的来说，这些差异说明了经济发展对自然禀赋造成的不均衡影响，即经济发展对一些自然禀赋造成威胁，同时又使其他自然禀赋发展繁荣。现在让我们谈谈这些差异，以便更好地理解市场是如何区别对待这些自然禀赋的。

生命支持服务

正如第二章所讨论的，环境提供了 13 种生命支持服务，它们为地球上的生命生存提供了必要的条件。取消任何一项服务都将让生命终结。尽管这些服务的重要性不可否认，但我们通常认为这些服务是理所当然的。大自然可以自由地大规模提供这些服务，这使我们的存在相形见绌。这也足以解释为什么我们会忽视这些服务。然而，还有一个补充的原因，就是这些服务很少能直接（directly）满足人类的需求。相反，它们作用于人类生存必不可少的基础设施。当面对一只嗡嗡作响的蜜蜂时，我们可能会想到它的毒刺，而不是通过它授粉而成熟的新鲜水果和蔬菜。然而，如果所有蜜蜂灭绝，那么收成将受到毁灭性影响。

这些生命支持服务不仅间接地满足了我们的需求，而且大多数是以不易观察到的方式满足的。只有借助现代科学的有力工具，我们才能认识到动植物在维持大气平衡上的互补作用，而大气平衡对生命存在是必不可少的。笼罩着大自然诸多奥秘的面纱被慢慢揭开。我们很少重视这些生态服务本身，只有当它们间接（indirectly）提供丰富的收成或适宜的居住环境时才得到重视。我们忽视了这些生态服务的重要性，直到它们衰落了我们才意识到后果严重。

　　提供生命支持服务的自然系统不仅庞大，而且在全球范围内长期运作。自然系统因果关系的复杂性意味着在一个地点和时间内的活动对未来某个遥远的地点具有可察觉但不易追溯的影响。排干湿地会降低水质，加大对下游的侵蚀。燃烧化石燃料会增加呼吸健康风险，提高酸的浓度，威胁下风地区的栖息地，并引起未来的气候变化。几十年后，我们才可能完全理解现在所做的决定会产生什么影响。在许多经济决策中，市场参与者并不能完全了解自己的行为产生的后果，这些后果也往往由他人承担。

　　考虑到这些系统的互补性及其提供的生命支持服务，这一挑战就变得更加复杂。一个系统的损坏会影响其他系统的功能。砍伐森林或过度放牧使土壤受到的保护更少，从而加重水土流失和土壤营养的流失。土壤肥力的下降将削弱植物的生产力和生物量。砍伐树木会削弱植物的蒸腾作用，提升地面温度。降雨时，雨水会直接落在硬化的土壤上，并迅速流入附近的小溪，带走肥沃的表层土壤和关键的养分。表层土壤及养分的损失加剧了生态问题。[8]此外，一个系统的损坏会弱化另一个系统的功能。大气中水蒸气减少将导致下风地区降雨量减少，该地区的植被也会相应减少。这些变化会降低自然系统的效率，导致自然系统提供的生命支持服务减少。由于这些变化是在不知不觉中发生的，所以在造成重大损害之前不会引起注意。因此，一个地区的自然系统被忽视或被过度使用可能导致整个生态系统和整个体系的衰退，因为破坏会在整个体系内蔓延渗透。

事实上，这些联系也以相反的方式发挥作用，因为它们之间相互补充、相互促进。特定的条件有利于土壤形成和养分循环，从而有利于培育更大的植物种群。提升植被覆盖率将减少水分蒸发和水土流失，从而有利于更多植物生长。增加的植物生物量将把更多的水蒸气循环到大气中，提高局部和下风地区的降雨量。雨水增多、土壤受保护和营养循环改善将更有利于植物的生长。能够利用这些丰富资源的新植物物种将蓬勃发展，为其他动植物的生长创造条件，并增强当地物种的多样性。植物数量的增多将使废物处理服务增多，因为植物吸收了空气和水中的污染物。树木可以净化天空中有害的污染物，而其他植物可以净化河流。植物叶子可以为捕食者提供庇护所，捕食者能消灭害虫和其他需要生物控制的物种。这些变化整合起来提高了该地区的生物生产力，并支持了更多样化的动植物种群。其结果是生态系统的功能越完备，就越能为我们提供更多更好的服务。

在正常情况下，人们会期望土地所有者采取促进这些协同效应的行动。然而，生命支持服务受到"开放获取"问题的影响，导致市场估值为零。因此，土地所有者没有经济动机去改善生态系统功能和生命支持服务。在某些情况下，土地所有者会投资于这些服务，这样做也不是为了改善系统，而是为了间接提升农作物产量。通常，我们无须消费这些服务也可从这些服务中获益，因此，零价格不会导致这些服务因过度使用而耗尽。[9]相反，这些服务的减少更有可能是由于不受重视，由于人类没有维持更不用说改善提供自然服务的条件。

供给服务

虽然我们通常会忽视生命支持服务，但长期以来我们一直重视商品和服务的供给。诚然，大自然提供的供给服务同样来自庞大而复杂的自然系统网络，这些网络也提供生命支持服务。供给服务在很大程度上直接满足了我们的物质需求。[10]这些商品和服务可以解渴、充饥、为我们提供衣服和装饰、使我们免受风吹雨打、为工具和机器提供动力，还可以满足许多其他的需要。人类早就认识到它们的价值，并奖励那些能够提供这些商品和服务的人。

与生命支持服务类似，供给服务也受到"开放获取"问题的影响，使其容易被过度使用和耗尽。在这种情况下，存在一个复杂的因素。事实上，所有这些供给服务都是实物商品，它们受到竞争消费的影响。因此，有限的此类商品只能满足有限的人类需求。在价值明显而供应有限的情况下，冲突就可能发生。事实上，这些商品和服务供给自古以来一直是人类冲突和战争的最大根源，甚至到现在也是如此。

这些珍贵的物品是大自然慷慨提供的，受"捕获规则"支配。任何控制或拥有资源的人都可以从资源的使用中受益。就淡水、木材或矿藏等非生物资源而言，控制权在很大程度上取决于所有权——历史上的占有权和今天的所有权。谁能有效控制和拥有资源所在地区，谁就能控制这些固定资源。获取控制权可以对这些资源进行保护。如想长期拥有价值资源，比如果园，人们会确保对其进行可持续开发，甚至可能进行昂贵的投资，比如启动灌溉项目以增加未来的收成。

移动资源则更为复杂。鱼和动物可以自由地跨越人类的边界。要实现"捕获规则"，必须猎杀这些资源，以便捕获它们供人们使用。在这种情况下，人类几乎没有动机来保护动物资源，特别是因为一个人有节制地猎杀这些动物可能会让无节制猎杀这些动物的竞争对手获利。这种情况也解释了为什么许多动物物种会走向灭绝。[11]

尽管有些人认为这个问题只存在于动物资源中，但在现代也出现在无生命的资源中，比如石油、天然气和地下水。在早期的石油开采中，拥有储藏石油土地的人都加足马力快速钻探以获取尽可能多的石油。多次钻探浪费了大量的地质压力，而地质压力本来可以以更自然、经济的方式将石油和天然气提上地表。由于开采成本太高,大量的石油被留在地下,浪费了宝贵的资源。[12]与之相反,世界各地的许多含水层正在迅速下降,因为土地所有者用水泵抽取地下水来灌溉有价值的作物。在这两种情况下都没有足够的奖励措施来鼓励保护这些流动资源。

为了限制"捕获规则"引起的不确定性,我们创建了一个私有产权结构,以鼓励稳定和更好地管理这些供给商品。在美国,对土地之上或之下的供给服务都授予所有权。在正常情况下,产权赋予财产所有人永久使用这些资源和服务的权利,不让他人使用这些资源和服务,并可按照所有人的意愿将权利转让给他人。这些权利的给予提供了经济激励,鼓励资源拥有者以无害环境的方式行事。长期所有权和权利的排他性使资源所有者有经济动力来保护资源。限制资源使用是有回报的,适度使用资源仍然可以让所有者受益。此外,这些奖励措施鼓励所有者改善资源以提升土地供给能力。土地所有者要么通过增产获得收益,要么通过出售升值的土地获得收益。[13]通过这些方式,私有产权可以鼓励有效地管理商品和服务的供给。

有些人认为私有产权是解决环境问题的一种自然而全面的办法,但事实并非如此。产权在不同的时间和地点不断演变,以适应具体情况和解决关键问题。它们反映了人类的聪明才智,而不是人类与生俱来的一部分。[14]过去运作良好的制度安排可能需要进行修改,以配合不断变化的环境。此外，仅仅将私有产权应用于所有环境资产是不够的。得克萨斯州的石油钻探热潮就是一个很好的例子。每个土地所有者对所有地表供给服务都有明确的所有权，对任何地下资源都有采矿权。他们在自有的土地上挖掘出的任何东西都成为他们的财产。由于石油和天然气都是流动的，土地所有者可以开采另一片土地下的石油和天然气。钻得越快就会拥有越多的石油并通过买卖获利。土地所有者的耐心和克制力并无半点好处。由于石油和天然气跨越了地表性质边界，所有权限制在这种情况下是无效的。土地所有者本可以通过协商按比例分享采油提成费来避免这个问题。然而，少数人认为行动胜于空谈，这一解决方案也未能实现。有些人认为只需私有化所有有价值的生态资产就可以解决环境问题，但是自然跨越了法律和财产边界，这带来了巨大的挑战。[15]

文化服务

与已经讨论过的服务不同，文化服务对于人类生存是否有必要存在质疑的声音。也许在一个没有自然美景来启迪我们的世界里，生存也可以继续，但可以肯定那一定是沉闷无趣的世界。我们赋予文化服务的价值在很大程度上是文化进步的结果。我们欣赏大自然的复杂宏伟，寻求内心的宁静，这都证明我们具有自我反思的能力和愿望。我们能够从自然界的智慧中学习，并将这些经验代代相传，这证明我们的知识和文化在不断发展。[16]的确，我们从这些服务中受益的能力可以最真实地衡量文化进步水平，包括科学和艺术成就。具有讽刺意味的是，我们对自然的破坏可能超过其他任何一个物种。

尽管目前对这些服务表示感激，但我们仍然认为其中许多服务是理所当然的。与生命支持服务类似，在不打扰自然的情况下，文化服务才能为我们提供最大的益处。对大多数人来说，在没有人类足迹的情况下，在树林里散步才是最赏心悦目的。此外，大自然提供了大量文化服务，让我们把这些服务视为理所当然，只有那些真正独特的景观才能例外。总统那句著名的感叹不无道理："如果你见过一棵红杉……你就看到了它们的全部。"[17]我们经常自我安慰，砍下这片森林，附近还有另一片树林。最后应该期望，随着文化的不断发展，我们会更加了解并感激这些服务。谁知道未来哪种鲜为人知的昆虫能提供治疗癌症的方法呢？当我们了解到自然过程在过去是如何适应地球气候变化的时候，哪些未受干扰的地区可以增强我们对气候变化危险的理解？虽然我们很感激大自然提供的各种文化服务，但必须认识到，我们对后代将来会重视的文化服务仍然一无所知。

与许多生命支持服务一样，人们享受这些文化服务，但不一定消费这些服务，从而使它们能够提供非竞争性的益处。解开自然界的秘密并从中收集信息，可以使许多人受益。发现新的自然物质可以减缓病痛或者让生活变得更加舒适，这将为人类的后代提供无限的益处。由于我们很少消费这些文化服务，因此使用它们很少导致其耗竭。唯一的例外是参观特别有吸引力的景点，比如黄石公园和约塞米蒂国家公园，这会导致交通堵塞和景区环境退化。在这些情况下，提高门票价格，约束破坏性用途可以限制对其过度使用，防止造成破坏。

除了独特的自然美景外，传统市场不太可能反映这些服务的益处，就像市场不太可能反映生命支持服务的益处一样。随着城市不断扩张，与不断膨胀的人口最接近的自然区域日渐消失，房地产市场不会充分反映这些日益稀缺的自然服务。"开放获取"问题使得土地所有者很难有效评估未开发土地的文化利益。大多数人都知道可以免费在当地林间小道穿行，暂时逃避现实的压力，这使得付费体验很难实施。虽然一些开发商的确在商业地产中加入了一些绿道区域，但这些区域通常规模太小，不足以支持重要的文化服务。因此，能否通过土地购买和限制开发来保留这些服务，这取决于政府官员的决心以及政府收入是否稳定。

还有一点也足以让人担忧——我们正在迅速损耗在过去几十亿年里形成的基因仓库。目前珍稀物种大多分布在十几个关键国家。根据现行的机制，保护生物多样性的有关费用主要由物种所在国承担。保护生物多样性通常意味着要牺牲经济发展，而经济发展能切实改善当地居民的生活水平。但是与此同时，外来"淘金者"能够轻易利用这个基因宝库里的宝藏，而不必向为此牺牲经济发展机遇的东道国政府支付费用。如果科学家们发现了一些鲜为人知的植物的益处，他们可以将信息分享给任何愿意付费的人群，而东道国却得不到任何补偿。

承载服务

最后，我们回到四组生态服务中的最后一组：承载服务。从历史上看，承载服务遭遇了与供给服务相同的问题，即"捕获规则"。无论人们是想将土地用于居住、工业或其他创造财富的活动，都需要拥有土地才能利用其承载服务。只要拥有的土地是流动的、不稳定的，人们就没有什么动力去为"改善"土地进行昂贵投资。因此，明确所有权的社会制度应运而生，现代社会以私有产权为主。私有产权允许土地所有者排除他人使用，并决定如何使用土地，以获取收益。在许多情况下，这些权利鼓励土地所有者做出有利于自然环境的选择。低密度住宅项目的开发商有经济动机保留尽可能多的树木和自然植被，以维持小区的自然"感觉"。在郊区工业园区，企业经常保留自然景观以吸引员工，自然景观也可供员工健身娱乐，从而降低雇佣成本。由于有出售土地的权利，即使所有权期限不是永久的，土地所有者也有动机改良土地。往往土地生态保持得越完整经济效益越高。

然而，并非一切都像看起来那么美好。土地在经济上很容易被分割，但在生态上却没那么容易。一块土地的使用方式将不可避免地影响到邻近的土地。砍伐树木以增加耕种面积，减少了许多鸟类和昆虫的栖息地，这些鸟类和昆虫可以捕食啃噬农作物的害虫。在这种情况下，土地所有者获得全部利益，但同时附近的土地所有者（农民）要共同承担自然虫害管理不利带来的损失。工业、商业和零售业的发展需要大量土地，不仅用于项目建设，也用于修建道路和停车场。自然区域的丧失降低了土地吸收水分和调节径流的能力。下游地区洪水增多，而且由于水流积累了汽车排放的化学残留物，杂质也变多了。尽管存在巨大的代价，但这些却往往被忽略，因为它们影响的是个人和社区，与违规开发者无关。分区限制和土地使用规划是为了弥补某些发展决定所造成的更明显损害，但这些政策工具很少考虑到生态服务减少所造成的损失。即使在今天，人们依然不计后果地进行土地开发，进一步分裂自然地区，从而削弱其提供全面生态服务的能力。

回答这个悖论

第 2 章解释了全面了解自然所提供的各种生态服务如何让我们更全面地认识"自然资本"的概念。如果要领会这些极其重要的服务，这样的理解是必不可少的。对这些生态服务我们不能只有粗浅的认知，而必须理解它们潜在的复杂性，以避免对自然如何充当资本的理解过于简单，有失偏颇。为了更充分地理解自然资源，避免造成浪费，我们需要掌握一些基本的生态概念和过程。本章说明经济学及其经济激励如何影响日常决策，就像它们影响不同形式的自然资本一样。这4个功能领域都提供了影响我们决策的特殊环境。在某些领域，例如供给服务，当前市场化机制能有效运作，对自然资本进行良好管理。在其他领域，特别是生命支持服务领域，目前市场化机制运作效率低下。简而言之，分析表明，市场不会对所有的自然资源提供同等的保护或进行合理的管理。

回到本书开篇提出的一些争议。"环境"常常被描述为某种同质系统，取决于不同的观点，该系统要么正在改善，要么正在崩溃。实际上，环境是由相互关联并相互依赖的独立系统组成的复杂网络。其多样性和复杂性让我们不能将环境理解为单一概念。相反，这表明在一些因素的影响下，环境的各个要素表现得截然不同。有充分的证据表明一些为我们提供重要生态服务的自然系统正受到严重威胁。这些自然系统的脆弱性部分是由其范围有限以及无法适应新环境带来的。[18]有些其他的自然系统规模庞大，以至于除了最具破坏性的人类行为外，其他一切都无法对它们造成影响。除了一些"重大"错误，这些强大的自然系统可以承受人类最极端的行为，并且不会受到多大影响。[19]伴随着新政策、经济激励措施和人类行为的改变，一些严重受损的体系能够相对较快地从过去的破坏中恢复。[20]其他形式的破坏，比如物种灭绝，是不可逆转的。我们不应该孤立地看待环境，而应该认识到人类存在对不同自然系统的影响也不尽相同。

一方面，这些自然系统及其所提供的服务的差异引起了人类的不同反应，也给我们带来了不同的挑战。在某些情况下，市场机制在管理自然资本方面发挥了有效作用。大多数供给服务都受制于明确的私有产权。特别是自然资本价值上升时，市场价格将做出反应，并鼓励市场买卖双方保护能源。高昂的资源价格使需求下降，因此，制造商会改变生产方法以减少浪费或转向更丰富的替代品。就可再生资源而言，价格上升促使资源所有者进行投资，扩大未来的服务供应。即使对不可再生资源而言，资源价格提升也能刺激保护资源——尤其对未来更高价格的预期让人们变得更有耐心。尽管存在例外，特别是在海洋渔业方面，但大多数供给服务都受制于高效运作的市场。[21]

另一方面，许多重要的服务，包括大多数生命支持服务，不受市场机制的有效约束。大自然丰饶和无限制的供应使市场机制难以有效运作。因此，这些服务的价格仍然为零，这表明它们没有市场价值。这些服务的零价格推动人们无限制使用这些服务。随着这些服务变得稀少，它们的价格无法随着环境的变化而上涨，因此不会阻碍对这些服务的使用。还有一个问题，由于自然免费提供这些服务，提供这些基本服务的自然系统的价值也为零，这一点影响着无数的决定。那些仅能提供生命支持服务的"未开发"土地价值为零。只有当土地为服务某些人类目标被"开发"时，它才会获得市场价值，为这种开发提供财政鼓励，但因此提供的生命支持服务也不可避免地减少。因此，市场化机制既不重视现有的生命支持服务，也不能反映这些基本服务的减少。我们通常是基于这些关键服务是无关紧要的假设做出决策。除非纠正这一错误认知，否则人类将继续做出同样的决定，破坏提供这些关键的生命支持服务的多种自然系统。

这些市场困境对第 1 章所讨论的库兹涅茨环境观点提出了严峻的挑战。如果市场价格不对环境短缺做出反应，那么就不能预期市场会解决这些短缺问题。相反，经济发展将给日益萎缩脆弱的自然系统带来越来越大的压力。可以肯定的是，不断增长的财富和生态服务的实际损失会引发公众的强烈抗议，并随后出台公共政策限制进一步破坏生态环境。然而，这一观点的支持者中几乎没有人会认为，公共政策和政府的反应能像运转良好的市场一样及时有效。考虑到当前市场化机制只针对某些服务短缺做出反应而忽略其他服务短缺，我们可以预期一些经济发展道路在保护某些生态服务的同时也损害了其他服务。这种预期是完全有可能发生的。

回到当地社区

在接下来的几年里，曾经用作企业公园的地块，其发展既符合预期又有些出人意料。如今这块土地上道路纵横交错，宽敞的房子散布在小山上的树林中，提供了家庭居所。新的购物中心和办公楼如雨后春笋般出现在这片地产的主要干道上。为了适应这些变化，开发商砍伐树木并在原来的荒地上铺设道路。尽管当地居民组织抗议，并呼吁政府及时采取行动，但都没有结果。许多社区都发生过类似的事件。

然而，一些关键的事态发展改变了预期的结果。在这一过程的早期，开发商向当地教育系统捐赠了一大笔资金，用于建设一所急需的小学。也许，开发商把这项捐赠看作平息当地社区不满的公关策略。此外，当地利益集团购买了一大片土地，创建了一所全国知名的私立高中。这所学校的创建者坚决承诺维持这片土地的自然属性。最后，一位当地人士也主动提出捐赠。由于他们的慷慨，在原来老会所的位置上建立了公共图书馆的分馆，目前该图书馆坐落在被保留为野生公园的地块中。由于这些决定，该项目的开发强度大大低于原设想方案，并保留了更多的自然特性和价值。

这样的故事在全国各地都在发生，说明经济决策如何反映自然资产所提供的某些价值。随着城市的邻近地区不断发展，这最后仅存的一块空地不断增值。尽管其市场价值不断上升，但几乎没有证据表明这种升值与土地给这个地区带来的日益稀缺的生命支持服务有任何联系。相反，价值的上升反映了土地可以产生的承载服务，这种承载服务在土地转变为高档住宅或商业物业后就可产生。在任何财务计算或谈判中，都没有对于生命支持和其他服务缺失的经济评估。这导致人们在做出很多决定时掌握的信息不完全或者不充分。要了解这些机制盲点在哪些方面会产生影响以及如何发挥作用，需要从更开阔的视角来看待这些问题，我们将在第 4 章、第 5 章探讨这一问题。

延伸阅读

加勒特·哈丁的《公地悲剧》（The Tragedy of the Commons）是一篇经典的文章，它解释了在面对"开放获取"资源和服务时，市场为何无法有效发挥作用。

杰弗里·希尔的《自然与市场：获取生态系统服务的价值》（*Nature and the Marketplace: Capturing the Value of Ecosystem Services*），提供了一个更全面和深入的视角来观察市场如何与自然的不同方面进行互动。

千年生态系统评估《生态系统和人类福祉》（*Ecosystems and Human Well-Being*）综合评估生态系统服务在满足人类福祉方面的作用以及提供这些服务的自然系统的条件和趋势。

第 4 章　两次能源危机

美国噩梦

30 年前，我们惊恐地发现美国梦支离破碎，前景暗淡无光。20 世纪 70 年代，全球石油市场的实际或人为短缺曾两度推高美国燃油价格。更糟糕的是，加油站关闭的浪潮，无论是临时性的还是永久性的，都使得汽油供应变得不稳定。"抱歉，今天无油可加"的告示牌像野草一样在全国各地的加油站里疯长。加油站关闭使得汽车长途旅行充满不确定性。为应对供应减少，加油站缩短营业时间，周日无油已成为常态。为了避免行驶途中油箱空了而附近又没有营业的加油站，人们选择不外出。曾经，在美国的高速公路上，周日下午挤满了嘶嘶作响的车辆，但现在高速公路上几乎空无一人，一片寂静。曾经是美国繁荣和休闲象征的周日驾车出行，现在被认为是勇气可嘉或是行为鲁莽。

这种情况不仅扰乱了人们周日的出行，而且有幸拥有汽油的加油站吸引人们排着长队前来加油，长时间的等待很常见。有些顾客预计汽油将出现更严重的短缺，希望把油箱加满。排着长队的人们变得越来越不耐烦。他们心烦意乱，争吵和打斗偶有发生，导致暴力事件甚至人员伤亡。加油站设置了每位顾客所能购买汽油的上限，以保证供应。尽管如此，有限的供应仍将会耗尽，其余顾客的等待是漫长且徒劳的。油罐车到达另一个加油站，立即能吸引一批新的顾客。为了恢复秩序，各州开始实行定量配给制度，以限制汽油使用。定量配给是根据驾驶员的车牌，在特定日期向驾驶员颁发汽油购买许可证。人们获取廉价、现成能源的权利显然被剥夺了。

美国人为了获得汽油不仅要忍受长时间的等待，而且要眼睁睁地看着油价攀升到以前无法想象的高度。首先是1973 年，然后是 1979 年，美国人目睹了汽油价格在几个月内翻了一番。对于经济紧张的家庭而言，这些增长超出了他们的承受能力。不断上涨的油价也导致其他能源价格上涨，所有能源的开支超出了许多家庭的承受能力。一些房主因未能支付取暖费而被公共事业公司停止了供暖服务，这导致一些人意外死亡。不断上涨的能源价格加剧了通货膨胀，导致几乎所有大宗商品和服务的价格都大幅上涨。每一次采购，美国家庭都要承担更高的价格，这给本已捉襟见肘的家庭带来了更大的压力。

　　不稳定的汽油供应干扰了那些依赖汽车运输的职业和企业。卡车司机、出租车司机和销售人员常常因为没有汽油而无法工作。企业无法送货，而工厂由于缺少关键部件而暂时关闭。不断上涨的油价挤压了一些活动，使它们变得不经济。尽管出现了通货膨胀，农作物价格却没有上涨，农民们付不起收割农作物的燃料费用。由于燃料成本迅速增加，卡车司机和托运人蒙受了损失。物资短缺和燃料价格上涨造成的混乱影响了整个经济。失去工作和业务导致家庭收入减少，这些家庭面对不断上涨的物价艰难生存。这些影响动摇了美国人幸福感的基础。总而言之，在那段时期，美国人物质生活水平显著下降，并面临财务上的不安全感。

　　美国人尽其所能应对这一危机。人们尽量减少开车次数，选择步行、拼车等出行方式，尽可能使用公共交通工具。冬天，小区居民关闭取暖器，多穿毛衣。曾经，装饰着耀眼夺目的圣诞彩灯的社区变得暗淡起来。人们把耗油的汽车换成更小、更轻、更省油的进口汽车。为了适应这一新形势，卡特政府设立了能源部作为内阁级别的职位。这次重组把以前分散的能源部门集中到一个机构，进行协调和监督。更能说明问题的是，第一任能源部部长詹姆斯·施莱辛格被称为"能源沙皇"。

　　这些记忆就是我们所称的"能源危机"——艰难适应新的现实，告别能源廉价且丰富的"美好旧时光"。能源供应不稳定且价格昂贵威胁着美国的繁荣。的确，在离开卡特政府时，能源部部长施莱辛格对美国能源前景的评估如下："今天，我们面临着一场世界危机……石油问题使这场危机变得更加严重。几乎没有任何缓解的迹象……能源前景暗淡，尤其是未来 10 年可能会更严重。"[1] 20 世纪 70 年代末，世界石油形势打乱了美国梦，把它变成了一个悲观和牺牲的梦魇。

第一次能源危机的余波

尽管施莱辛格在能源问题上很有见识而且受到尊重，但他对能源前景暗淡的预测大错特错。到 20 世纪的最后 10 年，所谓的"能源危机"已经"得到解决"。20 世纪 70 年代的石油和汽油短缺在 80 年代变成了大量盈余。在施莱辛格发表能源言论后的 10 年里，能源——尤其是石油和汽油——价格实际上出现了下跌。20 世纪 90 年代，随着汽油（及相关能源）价格的持续下跌，美国人慢慢恢复了以往的生活。由于美国人喜欢上了新兴的运动型多功能车（SUV），而且认为车辆外观比燃油经济性更重要，小型节油车辆的销量增速放缓。到 20 世纪 90 年代末，轻型卡车和 SUV 占据了美国新车销量的 50%。随着驾驶再次成为一种廉价的爱好，各行各业的美国人又开始驰骋在开阔的马路上。人们再次在节假日张灯结彩，这充分证明能源危机已经成为历史。

遗憾的是，认为已经解决了能源危机，这种观点既简单又片面。这次能源危机事件证明市场及其经济刺激具有普遍影响力，也展示了科技的力量和创新解决问题的思路。正因为如此，这次事件对环保活动人士和政策制定者而言也是重大教训，他们往往低估了市场和技术解决方案的效用。然而市场力量有效解决了石油短缺问题，却也为我们当前的能源问题推波助澜。当前的能源危机指的不是再次出现能源短缺——这是一个非常令人担忧的问题——而是全球气候变化的问题。这确实是我们这一代人面临的第二次能源危机，也是市场本身无法解决的危机。技术乐观主义者和市场化机制的拥趸认为我们已经拥有解决重大环境问题的必要工具，他们尤其应该关注这个问题。尽管市场和技术创新迅速有效地应对了第一次危机，但事实证明，它们在应对第二次危机时是无效的。两次能源危机复杂且具有警示意义，既说明了市场机制和技术力量在解决环境问题方面的本领，也说明了它们的局限性。

基本事实

当施莱辛格部长离开卡特政府时，世界石油价格接近历史最高点。原油以每桶近 40 美元的价格售出。[2] 就在 7 年前，同样的石油每桶售价还不到 4 美元。在这段时间

里，现代工业经济中最重要的资源的价格上涨了 9 倍。对
美国司机来说，更重要的是，汽油价格攀升到了当时闻所
未闻的每加仑 1.40 美元。人们对 7 年前每加仑售价不到
40 美分的汽油仍然记忆犹新。施莱辛格谈到未来能源前
景的那一天，他没有想到未来能源前景与他预想的截然
不同。

原油和成品油价格并没有继续上涨，而是从 20 世纪 70
年代末开始高位下跌。这两种大宗商品的价格都在 20 世纪
80 年代初大幅下跌，并在 1985 年前后彻底崩盘。以精炼汽
油为例，其价格大幅下跌，以至于到 80 年代末，经通货膨
胀调整后的汽油价格已低于 1973 年以前的"好日子"。
1990 年伊拉克攻打科威特时，石油和汽油价格大幅上涨，
但在 20 世纪 90 年代的大部分时间里，两者都恢复了下跌态
势。到 20 世纪 90 年代末，美国汽油价格跌至历史低点，跌
破了 20 世纪 60 年代的低价。直到 20 世纪最后 10 年，石油
和汽油价格才开始再次上涨，在 2008 年达到创纪录高点。
图 4 - 1 显示了 1970 ~ 2010 年经通货膨胀调整后的汽油价格
走势。

油价不仅从 20 世纪 80 年代初的惊人高位回落，而且石
油"短缺"也从人们的视野中消失，这多少有些令人困惑，
因为石油既不可再生，也基本上不可重复使用。[3] 1973 年第
一次石油危机发生时，全球石油日产量已达到 5500 万桶左
右。在经历了最初的下滑之后，世界石油产量恢复了稳步

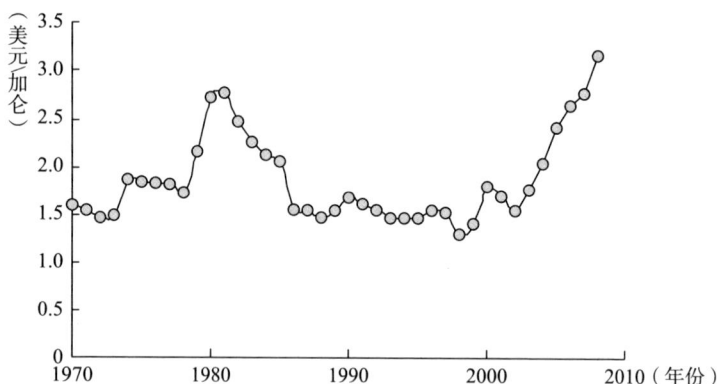

图 4 - 1　1970 ~ 2010 年经通货膨胀调整后的汽油价格走势

资料来源：Energy Information Administration。

增长，到 20 世纪 70 年代末已超过每天 6000 万桶。1979 年
的第二次价格冲击导致石油产量再次下降，这是因为石油
生产国为了应对需求下降而减产。然而，到 1985 年，世界
石油产量恢复了上升趋势，并在 20 世纪末继续上升（见图
4 - 2）。世界石油市场充斥着石油，导致石油过剩。直到最
近，对石油的需求似乎才超过石油的供给。人们容易忽略
这个大趋势中的一个关键点。1970 年前后，尽管美国付出
了许多努力，但其石油产量在达到峰值之后一直在下降。
由于石油储量丰富，美国一度被认为可与沙特阿拉伯媲美。
随着人类日益耗尽石油这种不可再生资源，美国的发展趋
势对全世界能源的未来具有象征意义。因此，第一次能源
危机应该不仅仅只引起历史学家的重视。[4]

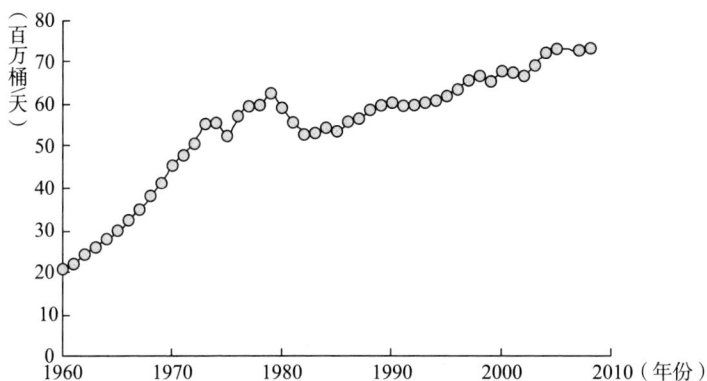

图 4 - 2　1960～2010 年世界石油产量

资料来源：Energy Information Administration。

根本条件

原油价格是很多因素共同作用的结果，包括主要石油公司和石油输出国组织（欧佩克）的行动。自 1856 年开始钻探以来，世界石油市场就没有脱离主要石油生产国的控制，而无论是私人公司还是拥有大量石油储备的政府。该行业向来生产不稳定，价格波动剧烈，财富获得后又失去再重新获得。早在欧佩克于 1960 年诞生之前，石油行业就见证了主要参与者为刺激需求、调节供应和提高价格所做的无数努力，目的都是"驯服"市场，赚取更多利润。尽管取得了暂时的成功，但世界石油市场一直抵制这种严格控制，并表现出一定的独立性，这是参与者不希望看到的。

要了解世界石油市场，就需要了解石油作为一种商品的独特属性以及影响商品市场的传统力量。

石油市场的波动是由几个因素造成的。虽然世界上许多地方的石油相对丰富，但由于石油位于地下深处，很难辨别它的具体位置。此外，石油位于不同的储层中，浓度及开采难度也不尽相同。石油的供应是由从地下发现和开采石油的难度、技巧和技术专长决定的。不断上涨的油价鼓励石油生产商投入时间、能力和金钱去寻找更多石油并将其推向市场。不出所料，这些努力的重点是寻找拥有大量原油的大型油田。大型油田被发现并勘探，大量石油涌入市场，导致油价暴跌。

在石油市场的需求层面，石油需求的特点是经济学家所说的无价格弹性需求（price inelastic demand）。这意味着石油及其精炼产品的使用在很大程度上对价格微调没有反应。在工业早期，石油主要用于取暖和照明。燃料价格的下降对人们的使用量几乎没有影响。低油价将鼓励人们采用这些新的、更方便的取暖和照明方式。然而，这些变化只会逐步增加石油需求。即使在今天，石油和它的许多精炼产品已经成为现代生活中至关重要的必需品，我们在使用这些产品时往往非常抗拒价格的变化。虽然我们可能会无休止地抱怨每加仑汽油价格上涨 20 美分，但这样的涨幅（或价格下跌）对我们的消费影响甚微。因此，影响石油价格的是石油供应的波动而不是消费行为的变化。即使是石油供应的微小波动也会对价格产生明显的影响。

影响油价波动的还有其他几个因素。由于石油是非易腐产品，开采之后不必急于在市场上售卖。如果条件不成熟，石油拥有者可以把石油留在地下。石油不易腐的特性使耐心的开发商在定价方面更具优势。但是一旦决定开采油田并在市场上交易，这一优势就不复存在了。从地下开采原油，并将其提炼成对消费者有用的产品，然后运送到销售点，需要庞大的基础设施支撑，包括石油钻塔、管道以及运输、仓储和炼油设备。进行这些大规模投资会产生巨大的财务压力，这迫使开发商尽快开采石油，以支付这些投资。只有财大气粗的业主，才有能力在支出完这些费用后，不用马力全开钻取石油。此外，第 3 章讲到已发现的油田归属不同的地块，"捕获规则"让人们不再耐心等待，并引发了一场混战，新开采的石油充斥着石油市场。

在 1973 年之前的 20 年里，世界石油市场显然是一个"买方市场"。随着大型油田的不断发现，世界市场上的石油供应日益增加。尽管石油行业努力支撑油价，但油价在20 世纪 50～60 年代一直下跌。廉价的石油鼓励世界各国走工业化西方的经济发展道路，西方的繁荣在很大程度上建立在以石油为基础的经济上。结果，世界石油消费量在1945～1960 年翻了一番。1961～1970 年，这个数字又翻了一番。尽管全世界都在大量消耗石油，但新的石油资源足以满足日益增长的需求，并保持低油价。尽管在这个石油价格低廉、储量丰富的黄金时代，油价看似稳定，但有明显迹象表明，潜在问题很快就会造成严重破坏。

虽然大多数个人、企业和国家欢迎低油价，但石油开采商，尤其是石油勘探者不欢迎。低油价无法抵消石油勘探在时间和设备上的昂贵投资。虽然过去的石油勘探足以满足这段时期全球需求的快速增长，但没有新的勘探油田可以满足未来增长的需求。低油价也抑制了对昂贵基础设施的大量投资，而基础设施是将越来越多的原油从偏远油田供应给工业消费者所必需的。如果没有更多的管道、油轮和炼油厂，世界炼油系统满足日益增长需求的能力将非常有限。到1970年，世界对石油的需求已接近世界原油产量。可以肯定的是，地球上仍然有大量的石油储备，尤其是在中东地区。然而，基础设施的缺乏和政治经济的考量都阻碍了这些储备流向全球消费者。

在1973年和1979年，战争引发了石油价格大涨，摧毁了世界经济的工业基础。虽然欧佩克（以及它的主要客户，七大石油公司）能够从这些事件中获利，但它们的底气来源于世界石油市场几乎没有出现过石油供应过剩的情况。鉴于石油在推动现代工业经济方面所起的核心作用，供应不足造成了恐慌。石油在现代经济中扮演着重要角色，这意味着任何有关石油短缺的暗示，都可能引发恐慌，因为石油消费者如果没有石油将举步维艰。这让石油买家愿意出高价以保证石油供应。石油在现代工业经济中的核心和独特作用，为巨大的价格波动创造了条件。

解决最初的能源危机

想要理解市场力量是如何解决早期能源危机的，就需要认识到市场的双重功能，即分配功能和指导功能，指导功能通常不太受重视。分配功能指的是市场通常迅速且明显地利用价格来分配稀缺商品。指导功能指的是市场为应对商品短缺或商品过剩而调配资源。这两种功能对于理解市场如何有效解决供给失衡都至关重要。

分配功能确保任何商品或服务的价格基于市场条件的变化做出反应。如果允许自由调整，市场价格将随着短缺的出现而上涨，并随着过剩的出现而下跌。尤其是在商品短缺的情况下，价格的作用是在相互竞争的买家之间对稀缺商品进行分配。那些有购买意愿或收入高的顾客会继续购买这些商品，即使这些商品价格处于高位。商品价格会一直上涨，直到足够多的买家放弃购买，导致短缺消失。更高的价格也会刺激供应增多，因为快速赚钱的前景会吸引一些卖家。在大多数情况下，价格可以迅速调整，从而结束商品短缺的现状。在消除短缺的过程中，分配功能减少了大量的时间和精力，这些时间和精力花在排队等候和寻找珍贵稀缺商品的可用供应上。

市场因运作高效、以最少的资金和代价将稀缺商品提供给人们而受到赞赏，但其往往会引发更多的不公平问题。严格地说，市场的分配功能是对所有个体一视同仁的客观机制。短缺导致价格上涨，这是所有买家都必须承受的负担。然而，家庭收入和财富的根本差异造成物价上涨的负担不成比例地加重。在一个没有巨大差异的世界里，对高价商品更喜爱或需求更高的买家将获得更大的份额。这对大多数人来说既公平又有效。然而，收入和财富差距的现实搅乱了这一局面。随着这些不平等的加剧，市场配给导致获得这些商品的机会更多地取决于经济实力的差异，而不是对产品的需求程度。此外，市场在造成经济实力的巨大差异方面也发挥了作用。由于市场不仅为消费品定价，而且为创造财富的关键资源（如劳动力技能、房地产和金融资本）定价，市场确实会直接影响潜在的财富差距，从而使其分配功能变得不公平。几乎没有证据表明，市场倾向于缓和潜在的财富差距。相反，市场验证了那句老话"富人越富，穷人越穷"，虽然这也不是完全绝对的。[5]

与分配功能不同，市场的指导功能往往是循序渐进的，表现不那么明显，但影响更为深入。商品供应短缺导致商品价格上涨，这对买家、卖家以及潜在竞争对手产生了巨大的经济刺激。显然，高价格鼓励买家寻找更便宜的替代品。在供应紧缺时期，买方经常别无选择，只能以高价格购买产品或选择不购买产品。随着时间的推移，买方可选择的余地增加，他们发现市场上出现了替代品或者其他新的产品。他们决定减少对产品的需求，从而减轻不使用该产品的痛苦。高价格对产品供应商的影响可能更大。价格上升通常意味着更高的利润，从而吸引供应商扩大生产。被吸引到这个行业的潜在投资者进一步扩充了产量。其他发明家、企业家和投资者则将眼光投向替代品，以其他方式满足消费者未被满足的需求。更新更好的替代品得以开发销售，最终将取代原来的产品。相关产品的制造商可以改良其产品，从而让客户减少对短缺商品的需求。总而言之，指导功能激励个人、组织和企业去寻找新的方法来应对商品短缺所导致的未被满足的需求。有趣的是，由于这些努力满足了延迟的需求，随着潜在短缺的缓解，原始产品的价格也开始下降。只要最初的短缺继续存在，经济激励就会继续。根据短缺产品的重要性程度，这些经济激励的影响可以远远超出最初的行业，并在整个经济中产生作用。

如何战胜最初的能源危机

鉴于石油在主要工业国家经济中扮演着不可或缺的核心角色，它的影响已遍及现代经济的方方面面。但是，为了简洁起见，本章讨论的重点是运输行业，尤其是汽车行业。1973 年，轿车和卡车的石油消费量约占石油消费总量的 40%。[6] 汽车行业为我们准确而详细地展示了整个经济如何适应供应不稳定且价格昂贵的石油市场。关于如何渡过石油危机有着清晰准确的记载。

尽管20世纪70年代的世界石油市场相对不受任何政府限制（除了欧佩克的有效操纵），但美国国内的石油市场并非如此。美国石油市场在众多晦涩难懂的法律法规指导下运作，这些法规规定了"老"石油的最高价格，但没有给"新"石油的价格设限。这些规定旨在保护脆弱的消费者免受过去行业提价所造成的价格"哄抬"的影响。[7]然而，这些规定限制了美国石油市场的配给作用，使其无法充分应对欧佩克引发的石油冲击。虽然美国的成品油价格确实随着世界石油市场的形势而上涨，但其上涨与世界石油市场是不成比例的。国内汽油价格未能上涨到足以解决短缺问题的程度。相反，汽油短缺仍然存在，导致加油的队伍排得很长，供应不稳定，还导致了本章开始讨论的其他问题。当我们阻止市场价格对稀缺商品实行配给时，还需要其他一些机制。

到1979年第二次石油危机爆发之时，美国政治力量已经足够强大，可以暂停对国内石油的价格管制，并允许市场不受限制地运作。这一次，伊朗和伊拉克这两个石油生产国之间的战争造成供应中断，这对美国国内汽油价格的影响比6年前更大。1973年，世界石油价格翻了两番，但只导致美国汽油价格上涨50%。1979年，全球油价翻番，导致美国加油站的汽油价格也相应翻番。国内市场在对第二次供应短缺做出反应时没有受到限制，实行了有限的汽油供应。有些人担心石油供应不稳定、排长队等待加油的情况会卷土重来，这种担忧实属多余。

不出所料，1973 年和 1979 年汽油价格上涨促使美国司机降低了开车的频率。在两次石油危机之后的两年里，每辆车的平均行驶里程分别下降了 10% 和 9%。这两次下跌幅度都很大，虽然 1979 年之后汽车行驶里程的降幅相对于汽油价格的上涨而言是不成比例的。这一异常可以通过查看相关数据来解释。每辆车一年的平均油耗不仅可以衡量汽车的行驶量，而且可以衡量汽车的燃油效率。在 1973 年之后的两年里，每辆汽车的油耗量下降了约 10%，这表明节省的大部分燃油是由于减少了驾驶次数。1979 年以后，油耗量下降了 60%，降幅更大，这表明原因并非驾驶习惯的改变。在此期间，家庭对汽油价格上涨的反应更强烈，因此购买了更多低油耗车辆。事实上，从 1979 年到 1980 年，轿车整体平均燃油效率增加了 1.5 加仑，这是有记录以来最大的单年增幅。通过投资低油耗汽车，消费者可以在不限制驾驶的情况下，缓冲油价上涨带来的负面影响。

在第一次和第二次油价冲击期间，购车行为的变化并不仅仅是因为消费者心理的不同。在这期间，轿车市场发生了重大变化。1973 年，底特律生产的典型国产汽车体积大且笨重，完全符合当时美国人的审美。20 世纪 70 年代中期，汽油价格不断上涨，想要缓解油价上涨压力的购车者除了主要购买从日本进口的轿车外别无选择。结果是进口汽车的销量激增，而底特律汽车销量却萎靡不振。意识到消费者偏好的转变，底特律开始大力推出新的节油车型，并缩减许多传统畅销车型的产量。到1980年，美国国内三大汽车制造商已经制造了许多低油耗车型，以吸引追求燃油效率的购车者。

提升汽车燃油效率的趋势仍在继续，尽管在过去的10年中发展缓慢。20世纪70年代初，汽车每加仑汽油平均行驶里程不到14英里，而现在已超过22英里。[8]多年来，汽车工程师们通过缩减汽车的尺寸和重量、增加空气动力学套件、改进变速箱以及转向燃油喷射等措施，提高了汽车的行驶里程。可以肯定的是，联邦政府制定的公司平均燃油经济性（CAFE）标准在提升燃油效率方面也发挥了作用。这些标准规定，每家大型汽车公司都必须生产符合燃油效率标准的汽车。例如，要求汽车制造商销售的每加仑汽油可行驶20英里的汽车量应达到一定标准，以抵消其每加仑汽油仅行驶10英里的汽车的销量，从而达到规定的平均水平，比如每加仑汽油行驶15英里。如果达不到这些平均标准，将会受到经济处罚。虽然CAFE标准无疑鼓励制造商通过生产销售节油汽车，以达到销售其他体积更大、更有利可图的汽车的目的，但无论如何，该标准达到了推广节能汽车的效果。如果没有高油价驱使美国购车者购买更省油的汽车，汽车制造商也很难达到CAFE标准。20世纪

80～90 年代，事实证明这一点是正确的。当时，随着汽油价格的下跌，购车者重新购买体积更大、燃油效率更低的汽车。

高油价也推动了其他变化。高油价所带来的巨额利润激励石油勘探者去寻找新的石油资源，他们确实找到了。位于北海、墨西哥、阿拉斯加北坡等地的新油田全部开发完毕，融入世界石油市场。尽管在这些偏远地区进行石油钻探和管道铺设成本高昂，但开发新油田还是成功了。高油价使这些投资付诸实践且有利可图。这些新油田和其他新能源增加了现有的能源供应，使得推动油价上涨的压力开始减轻。随着石油供应从短缺变为剩余，欧佩克承受着越来越大的压力，必须减产以防止油价不可避免地下跌。在美国，欧佩克在利润丰厚的石油市场中所占的份额在 1979～1985 年下降了 2/3，因为其他非欧佩克产油国填补了这一空缺。尽管欧佩克努力维持高油价，但油价仍从 1981 年的峰值持续下滑，仅 5 年后就从每桶 39 美元跌至每桶 13 美元。随着石油价格的暴跌，汽油价格也相应滑落。到 20 世纪 80 年代中期，经通货膨胀因素调整后，石油和汽油价格都回跌至能源危机前的水平。

在石油和汽油价格暴跌之前，过高的石油价格和汽油价格已经影响到经济的方方面面。高油价促使许多大型工业转向替代燃料，通常是天然气。企业和家庭投资节能设备，包括隔热性能更好的建筑和房子、更高效的发动机和节能家用电器。为使产品更具吸引力，制造商改进设计方案，以提高能源效率，降低客户的使用成本。人们开始研发风能、太阳能和地热能等领域的能源技术。这些广泛和渐进的措施都是对石油短缺做出的实质性反应，几乎所有这些应对措施都直接受到高油价带来的经济激励驱动。遗憾的是，尽管石油和汽油价格暴跌给能源消费者带来了好处，但经济激励也因此消失，从而无法刺激市场参与者做出更明智的能源决策。

乌云笼罩着一线希望

市场成功解决了早期能源危机，但也导致其有效性瓦解。人们消费更为谨慎，新油田勘探增加导致石油价格下跌，但下跌的价格也削弱了鼓励这些行为的经济激励。20世纪 90 年代，随着廉价汽油的回归，燃油经济性的重要性逐渐减弱，低油价推动了 SUV 的流行。低油价阻碍了进一步发现和开发新石油资源。综上所述，低油价的回归鼓励了对石油的消费而不是对新油田资源的开发，因此为下一次石油短缺创造了条件。引人注目的市场反应在很大程度上是暂时的，受制于从短缺到过剩循环的周期性波动。允许"自由"市场以这种周期性的方式运行，并不会鼓励最有效地利用这种宝贵且不可再生的资源。公共政策补救措施确实存在，这些措施可以在不违背市场有效性的情况下改变其不稳定性，以鼓励社会所希望的行为发生。然而与使用化石能源造成的一系列问题相比，化石燃料的不当使用显得微不足道。

早期的能源危机在于石油供应不足，当前的能源危机主要集中在废弃物排放方面。燃烧包括石油在内的所有化石燃料，都会向大气中释放二氧化碳。由于二氧化碳自然存在于大气中，因此直到最近人们才意识到这种排放是有害的。新的科学证据表明，自工业革命以来，大气中的碳含量不断上升，这表明我们在大量使用这些燃料。自 1850年以来，大气中二氧化碳的含量增加了 20% 以上，而且还在迅速增加，如图 4-3 所示。

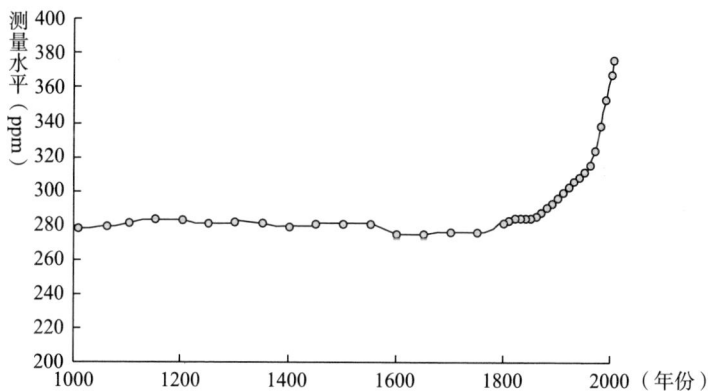

图 4-3 大气中二氧化碳含量

资料来源：Carbon Dioxide Information Analysis Center, Oak Ridge National Laboratory。

二氧化碳散布在广阔的大气中，其浓度增加不会对包括人类在内的生命构成直接威胁。在这种浓度下，它们没有毒性。事实上，对所有植物来说，二氧化碳是光合作用的关键元素。此外，由于这种气体无色无味，排放二氧化碳不会对人类的视觉和嗅觉产生影响，只会加剧在第 2 章讨论过的"温室效应"。大气中日益增加的碳含量就像给地球温室增添了额外的玻璃。大多数科学家认为，人类过去的活动正在影响行星系统，并可能导致某种程度的"全球变暖"。

这就是当代能源危机的本质。燃烧大量化石燃料释放出的二氧化碳正在改变地球气候。越来越多的证据表明，全球气温已经在上升。很难证明这种变暖趋势完全是由人类排放的温室气体造成的。此外，人们很难准确预测过去和现在的行为对未来造成的后果。但是，有力的证据和令人信服的科学证明我们正在从根本上改变地球气候系统。

面对反常的温暖天气，我经常听到有人说"全球变暖"是罪魁祸首。考虑到全球进程的复杂性，几天反常温和的天气不一定是全球变暖导致的。全球变暖产生的过程既不简单也不直接。相反，全球变暖带来的变化可能会因地区和地形而复杂多变。大多预测认为，任何气候变暖对冬季气温的影响都将大于对夏季气温的影响。在一些地区，更温和的冬天将为某些目前已被寒冷所消灭的害虫提供更多的存活机会。气温升高将改变降雨模式，导致一些地区变得更加湿润，而另一些地区将变得更加干燥。温度升高为产生更多的风暴提供了能量，从而造成更大的破坏和伤害。在一些地区，气候变化将延长植物生长期，给当地农民带来好处，而另一些地区的农民发现他们更难以维持生计。全球变暖将提高海洋温度，从而导致海平面上升，淹没没有遮挡的沿海低地。无论具体的影响是什么，变化总是在不断发生。

尽管科学家预测的变化不会对地球、地球的复原能力或我们所知的生命构成威胁，但这些变化将对特定的有机体、物种、生态系统、个人、社区乃至一些小国家造成严重破坏，甚至是灾难。气候变化将考验每一个生物群落的耐力，因为变化的条件威胁到它们的活力。那些能够做到这一点的物种将随着环境的变化而迁移。其他无法迁移的物种将需要适应新的环境，否则就会灭亡。某些生态系统将以牺牲其他生态系统为代价扩大其范围。受龙卷风或飓风威胁的地区未来可能会遭遇更频繁、更具破坏性的风暴。尽管这类事件总是给建筑行业带来利好，但也对保险业构成了严重威胁，因为索赔数量和规模上升，保险业举步维艰，而这些索赔无历史先例可循。一些地区将有更好的生长条件，而其他边缘土地将变得更加贫瘠，从而影响到那些依赖它们生存的人类。沿海地区，包括主要河流三角洲的肥沃冲积农田，将受到日益增加的洪水和盐浓度升高的毒害。海平面上升将使某些岛国面临灭绝。

为什么市场不能解决这场能源危机

尽管存在某些相似之处，但我们应该看到当前的能源危机与早先的能源危机之间存在一个关键区别。我们不能指望自由市场能减缓当前的能源危机。即使我们继续燃烧越来越多的化石燃料，自由运作的市场也不会对解决这种不平衡做出反应，至少不会自行做出反应。

当拥有明确所有权的供应商向买方提供有价值的产品或服务时，市场就会自然而然地出现。人类的聪明才智和利润的诱惑确保了市场中新产品和服务稳步发展。瓶装水、电脑约会服务和"自然的声音"唱片只是这些例子中的一小部分。价格能够平衡供应商和购买者供求之间的市场。在没有外力的情况下，不可能出现利用大气作为二氧化碳排放的市场。这不是因为我们不重视这项服务的价值。就像任何我们认为理所当然的东西一样，只有当失去它的时候，才能意识到它的全部价值。试想一下，如果有人告诉你，除非你为废物处理付费，否则你无法开动汽车、割草机或烧烤炉，你会做何反应？[9]正如许多人现在为废水处理支付费用一样，我们也愿意为能够使用这些产品支付一些费用。问题不在于我们不重视这些服务，相反，问题在于没有一个"人"对大气层拥有明确的所有权，从而可以对我们使用大气层的行为收费。

大气层显然是一种"开放获取"的商品。每个人都可以利用大气作为私人垃圾场或"空气"填埋场来处理任何气体废物。就二氧化碳排放而言，不存在任何限制。虽然每个人都可以从保护大气层免受不当排放中受益，但没有人有能力或有资格这样做。没有人"拥有"大气层和它为我们提供的各种服务。因此，没有人可以向把大气作为二氧化碳排放场的其他人收费。在没有价格的情况下，我们认为这项服务是"免费的"，并继续无限制地使用。我们没有经济动机限制使用化石燃料来控制其对大气层的影响。尽管我们认识到了问题所在，但大多数人仍不会改变行为以减少不平衡，因为大家普遍认为我们的行为太微不足道，无法带来任何实质改变。在没有任何公共政策干预的情况下，我们可以预料到，二氧化碳排放日积月累，只会继续恶化。

总　结

人们关于环境政策的讨论往往只是围绕选择"自由市场"还是政府监管这一简单论点展开。环保主义者往往对任何以市场为导向的政策持怀疑态度。由于担心企业的贪婪会破坏自然环境，他们经常拒绝任何对环保行为进行经济奖励的政策。同时，自由市场的拥护者只是简单地让市场"做自己的事"。这些拥护者列举了一些具体的成功案例，认为明确界定的市场几乎可以解决我们面临的所有问题。

然而，早期和当前的能源危机揭示了更复杂的情况。一方面，具有技术独创性的市场可以为特定问题提供非常灵活和普遍的解决方案。市场创造了大量的经济激励措施，这些措施有利于对错误行为进行纠正，从而制定正确的决策。然而，市场的有效性并非没有限制。在早期的能源危机中，市场激励非常有效，以至于当它们解决了最初的问题后，反而削弱了自己的作用。然而，正如当前能源危机所示，并非所有环境问题都能通过市场轻而易举地解决。在这两种情况下，支持性公共政策都能提高市场机制的有效性。

如果具有互补作用的公共政策得到实施，该政策可以鼓励不同的发展道路。例如，当油价在 20 世纪 80 年代中期暴跌时，油价下跌本可以促使政府提高石油（以及其他化石燃料）赋税。这样的赋税可以保证油价不至于太低，以至于扼杀消费者节能的经济动力。通过维持适度的汽油和石油价格，该税将鼓励购车者购买节能车型，并鼓励制造商追求更节能的设计。与此同时，累积的税收可以用于投资公共交通和可替代能源设计。当然，赋税会让我们为石油相关产品，包括汽油支付比实际更高的价格。然而，在节能技术上的投资可以通过降低消费来缓解随后的石油短缺，并为应对价格飙升提供更好的保护。从本质上讲，这项税收将作为降低未来能源账单的一项集体投资。

　　两场能源危机在多大程度上证实了那些库兹涅茨环境观点支持者的立场？当然，20 世纪 70 年代供应危机为他们的立场提供了强有力的证据。市场激励确实有效且普遍地解决了根本的供应短缺。市场激励和公共政策都鼓励采用节约能源的新技术，以限制消耗的能源量。事实上，2007 年美国每美元的实际 GDP 能耗比 1973 年减少了 50%，这证明了市场和技术的力量。[10] 另外，造成当前能源危机的排放问题与库兹涅茨环境观点相左。二氧化碳排放增加不会自动触发市场反应。与导致油价上涨的石油供应短缺不同，在这种情况下，市场调节机制不会出现。公众的压力可以而且已经引导许多城市甚至一些州限制碳排放，这些都是重要的步骤。然而，如果不能制定国家公共政策以有效减少碳排放或提高碳排放成本，就不可能真正解决这一问题。目前，美国众议院已经通过了一项"总量控制与交易"法案，该法案将限制碳排放，并逐步提高能源价格。在参议院采取行动之前仍然无法确定该法案最终将采取何种形式，甚至是否能被通过。目前还不清楚，是否存在足够的公众压力，以鼓励制定一项有效的政策，对化石燃料消费征税——美国公众似乎对此没什么兴趣。

　　在本章和第 3 章中已经探讨了容易受到市场激励并能有效解决的环境挑战，并将其与其他环境挑战加以区别。第 5 章将讨论决定市场激励有效性的具体条件。并非所有形式的市场失灵都能轻易得到补救。通过这种区分，我们可以更好地辨别现在面临的环境挑战中哪些可能会持续存在，哪些容易得到补救。此外，通过认识在哪些具体情况下市场化机制会失灵，我们可以更好地了解那些能够有效纠正市场失灵的公共政策，根据诊断开出更有效的政策处方。通过改变公共政策，我们可以有效地改变经济激励措施，以鼓励日常决策更有利于自然环境。

延伸阅读

波希和达姆斯塔德合写的《能源危机 20 年后：我们得到了什么教训？》（*Twenty Years after the Energy Crisis：What Lessons Have We Learned?*）对能源危机这段时期的历史进行了深刻的分析。

能源信息管理局《年度能源回顾》（*Annual Energy Review*）提供了石油和相关能源市场的丰富信息。

丹尼尔·耶尔金的《奖励：对石油、金钱和权力的宏大追求》（*The Prize：The Epic Quest for Oil，Money，and Power*）全面描述了石油市场历史，可读性较强。

第5章 市场失灵

沼泽成为湿地

孩童时期，我经常探索那些污浊的、被水淹没的地方。我们称这些地方为沼泽。我发现这些地方很迷人，充满神秘色彩，杂草丛生，与附近干旱贫瘠的土地形成了鲜明的对比。谁知道在这茂密而杂乱的环境中藏着什么生物和昆虫呢？在这陌生的地方潜伏着什么陌生的危险呢？踩进黏糊糊的泥浆里，我一直担心自己的鞋子会陷进去。在茂密的灌木丛中迷路，或者被永远困在泥浆里的画面充斥着我的脑海。这些沼泽以其奇特而神秘的氛围为玩耍的孩子提供了快乐的源泉。然而，当时大多数成年人的看法却大不相同。

当时，大多数成年人认为沼泽充其量只是一片荒地。在最坏的情况下，沼泽被视为开发更有价值的邻近地块的障碍，甚至被视为携带疾病的蚊子和其他害虫的避难所。对沼泽进行排水曾经是并且一直是典型的应对措施。事实上，美国早期的公共政策中有很大一部分致力于湿地排水和"改良"。早在19世纪初，美国联邦政府就开始通过法律鼓励整治沼泽地。为了刺激商业和旅游，我们的祖先排干沼泽，提升河流的通航能力，改善道路的质量。一旦水被排干，沼泽地就会变成肥沃多产的农田。通过排水，可以清除滋生蚊子和其他害虫的死水，从而减少疾病。以这样的方式，闲置的荒地被改造成有用高产的土地。作为美国"敢做能为"精神的一个典型例证，我们的祖先在一个多世纪的时间里清除了美国大陆上近一半的沼泽。[1]在欧洲人出现之前，美国大陆上估计有2亿英亩的沼泽，而现在只剩下大约1亿英亩。

今天，我们称这些地区为"湿地"，这一变化超越了单纯的语义和象征意义。这一转变反映出人们越来越认识到湿地在自然景观中所扮演的角色，从而引发了公共政策的逆转。整个20世纪，生物学家和生态学家慢慢开始了解湿地的价值。沿着海岸的湿地提供了一个有效的缓冲区，抵御潮汐、飓风和海啸的侵蚀。湿地保护下游地区免受洪水的破坏，因为它们在洪水期间吸收了多余的水分，然后以可控制的量释放出来。[2]在较平静的时期，水在这些土地上缓慢流动，可以有效地净化水质，对下游社区有利；水中悬浮的杂质会落到沉积物中，滋养植物并被细菌转化。[3]这些地区为各种动植物提供了独特的栖息地，创造了高产的生态系统。[4] 沿海湿地是贝类和其他有商业价值的鱼类和鸟类的重要栖息地。[5] 在内陆，湿地为候鸟提供了重要的避难所。无论是哪种情况，这些土地都为当地经济提供了宝贵的资源，供人类捕鱼、打猎，通过赏鸟活动推动当地旅游业发展。[6] 湿地为鸟类和昆虫提供了庇护所，这些鸟和昆虫可以消灭啃食庄稼的害虫。湿地绝不是闲置的，而是高效运作的，并为我们提供了一系列免费的服务。

随着我们对湿地价值的认识不断提高，美国联邦政府的政策也从公开鼓励"清除沼泽"转向了严格的湿地保护。有趣的是，鸭群捕猎者，特别是实力强大且资金充足的组织"鸭子无限"，成为早期湿地保护的倡导者，为日益减少的湿地提供了有效的保护。[7] 在生物学家的协助下，他们证明水禽数量明显下降是因为大量已经开展的排水工程。美国联邦政府积极响应，制定了国家野生动物庇护制度，以维持国家水禽数量，使 9100 多万英亩湿地得到了保护。[8] 后来的联邦法律，如 1918 年的《候鸟条约法》和 1929 年的《候鸟保护法》，都支持这一制度。其他联邦法律包括 1934 年的《候鸟捕猎印花税法》和 1964 年的《土地和水资源保护法》，授权设立使用费和税收，为进一步收购湿地提供资金。此外，"鸭子无限"组织已经花费超 10 亿美元用于购买土地，以保护另外 100 万英亩湿地。[9] 尽管如此，这些努力也只保护了当时存在的小部分湿地。

随着科学家和立法者认识到湿地在维持水资源质量方面发挥的关键作用，美国联邦政府进一步加强了对湿地的保护。20世纪70年代颁布的联邦法律证明了对湿地价值的认可。为策应"改善水质"这一国家战略，1977年《清洁水法案》第404条禁止未经许可为湿地排水。当时，许多观察家认为，让陆军工程兵团负责发放许可证是荒谬的。从历史上看，陆军部队的主要任务是排干湿地，以方便地表水流动。许多人认为，这种监管改革就像让狐狸管理鸡舍。事后看来，陆军部队似乎在监督许可程序和改变其职能目标方面都完成得很出色。[10]随后，1985年通过的《粮食安全法案》第一次对湿地进行了法律界定，加强了对湿地的保护，并对未经许可将湿地排干的行为进行惩罚。

"零净损失"政策

从第一任布什政府开始，最近几届政府在湿地问题上都遵循了"零净损失"政策。"零净损失"并不是一项构思独特的政策，而是对具体法规的非正式指导。该政策的目标是阻止宝贵的湿地资源不断减少。与此同时，该政策也认识到地方执行政策必须有灵活性。这一政策并没有简单地禁止任何进一步清除湿地的行为（这显然是将自然行为置于法律之外，因为一些湿地会自然干涸），而是考虑到特定地块为公众利益服务的方式不同。因此，"零净损失"政策包含的大量法规创造了一套灵活但复杂的管理措施。

　　"零净损失"政策的核心是《清洁水法案》第 404 条，它要求土地所有者获得许可后方能将湿地转变为其他用途的地块。最初，大量的免责条款让许多土地所有者免除了事先批准。多年来，兵团削减了这些豁免权。土地所有者要想获得许可，必须遵循相关程序，在考虑该地区的潜在用途后才能做出土地使用决策。在理想情况下，只有当项目满足更广泛的公众需求时，兵团才会授予特定湿地排水许可。在这些情况下，开发商负责在其他地区创建"补偿"湿地，从而确保"零净损失"。该政策指导了决策过程，在决策过程中，陆军工程兵团通常会与美国环境保护局和鱼类及野生动物管理局进行磋商，召开讨论会，评估这块土地的竞争性用途，并从中做出选择。

　　尽管美国联邦政策发生了变化，但旧习惯和做法依然存在。最近的估计数据表明，美国的湿地资源正在继续减少，尽管速度有所放缓（见表5－1）。[11]诚然，定义不统一和实际操作误差让测量湿地面积变得复杂。湿地的定义不仅仅是被水永久覆盖的土地。频繁和间歇性洪水或地下水位过高会导致土壤和植被发生变化，从而形成湿地栖息地，尽管有的时候这些湿地表面看起来很干燥。因为时机不同，单次肉眼观察可能忽略某些湿地。但是近几十年来已经形成了可靠的湿地面积测量方法，可粗略评估湿地资源状况。

表 5 - 1   湿地流失趋势

时间	政策机制	年湿地损失（增加）
20 世纪 50 年代中期 到 70 年代中期	湿地收购	458000 英亩
20 世纪 70 年代中期 到 80 年代中期	许可证要求 290000 英亩	—
1986 ~ 1997 年	"零净损失"	59000 英亩
1998 ~ 2004 年	"零净损失"	32000 英亩

美国内政部的鱼类和野生动物服务报告《1986 年至 1997 年美国湿地的现状和趋势》（*Status and Trends of Wetlands in the Coterminous United States* 1986 to 1997）对美国的湿地资源进行了清晰的说明。应美国国会在 1986 年通过的《紧急湿地资源法》中的要求，美国内政部对湿地进行了首次调查，这份报告就是调查结果，表 5 - 1 是此次调查的简要总结。乍一看，这些数据表明美国联邦政府的政策在减少湿地损失方面相当成功。湿地年损失从 45.8 万英亩减少到不足 5.9 万英亩，减少了近 90%。尽管目前的损失还没有达到"零净损失"，但湿地损失削减是美国联邦政府政策带来的一个重要且受欢迎的结果。最近的一份报告更令人鼓舞。1998 ~ 2004 年，人类活动导致的湿地面积下降幅度有所减缓。新创造的湿地大大抵消了湿地面积的减少，在 6 年的时间里，每年净增加 3.2 万英亩湿地。[12] 这可能是自欧洲人来到这片大陆以来，湿地面积第一次增加。

然而，我们通常不能仅仅相信总数。淡水湿地占湿地存量的 90% 以上，占"零净损失"期间损失的 98%。在大多数情况下，淡水湿地损失被增加的"池塘"面积"抵消"了。虽然自然形成的池塘确实提供了前文提到的大部分功能服务，但池塘包括各种各样的水域，其中也包含住宅开发中发现的小湖泊、渔场、高尔夫球场上的水潭和露天矿井。当然，并不是所有的湿地都具有同等的质量，也不是所有的湿地都能提供类似的生态服务。虽然增加的池塘面积可能抵消其他淡水湿地的损失，但现存湿地的质量令人担忧。例如，在 1986～1997 年恢复为池塘的湿地中，只有 2% 被列为适宜植物生长的淡水湿地。[13]这使人们对这些湿地的质量及其提供的生态系统服务范围产生了怀疑。数据也掩盖了其他湿地质量可能下降的情况。砍伐森林湿地里的树木，受影响的只是湿地类别从"森林覆盖的淡水湿地"转变为"新兴的淡水湿地"。虽然森林覆盖消失肯定会影响当地的生态环境及其生态服务，但砍伐森林并不会改变湿地总量。尽管湿地面积没有变化，但湿地质量不太可能保持不变。

除了这些担忧之外，研究湿地总数还提供了另一个视角。在没有任何联邦政府限制之前，湿地的损失是巨大的。联邦政府对湿地损失先是采取了温和的限制措施，此后又变得更为严格。虽然至少在最近一段时间内湿地仍在继续被侵蚀，但这些措施已在很大程度上遏制了湿地的减少趋势。商业压力仍然威胁着剩余的湿地。虽然立法机构已规定"零净损失"政策符合长远公共利益，但私人市场仍会影响土地使用决策。这些市场压力解释了为什么湿地资源在"零净损失"的情况下数量保持不变，但是质量受到威胁。这些问题告诉我们，关于土地使用的决定不仅威胁到现存的湿地资源，而且威胁到同样脆弱的其他形式的自然资源。第1~2章分析了哪些生态服务最有可能进一步退化或衰退，现在我们来仔细地审查退化的根本原因。通过了解导致市场失灵的具体情况，我们可以更好地设计公共政策补救措施。

市场失灵

有效运作的市场就像家里的恒温器一样运作。我们把恒温器调到舒适的温度，当实际温度发生显著变化时，加热或冷却设备就会根据需要重新启动来调节房屋温度。当实际温度返回到所需的温度时，设备停止工作并保持闲置状态，直到实际温度与所选温度再次充分偏离为止。只要温度变化不大，恒温器就能使我们感到舒适。与此同时，我们知道这个系统不是万无一失的。恒温器运转不灵会导致温度不适宜的状况，根据故障情况不同，温度可能会太高或太低。即使使用精确的恒温器，也会出现问题。室内恒温器摆放的位置会影响其舒适性和性能。大多数家庭的空气温度会因具体位置而发生变化，尤其是像我居住的这

种有 90 年历史、通风良好的房屋建筑。例如，将恒温器
放置在阳光充足的地方，可能会导致夏季过度降温、冬季
供暖不足，至少在晴天会发生这样的情况。放置在通风口
附近也会导致类似的问题。在任何情况下，恒温器只能依
据搜集的信息有效开展工作。市场也是如此。当关键决策
者可获得的信息不完整或不准确时，市场功能就会运转
不良。[14]

信息贫乏

无知和不确定性会导致市场决策走偏。毫无疑问，每
个人都有过后悔购买或出售某件商品的经历。我们无法或
不愿充分对所需商品进行前期研究，因此会对其实际服务
水平感到失望。我们可能购买了一些预期会需要的商品，
却发现实际并不需要这些商品，至少对产品的需求程度没
有达到预期。或者，我们可能卖掉或送出了一些商品，但
在意识到它的价值后，我们后悔了。在每一种情况下，我
们都可能会经历某种程度的失望和遗憾。如果在信息充分
的情况下进行决策，我们有可能避免大部分错误决策。遗
憾的是，我们无法避免在信息不完整的情况下做出许多市
场决策。

纵观人类历史，无知一直是导致湿地资源减少的罪魁
祸首。直到最近，大多数土地所有者甚至科学家都认为湿
地基本上没有价值。这些土地在未开发状态下通常被视为

毫无价值，其市场价格在零附近徘徊，因此任何湿地所有者都不会因为排水或填土而损失任何价值。确实，将湿地改造成更适合人类活动的场所才能创造市场价值，包括农场、住宅或购物中心。市场激励土地所有者排干湿地。只要土地新用途所产生的增值超过排水或填土的费用，土地所有者就有动机这样做。这一相当低的发展门槛导致大量湿地资源消失。最终我们失去了位置优越、质量上乘的重要湿地，这些湿地提供了大量生命支持服务，却因为一些不起眼甚至短暂的人类冒险而被牺牲。我们出售了许多自然资源，主要是由于对湿地所提供的宝贵生态服务一无所知。

历史经验也给我们提供了一个警示。虽然现在我们认为已经完全了解湿地的价值和服务，湿地的价值和好处仍然值得进一步探究。在做任何决定时，我们永远不能确定是否掌握了所有关键信息。此外，我们必须认识到，今天所做的决定将影响到后代，尽管对当代和后代的影响不尽相同。鉴于目前掌握的信息，也许今天做出的决策看起来是明智正确的，然而不能确定的是新信息的出现或者后代看法的改变是否会让我们重新考量之前做出的决定。由于无法避免这种不确定性，每一个决策都有出错的风险。任何决定，包括选择无为而治，都有可能让我们在未来感到悔恨和沮丧。

认识到这一点并不一定会导致"分析瘫痪"。大多数情

况下，不合理的决定很容易就能得到纠正。如果买了一件
衣服，后来发现它并不合身，我们可以很容易买到一件更
适合自己的衣服。如果卖了一些从未想过会再次需要的东
西后，却发现自己迫切地需要它，我们通常可以买一个替
代品。然而，有些行为会导致不可逆转的后果。砍伐古老
的森林是一旦实施就不能撤销的决定。一旦排干水分，清
除生物居住区，湿地也不能轻易恢复到以前的功能水平。
天然湿地内有许多动植物物种，每一种都适应该地区的特
定气候条件，并在相互关联的网络中发挥作用。重建这种
湿地是目前我们所不能理解和掌握的。正如一名资深科学
家所说，"目前恢复湿地的实践类似于条件预设，即我们提
供一定的水文条件，种植一些我们希望能够生长起来的水
生植物，并希望一切结果都是最好的"。[15]

　　认识到哪些决定可能产生不可逆转的后果后，于是就
产生了"预防原则"。由于未来的信息和新的理解会让今天
所做的决策变得不那么明智，因此，我们应避免做出会产
生不可逆转后果的决策。我们应该避免做出进一步消耗自
然资产的决定，特别是那些没有人造替代品的自然资产。
第 9 章和第 10 章将讨论采取哪些政策以鼓励遵守"预防原
则"。

　　信息不完全："开放获取"问题

　　即使我们完全理解湿地所带来的巨大利益，但依赖市

场做出土地使用决策仍会带来巨大挑战。事实上，湿地提供的所有生态服务都受制于第3章讨论的"开放获取"问题。所有人都能从湿地生态服务中充分受益，而不管是否补偿服务提供者。在这种情况下，大多数人会像"搭便车"一样，对任何可能推销这些服务的人造成伤害。没有市场意味着所提供的服务是免费的。零价格导致人们无限制地使用这些服务，即使明知过度使用可能会导致服务下降。更糟糕的是，由于这些服务没有给业主带来任何收入，我们认为土地毫无价值。在这种情况下，业主没有经济动机去维持更不用说改善提供服务的条件。对这些土地进行零价值评估，会导致市场交易忽视这些自然资本及其提供的服务。

任何从湿地提供的服务中获益的人，都无须向湿地所有者做出补偿。问题在于这些生态服务的复杂性，以及土地所有者试图对其收费所面临的一般社会规范和法律优先次序。例如，在减缓水流和改善水质方面，上游湿地为下游土地所有者提供了防洪和改善水质服务。由于这两项服务都不容易识别或衡量，许多下游业主和用水户从中受益而无须支付任何费用或补偿。如果这些上游湿地的所有者试图从这些服务中获取某种形式的报酬，就会被无视甚至嘲笑。然而，这些服务与我们按时支付的服务本质上是一样的，比如定期的安全家庭用水。不支付这些服务费用通常会导致服务被"终止"，支付费用后才可以重新使用这些服务。对大多数人来说，水务官员有权切断不付费用户的供水服务以保证用户都能定期缴纳水费。湿地的所有者没有类似的追索权。作为下游的受益者，无论是否支付费用，都将继续从所有者的土地上获得同样水准的服务，至少直到所有者决定将土地用于其他目的并将其排干为止。湿地的所有者不能像本地水务部门那样，有选择地向部分付费者提供服务，而不向其他非付费者提供服务。事实上，湿地所提供的所有其他宝贵服务都面临同样的命运。沿海湿地能抵御风暴和潮汐的侵害，这尤其有利于内陆地区的业主。沿海湿地为有商业价值的鱼类和贝类提供产卵场所，让渔民受益。湿地有益于候鸟和昆虫，这些候鸟和昆虫在不同的区域提供不同的服务。甚至当地农民也受益于湿地，因为湿地为不同的动物提供了栖息地，这些动物以附近农作物的害虫为食。我们直接或间接地从这些服务中获益，但往往没有意识到这一点。在以上每种收益中，我们都无须为任何服务付费。

虽然这听起来确实很幸运，但它确实有令人不安的负面影响。由于湿地的所有者无法从土地提供的服务中获取任何收入，这些土地的价格和经济价值几乎为零。[16] 由于这种脱节，湿地的所有者不会因为破坏其拥有的湿地及其提供的服务而遭受经济损失。此外，土地所有者没有经济动机来维持湿地质量，更不用说改良或扩大湿地了。与其他形式的资本不同，市场目前没有为湿地所有者提供经济激励，以使所有者对其宝贵但没有市场价值的土地进行良好的管理。更糟糕的是，随着湿地资源质量和数量的下降，剩余湿地的价格保持为零。湿地不会因为数量变少而对人类社会产生越来越大的价值。相反，当前的经济激励措施鼓励湿地所有者进一步摧毁湿地，开发湿地的其他用途。

大多数经济学家认为，"开放获取"资源的问题在很大程度上产权界定不清，因此可以通过扩大私有产权来解决。海洋渔业就是一个经常被引用的例证。大量证据表明，人类捕捞鱼类的速度超过了鱼类的生物学极限，导致世界各地许多渔场的鱼类捕获量下降。[17]大多数专家将这种过度捕捞归因于人类需要相对廉价的蛋白质、所有沿海国家对渔业的支持以及新渔业技术的引进。因为没有人对海里的鱼类拥有所有权，所以通常遵循先到先得的原则。在这种情况下，渔民几乎没有动力克制捕鱼，让鱼类有休养生息的机会。因为这种克制只会使其他仍然愿意捕鱼的人受益。为了缓解这一问题，新西兰政府建立了捕鱼许可证和捕捞配额制度，以限制鱼类捕捞。除了仔细监控和防止非法捕捞外，政府还创建了一个模仿私有制的体系。在这种制度下，渔民暂时的克制——遵守捕鱼限制规定——将使他们从更稳定的鱼类供应中受益。

湿地服务对我们而言是更为复杂的问题。由于个人或公司已经拥有大部分的淡水湿地，私人所有权缺失并不是真正的问题。在这种情况下，问题在于许多生态服务通过复杂的机制发挥作用，而我们未能精确计算这些服务。显然，湿地所提供的净水服务令下游的许多使用者受惠。虽然可以跟踪下游的水流，但是几乎不可能锁定哪些下游居民实际受益，而且由于还存在其他水源，下游居民获得多少收益也难以测算，同样也难以衡量上游湿地为下游土地所有者提供了多少防洪服务。下游土地所有者究竟从防洪服务中获益多少？获益多少是否取决于特定年份的降雨量？湿地还是候鸟和昆虫的避风港，究竟有哪些其他社区可以从湿地提供的除虫服务、娱乐服务以及鸟语花香的环境中受益？这些益处应该如何评估？

从概念上讲，当考虑提供供给服务的关键资源（如蓝鳍金枪鱼）时，比较容易衡量收益。商品易于测量，并可进行密切监测。然而，衡量服务要困难得多。湿地所提供的宝贵生态服务，跨越地理和时间的界限，在很大程度上是难以察觉的。大自然不会遵守人类的土地界限，就像猫不会只待在家里吃喝拉撒一样。这里描述的问题扩展到第2章讨论的生命支持服务。这些服务的具体好处难以辨别和监测，从而阻碍了我们对提供这些服务的生态系统和自然资源进行评价。

在这种情况下，政府的监管措施不足，湿地质量不可避免地出现下滑。即使政府规定阻止业主排水，仍有许多其他行为会影响生态系统服务的质量。湿地的所有者可以从事各种各样的商业活动，从土地上赚取收入，其中许多活动会损害或减少其土地所提供的自然服务。条件优越的沿海河口可以用作养鱼场和贝类养殖场。淡水湿地可用于种植水稻和其他耐水作物。[18]一些湿地天然适合种植红树林和柏树，而其他一些洼地适合培育各种硬木。很多人类活动可能对湿地功能的质量产生重大影响。例如，人为控制水量及营养标准可以提高养鱼场和传统农业的产量。改变正常水流虽然可以增加收成，但通常会破坏湿地生态，使其提供的自然服务减少。因此，湿地所提供的净水功能和水调节功能都可能受到影响。砍伐木材虽然不会改变湿地的性质，但它显然破坏了湿地的自然功能。湿地所有者用生长更快的松树来取代硬木，从而更快产生利润，这样做的代价是生态系统生产力下降。这些导致湿地服务减少的行为是可以避免的，尽管如此，湿地所有者几乎没有动力去规避此类情况发生。

我们现在可以更好地理解为什么"零净损失"政策带来的结果好坏参半。随着政策和审查程序豁免范围的缩小，"零净损失"政策有效地减缓了湿地面积的损失。在最近的报告期内，湿地资源甚至有所增加。然而，这项政策并没有影响到湿地所有者所面临的经济诱惑。湿地业主拥有的土地提供了许多有价值的生态服务，但这些服务都不产生收入。因此，湿地所有者没有经济动机维持土地所提供的服务水平，更不用说改善服务水平。"零净损失"政策确实限制了湿地所有者单方面减少湿地，特别是控制了减少湿地而不进行补偿的行为。虽然这项政策可以有效减少湿地面积下降，但对湿地提供的服务水平只有轻微的影响。业主没有经济动机来维持湿地生态服务，或开发真正有效运作的"补偿"湿地。如果没有这些激励措施，即使维持甚至增加湿地面积，生态服务的质量和数量也会下降。制定公共政策以修改当前的激励措施是当前我们面临的最紧迫、最棘手的挑战。

信息不完全：负外部性问题

当显著的市场外部性（无论是正面还是负面）出现时，市场就会运转不良。前文曾讨论过这些利益或损害是由不了解市场交易的个人（无论是买方还是卖方）承担的。在市场出现负外部性的情况下，业主做出的决定可能导致他人承担损失，付出代价。在这种情况下，决策者并不对他们的决定负全部责任。由于市场参与者只承担部分成本，因此他们做出的决定如果考虑全部成本和收益的话并不经济划算。从个人经验来看，我们知道当个人可以做出决定，且不用为决定负责时，问题就会出现。这会导致个人基于错误信息做出决定，往往会造成灾难性的后果。

当存在重大的市场外部性时，同样的情况也会发生在经济领域。为了获取利润，企业会根据所面临的情况做出调整和反应。客户偏好、法律和监管约束，以及相关产品和服务的价格，都会对企业产生影响。考虑到这些因素，企业通常寻求最有效、成本最低的方式来满足客户需求。通过缩减成本，企业可以降低价格来与对手竞争。出于这个考量，企业会选择一些生产方法来规避成本，而这些成本最终要由其他人承担。从历史上看，企业和个人都把环境当作"免费"的废物处理系统，利用河道和天空作为倾倒废弃液体或排放废气的场所。由于这些服务是"免费的"，人们可以根据需要随意使用。即使知道这样的行为会对下游或下风向地区的其他人造成不利影响，人们还是照做不误。

业主们想方设法从湿地中攫取价值，他们的行为不仅会减少湿地带来的生态服务，还会对下游居民造成损害。由于大多数湿地是天然缺乏氮元素的，稻农很可能会增加氮元素和其他关键营养物质以提高收成。虽然水稻植株会吸收一些营养物质，但毫无疑问，还会剩余一些营养物质流向下游，导致地表水中的营养过剩。情况严重时会导致藻类大量繁殖，造成水中缺氧，甚至鱼类死亡。水质下降不仅会影响下游水资源的游憩娱乐价值，还会影响供水质量。其他行为可能会造成水土流失，影响下游的航行，使水变得更加污浊，从上游流失而来的水土填充了下游的河床从而导致洪水泛滥。尽管这些损害是真实存在的，但很难对上游的个人行为进行监测。此外，由于这些不良后果很少影响违规的土地所有者，所以也很少对土地使用决策产生影响。因此，鉴于目前的经济刺激措施，可以预料向下游用户提供的服务质量和水平会有所下降。

　　为了弥补负面的市场外部性，经济学家通常主张征收排放税，或者发放可出售的排放许可。[19]任何一种政策机制都要求业主为损害下游他人利益的行为支付一定数额的费用。排放税要求业主按排放单位付费，排放量越大支付费用越高。按照排放许可制度，必须持有许可证才能进行废物排放。与排放税类似，要想增加排放量则需要获取更多许可证。无论最初是如何分配的，这些可出售的许可证都可以在个人之间进行交易，这取决于谁愿意为它们支付最高的价格。然而，这两种方案都需要某种形式的监督来确保政策得到遵守。就湿地而言，这是困难的，因为湿地面积庞大，而且很难监测有害物质的流动。在某些情况下，这一挑战并不像看上去那么艰巨。例如，如业主使用化肥提高作物产量，这可以通过购买化学品时缴纳排放税或获得许可证来进行评估。可以估计这些化学品在下游地区的流向，并据此设定费用。虽然这只是粗略地测量了实际的破坏程度，却可以阻止无限制使用化学物质，这些化学物质会在下游造成富营养化。然而，并不是所有湿地业主的行为都可以轻易估算并被劝阻。

盘　点

　　我们现在可以更好地理解"零净损失"政策的结果是

好坏参半的。由于许可证审核豁免的范围有所缩小,这项政策有效地减缓了湿地面积的流失。然而,这项政策并没有影响到湿地业主所面临的潜在经济激励。湿地提供了宝贵的生态服务,而这些服务大部分没有给他们的所有者带来任何收入。因此,湿地业主没有经济动机以减轻损害或增加下游服务的方式使用或改善其土地。"零净损失"可遏制湿地面积下降,甚至可以增加湿地面积;但是,这将使湿地所提供的生态服务的质量和数量继续受到影响。除非改变目前影响湿地所有者的经济激励措施,否则不能指望改变这些趋势。

正如本章所述,我们试图在物质需求与自然环境的限制之间寻求平衡,但是市场功能失调的三大源头带来了巨大挑战。出于无知,我们所做的决定虽然经过深思熟虑,但将来可能会被证明是错误且不可逆转的。"开放获取"问题阻碍了市场的出现,使我们把不可或缺的服务当作没有价值的东西来对待。此外,超越人类土地边界的自然系统十分复杂,这使我们以损害周边地区为代价来满足当前需求。每一个挑战都会产生不同的问题,需要不同的政策进行补救。更加困难的是,就像本章中讨论的湿地一样,大部分自然资源也面临着这三个挑战。解决这些问题需要对细节有所了解,以确保量身定制解决方案,产生有效的结果。

湿地所有者面临的许多经济激励措施也影响到其他业主。大多数的土地,根据其开发的用途,提供各种各样的生命支持服务。我自己的住宅，虽然面积不大，却提供了许多生命支持服务。种植的大树能减少大气中的二氧化碳，减缓严重风暴带来的阵风，并在闷热的夏天提供阴凉。多样的景观为各种各样的动物提供了大量的栖息地。灌木丛和果树不但可以防止水土流失，还可以调节水供应，吸收太阳能，这一切可以为我的家人和邻居提供食物。尽管提供了所有这些有价值的服务，但它们从未影响过我的财产价值。无论是扩大房子的面积为家人创造更多的居住空间还是为增加这些服务的景观而耕作，财产的市场价值都不会反映这些服务的任何变化。任何房地产评估师都不会考虑我的地产或其景观所提供的生命支持服务。当然，我可以创造景观，增加我的财产的"外观吸引力"；尽管如此，市场价值会在很大程度上忽略该物业所提供的重要生命支持服务。

这个问题确实很宽泛。让我们重新考虑第 3 章所讨论的地方土地出让问题。随着这块土地被推向市场，毫无疑问，代表着众多利益的各路买家都在考虑这块土地。这些感兴趣的买家会考虑土地提供的各种承载服务，以及可能的供给服务。有些人可能希望开采树林里的木材，而另一些人则在考虑用这片土地种庄稼或放牧。[20] 想要建造住宅和公寓的开发商相互竞争，而想要建造办公楼和购物中心的开发商也在竞争。一些公司员工和附近的居民主张保留这个地块，以保留它的历史和风景。当地官员认为，铺设道路是任何发展的必要条件。除能源转换和提供庇护外，当地利益集团会珍视这块土地提供的所有承载服务。[21]与此同时,除了水径流问题,我怀疑项目开发很少考虑土地的生命支持服务。虽然市场会优先考虑各种社会需求,但不能指望市场会足够重视土地所提供的生命支持服务。因此,我们不能盲目地认为市场总是会产生所需的决策,特别是如果市场忽视了自然提供的基本服务。

然而,正如第4章所述,竞争性市场可以有效地发挥作用,很好地为我们服务。在一定条件下,明确界定的产权和竞争激烈的市场可以鼓励妥善管理自然资本,并解决我们面临的一些环境挑战。随着某些资源和服务变得越来越稀缺,价格上涨将鼓励企业和家庭减少使用这些资源和服务,或者寻找更便宜的替代品。通过这种方式,市场可以鼓励个人做出符合共同利益的反应。我们不应简单地把环境问题归咎于"贪婪"和市场,而应在解决环境问题时认清市场的优势和劣势。

认识到市场机制在推动社会所需的决策方面存在局限性,为我们提供了两个关键的见解。首先,我们应该区分哪些环境问题需要市场机制发挥作用,哪些环境问题不需要。对两场"能源危机"的讨论说明了这一点。石油耗尽的前景给上一代人造成了巨大的困扰,现在这个困扰依然存在。耗尽"轻易获取"的石油储备将严重扰乱我们的生活、社会和经济。尽管损害可能是巨大的,但如果允许市场发挥作用,就会出现解决方案。高油价将迫使我们做出改变，最终减少对石油的依赖。但另一场"能源危机"却并非如此。在另一场能源危机中，我们不能指望市场机制推动人们进行自我修正。除非实施不同的公共政策，否则我们将继续肆无忌惮，进一步推动全球气候变化。认识到这一区别，我们就能认识到有些挑战是真正棘手的，而另一些则不是那么紧迫。

　　我们对市场的优势和局限的认识，引出了第二个见解。当前的许多环境问题实际上都是由市场运作不良造成的。不难想象，当前的土地使用决策助长了"城市扩张"的问题。由于土地开发决策忽视了生命支持服务的任何价值，许多城市越来越缺乏绿色空间。对这些原因的理解让我们不再只是怨天尤人。理解市场失灵与环境问题之间的特定因果关系，给我们带来了另一个优势。在某些情况下，在公共政策或产权方面做出很小的改变就可以制定有效的解决办法。例如，征收大量碳税可以相当容易和有效地限制对化石燃料的使用，并鼓励寻找替代技术。这项政策的改变可以有效地利用市场力量来减少目前对碳的依赖。[22]虽然并不是所有的环境问题都能如此轻易地解决，但是我们仍应该迅速采取行动，解决这些不那么具有挑战性的问题。

展望未来

　　在寻找许多环境挑战的解决方案之前，我们应该先停下来研究一下自然系统是如何运作以及经久不衰的。我将在第 6 章中绕个小弯，研究那些能够在不断变化的环境和破坏性的干扰下，长期维持自然系统的关键因素。在第 6 章中确定的 4 个关键要素将成为后面 4 章讨论的重点。在第 7 章到第 10 章中，我们将应用每一个关键要素，并确定公共政策，以鼓励这些要素推动经济发展。这样，我们将以自然为指导更好地组织经济活动。

延伸阅读

T. 达尔的《1998 年至 2004 年美国湿地的现状和趋势》（*Status and Trends of Wetlands in the Coterminous United States 1998 to* 2004）以及他之前的报告，提供了关于美国湿地面积状况的大量证据。

G. 哈丁的《公地悲剧》（The Tragedy of the Commons）一文对"开放获取"问题给出了经典的处理方法，尽管他错误地将这个问题归为"共同"所有权问题。

N. 基奥恩 和 S. 奥尔姆斯特德的《市场与环境》（Markets and the Environment）对市场失灵的根源做了更全面的回顾。

小 W. 刘易斯的《湿地说明》（Wetlands Explained）讲述了湿地如何运作以及我们对湿地态度的转变。

第6章　大自然的引导

伟大的尝试

在 19 世纪最后的三十几年时间里，一群移民为了分享美国的繁荣，越过密西西比河向西迁移。一些人是为了开采金矿和银矿，另一些人是为了免费的土地。为了鼓励人们在美国西部定居，1862 年，美国国会通过了《宅地法》，规定任何公民都可以得到 160 英亩的土地，条件是占有并开发这块土地 5 年。[1] 当定居者们向西迁移时，他们遇到了大片高大的草丛，除了在相对隐蔽和有水的河岸地区，大部分地方没有树木。大平原草原是世界上最大的草原，它维持着一个复杂的生态系统，其中包括大量的野牛群和数量可观的"原住居民"。在几十年的时间里，来自东部的移民按照美国梦的愿景对这片土地进行改造，美国梦将野牛和"原住居民"排除在外，因此这两个族群基本上都被消灭了。

移民们发现，这片土地上长满了茂密的野草，上面常常点缀着一些野花，这表明这片土地在掩盖其严酷现实的同时也提供了丰富的资源。由于降雨充沛，肥沃的土壤为饥饿的东部移民种植玉米和小麦提供了理想的条件。幸运的是，新开发的工具犁可以把坚韧的原生草割断。从 1878 年到 1887 年这 10 年间，上天似乎对这块土地分外友好，因为这 10 年间天气异常湿润。[2] 大丰收吸引了更多的移民。农夫们割掉杂草，以获取埋藏在肥沃土壤下面的宝藏。

在正常年份，大平原的气候恶劣。这里的冬天漫长而寒冷，夏天干燥而炎热，到处都受到强风的侵袭。雨水往往是短暂的，通常是强雷暴带来的暴雨。突如其来的倾盆大雨破坏了土壤，如果不采取保护措施，就会造成严重的侵蚀。通常风暴会给土地带来不同程度的危害。炎热干燥的夏天会产生易燃物。风暴有时带来闪电却没有降雨，闪电能点燃大地，在强风的狂吹下，草原大火横扫大地。冬天气温极低，经常会有猛烈的暴风雪，几周内地面就会被积雪覆盖。

多年生本地草本植物特别适合这种恶劣的气候，90%的多年生草本植物在地下都有发达的根系。虽然冬季的严寒和偶尔爆发的夏季火灾可能会对植物裸露的部分造成严重破坏，但大部分植物都受一层土壤保护。只有未被土壤覆盖的植物顶部才容易被食草动物侵害。巨大的根系网络可以帮助植物修复受损的顶部，保护土壤免受暴雨和狂风的侵袭。在植物的保护下，土壤可以慢慢积累，从而容纳更大的地下迷宫般的根系。表层土壤通常深达 12 英尺，这让农夫们惊讶不已。当地的野草不仅非常适合干旱的气候条件，而且它们也依赖于这种气候条件。炎热的夏天和偶发的草原大火使树木望而却步，树木只能生长在该地区溪流两旁湿润的低地上。由于没有更高的竞争对手遮挡阳光，这些草能够获得生长所需的所有阳光。

去除草原上的原生牧草，农民们就可以利用土地的自然资源。但是去除草原上的原生牧草也使土地光秃秃孤立无援。种植一年生作物使这片土地在一年的大部分时间里脆弱不堪。在雨季，强烈的雷阵雨击打着土壤，将泥土推下缓坡。由于表土层较深，这些因侵蚀而造成的表土层土壤流失并没有引起广泛关注。然而，在数年的干旱中，侵蚀情况进一步恶化。在 19 世纪的最后 10 年里，大平原不可避免地再次出现干旱。庄稼因为炎热的天气而枯萎，农民们仰望天空，期待着似乎永远不会到来的雨水。即使在这样肥沃的土地上，饥饿也很普遍。更糟的是，表土层土壤现在被犁松了，又因干旱而枯竭，只要一阵风就能刮走。巨大的沙尘暴毁坏了这片土地，并在下风处沉积了数百英里的泥沙。在 19 世纪 90 年代和 20 世纪 30 年代的尘暴期间，这种沙尘暴是肆虐大平原的干旱和侵蚀循环产生的恶果。

大多数移民忍受着这些艰难，希望得到救济。气候的周期性变化和现代科技进步起到了帮助作用。第一次世界大战期间，降水恢复和对小麦的高需求给该地区带来了新的繁荣。石油这样的低廉能源，新的钻探和抽水技术，使农民能够开发未被发掘的资源，弥补了该地区不可靠的降雨。大平原的大部分地区位于一个巨大的地下水水库之上，即奥加拉拉蓄水层。人们抽取地下水可以弥补降水量的不足，从而在有需要时浇灌作物。丰富的水资源和肥沃的土壤带来了丰收和不断增长的利润。

在当地缺乏水资源的地区，新技术让"旱作农业"成为可能。如果预期会有一场意外降雨，农民们可以用新开发的机械化设备耕种大片土地。更长的犁头粉碎了土壤，使降雨渗入更深，增加了土壤的水分。在这种条件下，从亚洲进口的新品种抗旱小麦生长旺盛。在其他地区，农民在秋天种植冬小麦，第二年夏天在高温耗尽土壤水分之前收割。强劲的需求提振了小麦价格，并鼓励农民开垦更多的耕地。"美国佬的聪明才智"和现代方法似乎确保了他们在这片土地上获得所期待的丰产。

这些做法使一些在该地区务农的人有利可图，但每一种做法都有严重的局限性。易于开采的地下水吸引了众多农户，以至于抽取的水量远远超过了自然再生的水量。早期开发的水井干涸，因此，需要更深的水井从不断下降的地下水层中取水，这片广阔的含水层显示了局限性。旱地耕作需要深耕，这使得翻耕后的土壤更容易受到侵蚀。冬小麦生产要求土地休耕一年以上，以从集约种植中恢复过来。由于没有覆盖作物，这些土壤得不到保护，容易受到侵蚀。20 世纪 30 年代，干旱的周期循环再次出现，带来的沙尘暴让人印象深刻，至今仍困扰着这一地区。

大平原曾经是世界"面包篮子"的一部分，如今正经历着一场新的移民潮，其规模能与几代前的拓荒者相媲美。近几十年来，反向移民导致农村人口减少，尤其是年轻人数量减少。不稳定的气候和受侵蚀的土壤是造成迁移的主要原因。种植和放牧从外地引进的农作物及动物并没有带来许多人所期盼的繁荣。多年生野草和放牧牲畜的自然生态系统已经存在了数千年，而我们对这片土地的现代重建仅仅持续了不到一个半世纪。

尽管数以百万计的农民和牧场主聪明能干，现代技术也很强大，但我们显然没有能力在大平原创造一个持续和高度繁荣的经济，这就引出了开发大平原是否可行的问题。[3] 也许这些土地过于干燥脆弱，无法承载我们所追求的繁荣与安稳的梦想。尽管这一结论极有可能是对的，但有证据表明并非如此。19 世纪对大草原开发之前的历史可以作证。一万多年来，大平原的生态和经济为原住印第安人提供了一种相当繁荣稳定的生活方式。在过去的几千年里，草原生态系统虽然一直在变化，但其结构基本保持不变。对基础生态系统的了解有助于我们理解为什么现代土地耕作在很大程度上都失败了。以破坏该地区自然资源的方式构建经济, 只能产生一个难以长期维系的体系。在对耕种土地进行任何新的尝试之前, 我们都应理解自然的禀赋及其局限性。站在更广的角度上看, 当考虑如何调整经济结构使其更具"可持续性"时, 我们应该把大自然及其自我维持的生态系统作为我们努力的指引。

可持续系统的自然模型

在过去的一代, "可持续(经济)发展"已然成为时代口号。毫无疑问, 有两股潜在潮流推动这一口号在学术和公共政策论坛上的崛起。首先, 越来越多的证据表明, 我们目前的做法对许多环境系统产生了巨大的压力。对一系列环境问题的认知——鱼类和动物数量的减少、土壤的侵蚀、有害污染物水平的上升、物种灭绝数量的增加、气候的明显变化, 让我们停下脚步并思考当前的发展道路将把我们带向何方。第1章中提到的许多书都反映了这个问题。其次, 我们越来越清醒地认识到过去很多次人类社会在实现繁荣和成就之后走向失败, 这些证据往往就在我们脚下, 原因往往是因为破坏了当地的生态环境。在许多例子中, 苏美尔和玛雅这两个高度复杂、技术适应性很强的社会最终都遭遇了社会崩塌, 部分是因为破坏了当地环境。这两个社会都代表了那个时代人类智慧和技术力量的巅峰, 但都无法避免走向衰亡的命运。可以肯定的是, 很少有人现实地考虑过现代社会或我们自己也会走向这样的结局。然而，在苏美尔或玛雅的鼎盛时期，估计也很少有人能预料到他们会面临这样的结局。

就像"自由"和"正义"的概念一样，"可持续发展"是一个能让人联想到值得努力奋斗的积极价值观的术语。此外，就像这些人更熟悉的概念一样，它是一个难以简单定义的概念，对不同的人来说意义不尽相同。当代有关这一主题的文献已经产生了数十种甚至数百种不同的定义。[4] 许多人建议使用在布伦特兰报告中找到的相当简洁的定义，该报告将其描述为"在不损害未来需求的前提下满足当前的需求"。这定义清楚地阐明了"可持续发展"的一个要素：代际公平，即自然资源在几代人之间的共享。然而，它忽略了布伦特兰报告作者认为同样重要的第二个价值：代内公平，即自然资源在一代人之内的共享。作者认为，任何忽视未来后果或当前（不平等）利益分配的发展都是不可持续的。现在存在着一种共识，即必须在经济、社会和生态三个方面实现可持续发展。[5] 尽管存在这种共识，但这一定义对有意遵循其原则的政策制定者几乎没有什么指导意义。哪些发展项目是可持续的？哪些不是？如何区分？所有的经济、社会和自然环境都在不断演变，哪些变化是可持续的，哪些不是？在这些问题上没有明确的方向，如何从不可持续的发展道路转向更加可持续的发展道路？

将自然视为向导，我们可以找出那些对长期维持自然生态系统至关重要的要素，尽管大自然也给我们带来了限制和不断变化的环境。我确定了4个关键要素，即关键营养物质或系统输入的循环利用、充足和可靠能源的可及性、适应能力和系统弹性。每一个要素都至关重要，有利于我们理解生态系统如何在不破坏基本生态过程的情况下持续存在，并适应周期性干扰和变化。每个要素都让我们学习如何才能在不破坏自然资源的前提下，设计出符合人类利益的经济结构。这4个关键因素都可以帮助我们开发更可持续的经济发展项目。

系统养分的自我调节循环

生物群落的结构必须符合热力学第一定律的要求：物质既不会被创造也不会被毁灭；否则，这个社群无法长久维持。每一种生命形式都需要依靠关键营养物质的持续供应才能生存和繁荣。与此同时，每一种生命形式都必须排出某些废物副产品，如果任由这些废物在当地环境中积累，就会对生物体造成伤害，甚至死亡。由于地球是有限的，而第一定律表明物质是有限的，所以每一个生物群落都必须以某种方式对其自身进行结构调整，以便对所需的关键营养物质和不断排出的有害废物进行循环利用。

我们熟悉植物和动物在氧气和二氧化碳方面的互补作用。作为光合作用过程的一部分，植物通过叶子从当地环境中吸收二氧化碳。关键营养素，水、太阳和二氧化碳一起为植物的生长提供养分并促进其生长。植物通过叶子排出氧气作为多余的副产品。动物吸入氧气以燃烧能量提供给身体。动物每次呼气都会释放二氧化碳。对动物生命至关重要的氧分子是植物光合作用的副产品，而我们的呼吸为光合作用提供了关键成分。这两个互补的过程使二氧化碳和氧气在数亿年的时间里保持相对平衡。为了保持这种平衡，这两个互补过程实际上实现了两种关键气体的无限供应，尽管它们本来都是有限的。

这样的循环利用不是例外，而是生物群落的规则。大多数植物需要 20 多种关键营养素，其中碳、氮、磷和硫构成"四大"营养素。通过各种复杂的过程，每一种关键的营养物质都在地球的大气、水和陆地中缓慢地循环。由于这些有效的生物地球化学循环，只要这些循环继续发挥作用，有限数量的每一种关键营养素就可以重复使用而不会耗尽。每种关键营养素的具体循环过程各不相同，可以氮元素为例。

氮对所有生命形式都是至关重要的，因为它将组成氨基酸的分子结合在一起，而氨基酸正是构成蛋白质、DNA和生命本身的基石。氮是大气中最丰富的元素，约占我们呼吸空气的 79%。尽管储藏量大，但是几乎所有的生命形式都不能使用这种气态氮。相反，我们几乎完全依靠土壤中的细菌将大气中的氮转化为可用的形式。[6] 在固氮过程中，土壤细菌将大气中的氮转化为氨，然后与水反应形成氨离子。植物可以通过根系吸收这种氨离子，并利用它促进植物生长。其他细菌会将这种氨离子转化为硝酸盐，植物也需要硝酸盐才能繁茂生长。随着植物的分解，这个循环还在继续。分解植物会将氨和硝酸盐释放回土壤中。氨与水反应，为有需要的植物提供氨离子。同样地，硝酸盐被其他植物吸收，或被其他细菌转化为氮气，然后缓慢地释放回大气，完成这个循环。氮循环的每一个组成部分都是生命得以延续所必需的。这样，死亡和植物分解对未来的植物生长至关重要。无论是在大气中还是在植物结构中，氮都无法支持植物的进一步生长。[7]如果没有这种持续的循环过程，大自然最终会耗尽所有可用的氮资源。

此外，这些营养物质循环具有自我调节的特征，可以弥补失衡可能导致的破坏。例如，气态氮的增加会阻碍植物的生产，因为植物基本上无法使用这种形式的氮。幸运的是，大气中氮含量的增加促进了某种细菌的生长，这种细菌能将气态氮固定在土壤中。这些细菌继而向土壤提供了更多的氮，促进植物的生长，从而将氮转化为植物结构。一种形式的氮失衡促进了补偿变化，从而恢复了氮流动的平衡。通过这种方式，营养循环可以经受住天气条件变化和自然或人为因素造成的破坏。

虽然人类社会也遵循同样的热力学定律，但我们很少遵守这一定律。所有为人类服务的商品生产都依赖自然的供给服务。我们使用生鲜食品、纤维、矿石和化学物质来制造各种各样的商品，以维持和丰富我们的生活。在某些情况下，我们会丢弃这些商品。通常，我们只是简单地将这些废物丢弃到我们的水域、空气和垃圾填埋场里。我们很少意识到这些废弃物可以作为未来的原材料。相反，我们的经济设计是基于简单的"从摇篮到坟墓"的世界观，即自然资源从有价值的商品演变成被丢弃的废物。[8]虽然这种线性系统为人类提供了便利，但它对自然循环造成了严重的破坏。

许多环境问题都源于对世界资源的滥用，比如说气候变化的问题。如前所述，在过去的一个半世纪里，我们改用化石燃料，导致大气中二氧化碳的不平衡日益加剧。与其他污染例子不同，这个问题不是由某些"非自然"或有毒化学物质的生产造成的。相反，我们只是在制造一种全球失衡，因为从地球上提取化石燃料并将其转化为大气中的碳，其速度远远快于自然进程所能做出的反应。现代农业制度也造成了类似的问题。大多数高产的杂交作物很快就耗尽了土壤的肥力。作为补偿，农民进口包括氮肥在内的化肥来补充土壤的养分。虽然大部分氮为植物生长提供了燃料，但仍有相当一部分会渗透到邻近的水域，造成问题。过量氮元素造成的富营养化会导致大量鱼类死亡，并破坏水生栖息地。世界上大多数主要河流的沿岸都是一片死寂，大部分海洋生物都无法在其中生存，这主要是由于氮和其他营养物质的极度集中。虽然氮对生命是必不可少的，但氮过多集聚在某个地方会造成致命的后果。

只有纠正自然循环的潜在失衡和干扰，我们才能有效地解决这些问题。为了限制经济体系对自然环境造成破坏，我们必须重新设计生产和消费体系以反映和支持这些自然循环。我们可以模仿自然重复使用和循环利用满足我们需求的产品和材料，并限制对自然环境造成的不平衡和破坏。在全面循环利用这些关键材料的过程中，我们为社会创造了源源不断的资源，从而巩固了经济持续发展的基础。尽管前景乐观，但隐约可见的乌云仍需要我们关注。

丰富可靠的能源

大自然创造了一个巨大的循环系统，在这个系统中有限的物质资源几乎可以支持生命的无限持续发展。然而，每个循环的驱动力——能量需服从热力学第二定律，即熵定律。熵定律将能量单独归为一类。涉及能量的化学反应使能量的数量不变（由于第一定律），而能量的质量下降（由于第二定律）。在每一次转换中，能量的整体有用性随着能量从更集中的形式转变为更分散的形式而降低。因此，可用能量的功势随着每次使用而下降。该定律的结论是，能源的用途最终是有限的，不能无止境地循环利用。因此，势能的储存对任何系统都有限制，无论是自然的还是人类的。

　　第二定律的核心是熵的概念，即系统的无序程度。比如下面这个例子。想象在一个新房子的建筑工地，所有的建筑材料（例如，砖块、水泥、木材和钉子）都在现场，而且包装整齐。建造一座房子需要大量的资源，主要是人力，将这些材料按特定的顺序排列。只有这样，建筑材料才能满足我们对住宅的期望。然而，这个建立有序的家园产生了新的问题。如果无人看管，重力、侵蚀和氧化等自然力量最终会把这座房子变成一堆废墟。虽然这堆物料包含了所有用于建造房屋的材料，但无序摆放的材料实际上毫无用处。在这种状态下，这堆材料的熵比原来塞满包装材料的地方还要大。正如每个房主知道的那样，人们需要能量来延迟房屋衰败（通过维护来实现），甚至需要更多的能量来纠正（修复）任何房屋状况的恶化。

　　虽然熵定律确实指出，每一次能量转换，能量的整体质量都会下降，但这并不意味着所有的能量都必须增加熵。事实上，许多能量转换，无论是自然的还是人为设计的，都会产生一些低熵（或高质量）的能量。在光合作用中，植物以碳水化合物的形式将太阳能转化为低熵化学能。虽然大部分太阳能转化为热能，植物必须将这些热能散发出去，但这些碳水化合物提供了一种更有用、更集中的能量形式。人类使用光伏电池发电来模拟这一过程，但是效率较低。或者，我们可以利用风车产生低熵电能，从而实现对高熵风能的利用。风所包含的大部分势能以热能的形式损失掉了，但其中的一小部分却变成了有用的电能。目前对化石燃料的依赖是由于它们所包含的独特的高质量（低熵）能源。少量的石油、天然气和煤炭能产生大量的能源，使它们既高产又经济。

刚才用房子所做的类比适用于所有生命形式，包括微生物、植物、哺乳动物、人类，甚至经济。每种生命形式都需要能量来防止衰退和死亡，而随着每一次使用，可用能量的质量都会下降。为了防止这种退化，生物必须不断开发新的能源。个体生物短期内可以依靠储存的能量为其活动提供动力。然而，利用这种低熵能源会留下不可用的（高熵）能量。如果没有可靠的能量来源，生物体一旦耗尽其储存的能量就会死亡。如果没有额外的食物来源，人类只能生存几个星期。同样，没有恒定的能源，人类经济也无法持续。因此，每个系统，无论是自然系统还是人类系统，都必须依靠连续的低熵能量来源来延缓不可避免的熵和无序的增加。

现代经济的物质繁荣在很大程度上归功于对低熵能源的利用。我们需要可靠和充足的能源来驱动生产机械，为庞大的运输网络提供燃料，并为家用电器提供动力。我们不仅需要能源来生产更多的产品，增加现有的有形资本，而且还需要能源来维护和运营已经存在的庞大基础设施。尽管能源在我们的生活中扮演着重要的角色，但通常只有

电力中断和汽油短缺的时候我们才意识到能源的特殊重要
性。没有稳定的能源基础，我们的经济安全显然受到威胁。
虽然在 20 世纪，化石燃料的储量非常丰富，而且还在不断
增加，但我们现在认识到这一选择的局限性。可以说，未
来几十年，石油、煤炭和天然气的世界储备足够满足我们
增长的能源需求。然而，越来越多地使用这些资源，加剧
了气候变化带来的严峻挑战。除非我们能消除能源不确定
性并开发出可靠的新能源，否则经济预测仍将是不明朗的。

适应能力

大多数情况下，我们把自然看作一个静态不变的实体。
在庭院和花园里，我们试图展示这样的"外观"——修剪
整齐的绿色草坪、规整的花园或是一些本地流行的模型。
打造这样的"外观"需要花费大量的时间、精力和金钱，
而维持这种"外观"则会消耗更多的时间、精力和金钱。
我们试图"保护"某些自然区域的本色，这反映出消除人
类对土地影响的自然观。我们相信通过消除人类影响能够
保持该地区的原始性质，造福子孙后代。如果自然反映了
我们的静态世界观，那么已经讨论过的两大属性就足以解
释自然生态系统的持久性。有了充足的能源和自我调节的
营养循环，生态系统确实可以像机器一样无限制地运转。
然而，与我们的假设相反，自然的典型特征是变化和

干扰，而不是连续性和稳定性。在一个世纪的时间里，特定的地点见证了植物物种几乎完全的更替以及景观大变样——这一过程被称为生态演替（ecological succession）。科学家们一度认为，每个生态系统都会按照设定的路径发展，通往相对有限的目的地，或发展成顶级群落。[9]现在大多数人认为这个过程要复杂得多。生态学家认为，在演替过程的早期，特定的区域可以根据特定的条件，向不同的顶级群落演化，而不仅是单一的顶级群落。[10]疾病和火灾等不可预测的事件可能会极大地改变最终的路径，人类的影响也会带来很大变化。此外，生态系统不是同质的单位，而是由不同的生物群落拼凑而成的，每个群落都反映了当地的条件和最近发生的干扰。根据最近遭受森林火灾的时间和强度，森林的不同部分可能反映出演替路径的不同阶段。最后，生态学家不再把演替看作一种完全的线性过程，而是一种对外部条件和物种间不间断的动态变化做出反应的持续过程。

这种适应能力在面对不断变化的气候、地形甚至地理位置时是至关重要的。通过广泛的研究，我们知道地球上的陆地发生过巨大的变化，部分原因是大气的变化改变了温度和降水模式，地质压力抬高了高山，而运动的板块又重新构造了大陆。这些不断变化的条件造就了不断变化的环境，这要求自然系统不断进行调整。此外，动植物物种的迁徙在特定的生态系统内创造了新的动力。面对这种持

续的变化，自然系统需要适应性才能维持生存。演替增强
了灵活性，使自然系统能够通过不断变化的气候条件进行
调整和维持。

演替的过程"开始"于新栖息地的形成，通常这是水
位下降、冰川消退或熔岩冷却的结果。改变后的自然景观
很大程度上是光秃秃没有植被的，吸引了机会主义植物物
种。哪些植物会最先占据裸地显然受到随机力量的影响，
但这些早期的"殖民者"，通常被称为"开拓者"或"r 选
择"的物种具有相似的特征。[11]这些植物物种采用了分散策
略，从而能够迅速占据裸露的土地。它们的种子足够轻，
可以被水或风带到新的地方，或者足够耐久，可以经受住
火灾的破坏。种子一旦被带到新的地方，很快就能安顿下
来。这些相当简单的种子具有生长迅速、繁殖旺盛、生命
周期短的特点，易于迅速传播。尽管占领大地的速度很快，
它们对大地的统治却很难持久。

先锋植物物种覆盖裸露的大地，改变了自然景观。在
某些情况下，这些物种会固定住薄薄的土壤，让土壤随时
间积累慢慢变厚，从而为竞争物种创造适宜生存的条件。
在任何情况下，这些快速生长的物种都会迅速消耗可用的
阳光、水和营养物质，从而引发竞争。简单的结构使它们
不太适合这种形式的竞争。[12]相反，结构更复杂的植物和灌
木能够更好地利用任何短缺的关键资源，发挥它们的优势。
在沙漠中，演替有利于那些特别善于利用和保存珍贵水资

源的植物；在较湿润的环境中，演替有利于更耐荫的植物。慢慢地，这些被称为" k 选择"的新植物物种出现并取代早期的先锋物种。虽然不如先锋物种灵活，但更为复杂的植物结构使它们能够在资源匮乏的条件下慢慢取代先锋物种。在某些环境中，随着每个演替阶段的展开，这种优势植物物种的演替可能会发生几次。例如，在美国东南部，演替可能会使一块特定的土地在一个世纪的时间里从杂草和草丛演变成灌木丛、松树林，最终成为阔叶林。[13]

演替不仅仅改变特定地点的物种构成，还极大地改变了生态系统的结构和功能。[14]温度、阳光、水和关键植物营养素影响了植物物种的组成。同时，植被格局的变化也会影响所有关键变量。随着植物物种的组成在演替阶段发生变化，生态系统的关键属性也会发生变化，包括那些推动生态功能和决定生态服务水平的因素。[15]尽管变化无数，但人们可以通过观察生态系统在演替过程中如何利用太阳能和关键营养素来把握它们。

在演替早期，植物迅速生长的条件已经成熟。结构简单的杂草很快就会在这片区域占据一席之地，杂草只需要很少的能量来维持自身，因此它们把大部分能量都用在生长和繁殖上。裸露土地上充足的阳光促进了植物生物量的快速增长。在这个阶段，相对较少的植物生物量就可以让植物快速生长。这种快速生长的状态正是现代农业试图效仿的。农民在裸露的地里播种相对简单的一年生作物，希望在季末获得大丰收。通过相对较小的生物投资，通常只需一粒种子，农民就可以获得具有商业价值的大收成。

随着演替发展，情况会发生变化。对日益减少日照和有效养分的竞争促使更复杂和更有效的植物占据主导地位。有些植物，像高大的灌木和树木，利用它们复杂的结构来遮盖其他植物，以获取充足的阳光。耐荫植物进化出特定的结构，以更好地利用阴影区域的低质量阳光。不同的生态条件使不同的植物能够占据不同的位置，从而增加植物多样性，至少在演替的早期和中期是这样。随着效率更高的植物继续占据主导地位，它们慢慢地创造出一个越来越高效的能源系统，在这个系统中，有限的植物投入支持着越来越多的生物量。[16]由于这些植物把更多的精力仅仅用于维持它们日益复杂的结构，而较少用于持续的植物生长，每年当地增加的生物量慢慢减少，尽管总量还是在继续增加。因此，随着当地植物生物量向更大、更多样、更复杂的方向发展，年增长量反而逐渐下降。有些矛盾的是，随着当地生物量增加，在某一时刻，额外的增量开始下降并趋向零。[17]

现代经济受制于上述自然变化。气候的变化使一些植物种类繁盛而另一些种类减少，从而直接影响到以农业和林业为基础的工业。气候变暖会间接影响其他行业，如服装和休闲行业，因为温度的变化会影响人们的偏好。此外，文化适应催生了变革。技术的迅速变化推动产生新工业，同时也导致了现有工业的消亡。增加的知识和不断变化的价值观使每一代人重新诠释如何最好地满足自身需求。经济必须适应不断的变化并做出反应。如果没有适应不断变化的条件的能力，我们的经济体制就会过时，无法适应当前的需求。幸运的是，市场经济的公认特征之一是适应环境变化的能力。市场对20世纪70年代石油短缺的反应就是一个很好的例子。

市场经济不仅表现出与自然生态系统相似的灵活性，而且还模仿了演替的过程。两代以前，在廉价能源时代，我们建造了消耗大量能源的房屋、汽车和电器。为了应对不断上涨的能源成本，我们现在建造符合LEED标准的建筑，开发混合动力汽车技术和能源之星设备。[18]结果，能源效率比上一代要高得多。与成熟的自然系统类似，我们正在开发更复杂的结构，以使用更少的能源和资源来满足人类的需求。这说明市场经济可以适应不断变化的环境。

系统弹性

任何自然系统长期存在依赖的不只是营养补充循环、可靠的能源和适应环境变化的能力。正如人类必须应对"生活的起起落落"一样，每一个自然系统也必须有能力应对周期性干扰。瘟疫、疾病、猛烈的风暴、雪崩和火灾不时发动袭击。除了这些偶发事件，有些地区定期会爆发干旱和洪涝。任何自然系统都无法避免干扰和破坏。自然系统要想持续下去，必须有能力承受任何不可预测的偶发性干扰的影响。

尽管"系统弹性"这个术语存在一些争议，但它指的是生态系统抵御、吸收和从外部干扰中恢复的能力。[19]系统弹性具有三个关键要素，其中两个要素是系统抵抗变化（阻力）的能力以及恢复到初始状态（弹性）的速度。一个简单的例子可以说明这两个因素。在发生化学物质泄漏时，湖泊通常表现出较弱的阻力和较低的弹性，因为它们最初会收集并保留有害的化学污染物。自由流动的河流在收集化学物质时也表现出了类似的微弱阻力，但由于它们能够相对快速地将化学物质冲刷出去，因此其弹性要大得多。系统弹性的第三个方面是指一个生态系统在不根本改变其生态功能的前提下，所能承受干扰带来的变化量。一些生态系统表现出在不丧失其功能的前提下吸收大量干扰的能力。一方面，温带森林可以经受大量的木材采伐并保留其基本的生态功能。它们的土壤营养丰富，只要不受侵蚀和破坏，就能促进新树木生长。另一方面，在热带森林中大量砍伐木材会破坏它们的生产能力。在热带森林中大量砍伐木材会带走系统的养分，使贫瘠的土壤得不到保护，容易受到严重的侵蚀。在这种情况下，生态系统经历组织变革，导致生态功能水平下降，并且难以逆转。其结果是生态服务水平下降。

决定一个特定生态系统弹性的因素确实是复杂多变的。然而，特定生态系统的弹性与演替过程之间存在很强的联系。例如，演替可以影响复原力，因为它改变营养流动的平衡。在演替的早期阶段，植物的主要营养物质通常相当丰富。然而，当植物生长时，可自由获得的养分会减少，因为植物把它们锁在生物量中。有效养分的减少有利于具有结构优势的植物生长。生物量的持续增加意味着当地可获得的养分越来越少。如果这一过程持续足够长时间，可用营养物质的缺乏会严重抑制新植物的生长和当地植物群的更新。只有成熟的植物才能有效地参与竞争，从而导致生物多样性的下降。在这些条件下，养分流动减弱，造成当地生态系统变得"过度连接"和"脆弱"，容易受到枯萎病和害虫的侵害。[20]就像人一样，自然系统也会遭受老化和成熟的困扰。

干扰和破坏在生态系统的可持续性中发挥着重要作用。暴风雨、洪水和火灾为成熟的系统提供了更新的机会。自然破坏不仅淘汰了健康状况较差的树木，而且为新树木的生长创造了机会。干扰使得被破坏的植物生物量释放储存的营养物质，从而促进新的生长并为各种物种提供机会。在现有增长减少的情况下，这种破坏为幼树与老树竞争创造了有利条件。在破坏更广泛的地方，随着先锋物种消亡，土地重新裸露，演替又会重新开始。

根据这一观点，周期性的干扰对于生态系统及其潜在功能的更新是必要的。它们为早期的拓荒者物种提供了重新站稳脚跟的机会，以确保在该地区继续存在。在更大的生态系统中，小的干扰可以产生局部修复，不同部分的修复沿着演替路径的不同阶段进化。这种局部修复促进了生态系统多样性，并确保了构成演替过程的物种的延续。这对于一个面临巨大灾难的生态系统来说可能尤其重要。如果没有小规模干扰提供的机会，先锋物种可能会因为没有竞争优势而减少。如果不能快速修复裸露的土壤，随着风和水的侵蚀，裸露的土地就会退化。

与多样化的种群组合一样，生物多样性可以缓解生态干扰。在大平原上，一小片未受干扰的牧场上可以生长多达 50 种不同的禾草和杂类草（多叶草本植物）。[21]这种多样性赋予了牧场力量和弹性。降雨量增加时，较高、急需水分的草会与较矮的草争夺可用的阳光和养分，从而茁壮成长。在随后的干旱时期，较矮的草类能更好地承受长期缺水的考验。无论具体天气如何，种类多样的草本植物都能更好地保护和覆盖表层土。此外，生物多样性的增加使土地免受疾病和瘟疫的破坏。虽然一种特定的害虫或病菌可能会破坏一种特定类型的草，但它不会影响邻近的其他草本植物。[22]草类混杂不仅减轻了干扰造成的损害，而且还让草地能从损害中更快恢复。[23]一些草能更快地从毁灭性草原大火中恢复，而另一些草则能从冰冻中更快地恢复。如果两种草类兼有，那么草地恢复期就会缩短。更广泛地说，生物多样性的增加使得生态系统中物种间的联系更复杂多样，从而产生必要的营养流动。虽然特定的生态干扰可能会破坏其中一些环节，但其他环节却毫发无损，从而使生态系统具有更快恢复的能力。

人类系统同样容易受到各种各样的破坏。我们不仅遭受洪水、火灾、风暴、地震等自然灾害的侵袭，而且还受到经济萧条、战争和恐怖主义等人为因素的干扰。虽然自然灾害的干扰在很大程度上是无法控制的，但我们确实可以控制人为因素的干扰。无论如何，我们必须认识到这些干扰在现实中不可避免。近年来，我们目睹了飓风对自然和经济造成的巨大破坏。鉴于飓风可能造成的破坏，它可以影响我们满足未来需要的能力。当飓风发生时，我们不应只表现出震惊，而应采取措施使自己免受伤害，并找到从伤害中恢复的方法。

应用学到的经验教训

在美国内战结束后的 50 年里，大批移民定居在大平原上，准备书写他们的美国梦。为了在这块土地上耕作，他们表现出了相当大的决心、聪明才智和希望。然而，他们的后代放弃了在这片土地上耕作放牧的尝试，转而去其他地方谋生。在大多数情况下，做出这样的决定很难，需要时间考虑。在应用现代技术之前，他们也没有做出这个决定。为了克服不稳定和弥补稀缺的降雨，当地的人从奥加拉拉地下蓄水层抽取了大量的水。然而，事实证明，这种庞大的资源也是有限的。农学家已经培育出耐旱的小麦和大麦品种，这给当地农民带来了希望。以石油为基础生产的化肥和杀虫剂提高了农作物产量，抗击了害虫，提高了土地耕种的商业可行性。然而，即使这些努力也是不够的。长时间艰苦的工作、不确定和低廉的回报，让许多人放弃努力。旨在开发草地从而给更多人提供安全富足生活的大平原实践在很大程度上失败了。今天，我们目睹了该地区的反向迁移。年轻人都在移出，留下的是老龄化人口和日渐衰败的农村。今天，在大平原的许多地方，当地居民人数比他们最初来到这片土地时少了很多。

　　大平原实验的失败不是因为缺乏决心或技术。相反，它的失败取决于选择的农业技术，该农业技术忽视了刚才讨论的可持续系统原则。土地集约化种植，农产品被输出到遥远的城市，这阻碍了营养物质的充分再循环，因此需要增加商业化肥的施用量。使用现代方法发展农业，包括机械化和商业化学品，使得农业不再依赖太阳能和人力等丰富的能源，而转为依赖使用周期短的化石燃料。现代技术和经济压力迫使农民转向单一农业。尽管在雨水多的年份，农民种植玉米和小麦获利颇丰，但这些农作物无法适应该地区不时出现的干旱天气。农民背负债务投资专业化设备，这也使得因环境变化更换农作物的风险和成本增加。

通过翻耕多年生草及其浓密的草根，农民们挖掘深厚且肥沃的表层土。但是，除去草皮后，肥沃的表层土壤（该地区的财富）很容易流失。猛烈风暴带来的暴雨和强风侵蚀了土壤，使土壤的数量和质量下降。从本质上讲，农民以损害其"资本"或资源的形式来增加土地的"收入"或收益。任何企业，无论是农业的还是商业的，都不能靠消耗资本长期生存。

尽管 19 世纪大平原实验从根本上说是失败的，但是人们不应该认为这片土地是荒凉贫瘠的。相反，我们应认识到该地区的特殊属性，并开发出可以可持续利用这些属性的方法。在最干旱的地区，支持者鼓励种植一种新的"作物"，同时采用旧的放牧形式。土地上持续不停吹过的风在过去对农民来说是一种祸根，现在却成为收入来源。随着企业寻求这种可靠和免费的能源来源，风能农业正在大平原上蓬勃发展。风力涡轮机可以将这种可再生能源转化为电力，为数百英里以外的工厂、企业和家庭供电。风力发电场对持久能源进行长期投资，这对当地环境造成的危害很小。

另一些人则主张在土地上重新种植多年生草。自 1976年以来，韦斯·杰克逊和土地研究所一直在推广"自然系统农业"，将其作为一种满足人类食物需求的方式，同时兼顾草原系统的生态属性。特别值得一提的是，研究人员一直在培育各种粮食作物的多年生品种，作为实现持久和经济的农业系统的一种手段。种植多年生草种模仿了该地区的自然生态，同时生产可供人类食用的粮食作物。[24]另一些人则主张恢复原来的草原草和以草原草为食的水牛群。放养肉牛的计划没有成功，很大程度上是因为引进的短角牛更适合在湿润适宜的气候条件下生长。和野牛不同，短角牛对草的种类更挑剔。当短角牛食草时，它们对草类的挑剔改变了植物群落，通常会让生态环境变得更糟。[25]野牛在大平原上生存进化，它们的饮食习惯能维系原有的植物群落，而不会产生破坏。冬天下雪的时候，野牛知道如何扫除积雪，吃到营养丰富的草，而短角牛却经常挨饿，即使同样的草离它们的鼻子只有几英寸远。恢复本地的多年生草可以固定并慢慢累积表层土壤。牧场主可以不必用昂贵的饲料来饲养牲口，而是用大自然免费提供的天然草。牧场主可以恢复既高产又可持续的生态系统，而不是低产且不可持续的生态系统。

与在大平原上发生的情况类似，我们创造的经济既不充分理解也不感激大自然的恩赐。市场化体系有效地保护了某些自然资源，但是也忽视甚至滥用了其他资源。经济在很大程度上忽视了关键资源的循环利用。因此，我们面临着许多环境问题，这些问题在很大程度上是由自然物质日益不平衡造成的。目前经济依赖特定的能源，而这种能源的持续使用会在很多方面造成问题。尽管经济在许多领域表现出灵活的适应性，我们仍然忽视了偶发干扰的可能性,并且未能预测偶发干扰及其可能产生的影响。因此,我们受到了不必要的伤害。如果继续在这条道路上走下去,最终将导致严峻的局面,就像在大平原上艰难生存的家庭和企业一样。然而,通过认识哪些特性能使自然系统更为持久,使我们发展经济时既能满足需求又能尊重自然极限,这是值得探讨的。

接下来的第 7~10 章将探讨公共政策,这些公共政策都旨在培养使自然系统更为持久的特性。与其忽视自然资本的力量和局限性,不如学习和运用这种知识来创建新的结构和激励措施,以做出更明智的决定。

延伸阅读

托马斯·考克斯等的《多年生谷物作物的发展前景》(Prospects for Developing Perennial Grains Crop)详细讨论了多年生谷物作物发展的关键问题。

尼古拉斯·乔治斯库-罗根的《熵定律与经济问题》(The Entropy Law and the Economic Problem)提供了一个关于熵定律如何限制经济选择的早期经典理解。

戴尔·洛特的《美国野牛:自然史》(*American Bison: A Natural History*)全面阐释了美国野牛与草原栖息地及其邻居的关系。

理查德·曼宁的《草地：美国大草原的历史、生物学、政治学和前景》（*Grassland*：*The History*，*Biology*，*Politics*，*and Promise of the American Prairie*）考察了近几个世纪以来大平原生态系统在自然选择和人类选择下发生的变化。

尤金·奥德姆的《生态学和我们濒临灭绝的生命维持系统》（*Ecology and Our Endangered Life-Support Systems*）探讨了生态和人类事务的关系。

第 7 章　物料闭环

卡伦堡

　　位于哥本哈根以西 75 英里的丹麦沿岸有一座名为卡伦堡（Kalundborg）的中型港口城市。卡伦堡的居民生活在建于 12 世纪的建筑物之中，他们不仅管理好了自己的过去，而且还设计着子孙后代的未来。在过去的 30 年里，这座城市的居民目睹了一个显著的转变，这一转变是在没有整体规划的情况下个人行为产生的结果。凭借对利润的敏锐嗅觉和对未来的展望，这个城市的经济领袖们编织了一张复杂的网络，涵盖了该地区关键的经济参与者。该地区的企业不是简单地处理"废物"材料和能源，而是回收和销售废物副产品，以控制处理成本，增加收入。这个不断扩展的关系网创造了一个工业系统，它模仿了自然界生物群落成员之间的相互依赖关系。这是一个未来可以而且毫无疑问将会被复制的模式。

卡伦堡电网的中心是阿斯纳斯电站，一个典型的 1500
兆瓦的发电机。这家电站燃烧煤炭，产生蒸汽来驱动巨大
的涡轮机，为该地区提供电力。与光合作用一样，燃烧煤
炭释放的大部分势能都以高熵热的形式损失掉。冷却后的
蒸汽不能再驱动涡轮机，通常被排放到空气中。然而，蒸
汽温度仍然很高，可以用于其他用途。通过签署一系列双
边协议，该电站开始将这些"废"蒸汽出售给附近的两家
工厂，一家是制药和工业酶生产商诺和诺德公司，另一家
是大型炼油厂挪威国家石油公司。两家公司都使用"废"
蒸汽加热管道，以增加驱动化学过程所需的压力。后来，
该电站开始向卡伦堡市出售蒸汽，用于住宅和商业建筑的
空间供暖。有了这种热源，居民不再需要高污染的燃油加
热器，从而减少了烟尘。[1]这种模式在初期就成功为 4500 户
家庭供暖。[2]通过这种方式利用"废热"，该电站正在努力提
高热效率，因为它减少了 80% 的热量排放。[3]在利用余热的
过程中，电厂的收入大幅增加，这主要是因为采取了创新
措施。

工厂的管理层并没有止步于此。他们安装了一个脱硫
装置来除去烟气中的硫，清除形成"酸雨"的关键成分。
他们这样做不仅是因为珍惜清洁的环境，还因为把硫排放
到空气中无异于烧"钱"。利用硫可以生产硫酸钙或石膏，
这是建筑墙板的主要材料。他们开始向当地石膏板生产商

吉普罗茨销售石膏。1998年，这家发电厂生产了近20万吨石膏，取代了吉普罗茨从遥远的西班牙进口的大部分天然石膏。[4]此外，发电厂的管理人员开始向当地一家水泥制造商销售粉煤灰（燃烧煤炭的残留物）。在这几个案例里，发电厂管理人员都将废物的一部分转化为商业副产品。这样做不仅增加了收入，还降低了处理废物的成本。

这种一体化的合作网络也催生了其他联结。此前挪威国家石油公司炼油厂通常会燃烧掉多余的燃料气体，这是炼油的一部分。现在，炼油厂为这些燃料气体安装了脱硫装置。收集到的液态硫被卖给凯米拉酸厂，同时无硫燃气被卖给吉普罗茨和发电站。[5]这些气体几乎满足了吉普罗茨目前的所有电力需求，取代了污染更严重的能源。诺和诺德公司生产过程中会产生大量富含氮的污泥，为当地农民提供肥料。即使不向农民收取污泥费，这种处理方法也比将其运往当地的垃圾填埋场便宜。

这个商业网络也削减了当地的用水量。当地对淡水供应减少的担忧促使阿斯纳斯电站使用海水来满足一些重要的用水需求。该工厂并没有将加热的海水重新排向峡湾，因为这会破坏当地的生态系统，而是利用加热过的海水为养鱼场供暖，从而提供了另一种收入来源。为了满足剩余75%的淡水需求，该公司使用了来自挪威国家石油公司炼油厂的再生水。炼油厂把冷却水送到阿斯纳斯电站作为锅炉的水源。在另一项交易中，诺和诺德公司正计划将其处理过的废水送到吉普罗茨，用于石膏板的制造。在这些情况中，相关各方都减少了对当地水资源的需求，降低了成本，同时增加了收入。

这些都是由相关各方私下谈判达成的合作。这不需要宏伟的愿景或有远见的公共政策指引。相反，这是因为管理层愿意以敏锐的眼光审视公司经营。毫无疑问，这些公司间开展合作最初是出于"善意"，但是降低运营成本或获取利润的愿景才能确保这些合作产生成果。开发"废物"产品的商业用途既让生产公司节省了处置费用也获得了额外收入。接收"废物"产品的公司也可以使用本地可靠且成本较低的资源。虽然这些合作通常需要一些投资来提高废料的利用度或建造运输设施，但产生的收入证明这些投资是合理的。地理位置也是另一个重要原因，距离近无疑会减少所需的基础设施和运输成本，也会促使企业管理人员之间加强联系，创造潜在的合作机会。管理人员之间的个人联系紧密也为开展合作提供了信任基础。这有助于公司在不同的行业中运营并服务于不同市场。企业如果不把彼此视为竞争对手就更容易开展合作。

尽管这些合作反映了企业面临的实际情况而并非政府监管的结果，但公共政策可以鼓励类似合作网络的形成。政府政策不鼓励随意倾倒工业废物，包括气态、热能、固态以及液态废料，而鼓励企业寻求降低处置费用的创新方法。如果没有相应的经济激励，追求降低运营成本的公司只会把废物排放到当地环境中。更严格的处理规定和更高的废物处理成本会促使企业确定新的废物处理流程，对接可能的合作伙伴来使用他们的"废物"产品。卡伦堡的经验告诉我们，最好的公共政策是创造条件和制定激励措施，鼓励双边合作，而不是简单粗暴地强制企业采取行动。

推广卡伦堡经验

自然栖息地的动植物生态与资本主义制度下的商业生态之间存在着明显的相似性。在每个生态系统中，动物和植物都必须在错综复杂的环节中获取关键的营养并排出废物副产品。在经济中，企业和家庭以类似的方式相互作用。如图 7-1 所示，经济产品（和服务）的生产是多阶段产品流的结果。自然以原始形式提供这些产品，最初由一些公司"提取"，随后由其他公司"制造"，再由一些公司"销售"，最后由家庭消费。这个流程每一步都需要能量，可能还需要大自然额外供给的资源来补充最初的原材料。图 7-1 中的实线展示了大自然供给的流向。在每一个阶段，企业都会将废物的副产品排放到空气、水和地面。图 7-1 中的虚线展示了这种流向。当我们认为物品不再有用的时候，就会把它作为废物排放到环境中。然而，与自然系统的一个关键区别是这些物质的不平衡流动。许多废弃的副产品在大气、水域和土地上积累，其累积速度远远超过自然吸收的速度。

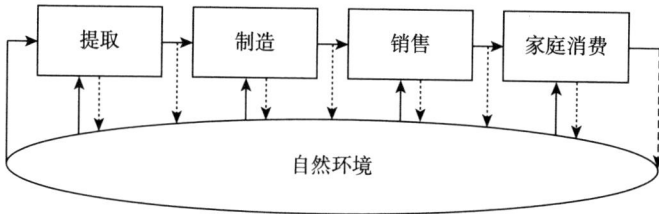

图 7 - 1　供给服务和废物排放流

　　正如植物和动物为生存而竞争稀缺资源一样，企业也在为稀缺的消费者而竞争，以支付员工工资、供应商贷款和其他不断产生的成本。自然选择会促进适应能力强的动植物蓬勃发展，但要以牺牲适应能力弱的动植物为代价。在商业领域中也是如此，公司寻求新方法，以更有效和更少的资源满足客户需求。在这两个世界中，变化是持续的，为参与者开拓和适应创造了新的机会。在森林中，大树的生长为耐荫植物创造了新的机会，这些植物在林荫下有效地发挥作用。林下植物吸引寻找食物或安全避难所的昆虫和动物。同样，商业社区的变化也不断创造新的机会。最近几十年，杂货店业务已经转向大型仓储商店，取代了曾经占据主导地位的"夫妻店"。大型超市获得巨大成功，但同时也为"便利店"创造了一个新的细分市场，便利店为那些购买商品不多、没有兴趣在大型商场闲逛的顾客服务。

　　最后，自然群落反映并适应产生它们的基本条件。森林出现在雨水充沛和气候适宜的地方。更干旱的地区会进化出草原系统。同样，特定企业及其关系网的出现在很大程度上反映了其存在的基础条件。自工业革命以来，纺织企业一直在寻找能提供充足能源和廉价劳动力的地方。钢铁生产集中在靠近主要钢铁原料的地区，而且这些地区有高效的运输网络。理解卡伦堡的特殊性只需要看看我们的商业社区目前运作的基本条件。在我们的经济和文化中普遍存在着这样一种信念，即自然可以作为一个无限废物处理场。传统上，企业很少关注能够减少废物产生的生产过程、技术和合作，尽管这种情况正在改变。要改变这一情况并鼓励企业间建立更多类似卡伦堡的联系，就需要实践两个相关的概念：污染者付费原则（polluter-pays principle）和完全成本定价原则（principle of full-cost pricing）。

两个解决方案

正如第四章所讨论的，市场激励可以作为支持环境管理的有力工具。市场可以鼓励个人在维护甚至改善自然资本的同时保护自己的资源。然而，如果忽视使用环境资本的巨大成本，市场就无法有效发挥作用。在这些情况下，市场需要进行修正，以改变它们产生的激励。这里提供了两个相对简单的原则，即污染者付费原则和完全成本定价原则。虽然在概念上很简单，但是执行这些原则要困难得多。尽管如此，这两个原则为我们提供了清晰有效的指导方针，帮助我们建立能够激发环境友好行为的市场激励机制。

　　污染者付费原则要求产生废物流的污染者全额支付安全处置费用。污染者不应像现在这样将处理费用的一部分或全部转移给其他人。相反，这一原则要求污染者直接支付这些费用，以确保其行为与其产生的废物之间有明确的经济联系。通过实施污染者付费原则，我们切实认识到生态系统并不是无限的，特别是考虑到现代产生废物的能力。直接为使用这些服务付费可以不断提醒我们这些服务的价值。支付这些费用将减少对自然系统使用的频率，从而为自然系统提供某种程度的保护。通过这些方式，实行污染者付费原则从根本上改变了我们与自然环境的关系。

　　一个例子可以更清楚地说明这一点。像我们国家的许多社区一样，我自己所在社区通过物业税支付垃圾收集和处理产生的费用。尽管每个家庭每月支付大约 15 美元作为城市固体废物处理的费用[6]，但这种支付模式在两个方面不符合污染者付费原则。首先，垃圾回收费属于城市服务税收的一部分，从而掩盖了垃圾处理服务的实际成本。其次，使用这些服务和支付的费用之间没有直接的联系。通过堆肥食物和花园垃圾以及回收玻璃、塑料和纸张来减少废物的家庭与不从事这些活动的家庭支付相同的费用。减少废物的家庭在缴纳废物处理税时没有任何奖励，甚至要付出更高的个人成本。最后，尽管排放更多固体废物会增加处理成本，危害当地环境，但这样做的家庭也不会受到经济惩罚。

如果我们的社区采用另一种征税系统，在这个系统中，家庭和企业为他们产生的固体废物全额支付费用，结果会是什么样？答案很简单，结果会大不相同。通过测量固体废物的体积或重量，每个家庭每月都会收到一份账单，清楚说明产生垃圾的数量和由此产生的费用。这样一来，家庭和企业就有了将产生的垃圾数量降至最低的经济动机。为了省钱，一些公司会加强回收利用，以减少垃圾处理费用，有些人会转向堆肥。[7]此外，这种新型的计费系统将带来一系列影响。购物时，居民会意识到产品包装的处理成本，从而对包装较少的产品产生偏好。很快，零售商和制造商就会明白这一点，精简产品包装，为客户提供更高的价值。如果足够普及，这种新的收费制度将鼓励包装方面的广泛创新，以尽量减少甚至消除处理成本。在整个社区，企业、制造商和建筑商都将面临同样的压力，以限制产生废物，减少处理成本。直接处理费用将鼓励各种减少废物的做法，包括在卡伦堡发现的那些做法。所有这些行为和实践上的变化都源于评估固体废物处理服务方式的改变。这一政策不仅会减少未来对垃圾填埋场的需求，还会降低因生产和运输产品包装而产生的能源成本和废物排放。这一变化虽小，但能节省一大笔开支。

将污染者付费原则应用于其他形式的废气废水排放，

也会带来类似的好处。为了避免过高的处理成本，污染者将寻求减少排放的新方法，无论是改变生产方法、对接"废物"交易市场，还是改变购买方式。供应商和相关企业将提供污染更少的替代品，帮助客户避免这些成本。这些费用将鼓励创新和采用污染减排技术。此外，这种直接征税将鼓励所有相关方，无论是家庭还是企业，在减少处置成本的同时，设法限制污染对自然系统的影响。所有这些都可以在没有政府的强力干预下实现。

实施污染者付费原则是朝着所有产品和服务完全成本定价原则迈出的重要一步。完全成本定价原则的作用是确保每一种产品的价格都包括全部生产、环境和社会成本。这样，互相竞争的产品才能实现真正的公平竞争。忽视"外部"成本会导致产品定价低且价值被低估。人为压低价格会鼓励扩大消费，从而加剧对自然环境的破坏。此外，市场外部因素阻碍了"绿色"替代品的发展，而后者因为考虑到环境因素往往价格更高。在某些情况下，如果将制造和使用这些产品的全部成本考虑在内，绿色替代品反而更便宜。通过实施这一原则，所有竞争产品的价格都反映了它们的全部成本，包括实际生产成本和生产或使用这些产品的所有排放成本。有了这样一个公平的竞争环境，市场就会优先考虑那些尽量减少环境损害和生产成本的制造商及其产品。

尽管执行污染者付费原则有利于慢慢实现完全成本定

价原则，但是我们还必须采取其他一些措施实现完全成本定价的目标。特别是，必须削减甚至取消对资源开发的公共补贴，并终止对从公共土地购买自然资源的公司的补贴。这些补贴源自 19 世纪，当时是为了鼓励人们去西部定居和发展。由于联邦政府在西部拥有大片土地，联邦官员故意为这些土地上的木材、水、矿物和放牧权制定低廉的价格，以刺激人们去这些地区定居和发展。这些公共补贴有许多至今仍在继续，受联邦法律维持和维护，而联邦法律在一个多世纪以来一直没有改变过。

例如，矿业公司现在继续在公共土地上进行勘探，通常只向政府支付微不足道的特许权使用费。根据 1873 年的一项法律，这些费用不考虑已开采矿石的市场价值和日益减少的资源的增值。人为压低的特许权使用费阻碍了再利用和循环利用，因为开采更多的矿物往往比循环利用更便宜、更容易。如果特许权使用费根据市场定价，新开采矿物的价格就能更好地反映其实际价值，并奖励那些重复使用和回收材料的人。

政策处方

我们可以复制一个类似卡伦堡的经济体，重复使用和回收自然材料，将废物对环境的负面影响降到最低。通过支持资源拍卖、征收排放税和可交易的排放许可权，可以

鼓励经济决策尊重自然资本而不是忽视它。有了这些政策
工具，就可以为关键的生态服务创造市场，或修复目前功
能失调的市场。尽管这些市场化政策存在一些问题，但与
其他环保监管方法相比，它们具有几个关键优势。最重要
的是，市场激励具备行政法规所没有的灵活性并且能进行
自我纠正。市场激励机制允许生态产品的价格随着环境的
变化和时间的推移而调整。经济的变化使一些生态产品或
服务更具价值，这将自动提高其价格，从而推动消费者限
制对这种商品的使用。这样，价格就会不断反映实际情况，
鼓励人们做出适当的行为。市场的这种有机持续的调整能
力是对自然系统响应和适应不断变化的环境的模仿。

　　在纠正当前失衡方面，赫尔曼·戴利的可持续物质流
动指南提供了一个值得效仿的有用模型。在认识到自然过
程后，戴利认为，应该在三个方面考虑人类的影响：对可
再生资源的利用、不可再生资源的利用以及吸收废物排放
的自然"汇"。对于可自行补充的资源，戴利认为，可以根
据自然补给率消耗这些资源。超过这一速率表明我们正在
危害生产这一资源的基本生物种群。同样，戴利认为，废
物排放水平不应超过自然吸收速度。这样做意味着我们正
在对自然系统施加越来越大的压力，这些不平衡会导致越
来越多的问题。最后，戴利明确了在哪些情况下，不可再
生资源需谨慎消费。[8]戴利特别指出，只要我们对可再生替
代资源进行投资，最终取代对不可再生资源的依赖，那么

不可再生资源的消费就是可持续的。戴利相信，通过遵循这些规则，我们可以对自然系统中养分和物质的循环利用进行模拟。

排放税

从概念上讲，执行污染者付费原则最简单的方法是征收废物排放税。如果设计得当，这些税应直接和明显地评估废物处理服务的实际使用情况。本质上，这些税收应该模仿我们为私营部门服务支付的方式。在许多情况下，家庭和企业每月都会收到账单，详细说明其排放情况和支付的税费。通过这种方式，居民可以认识到他们的行为是如何影响税务责任的。该系统不仅可以有效地处理前面讨论过的固体废物，而且还可以处理废水。政府官员应该设计这些税收体系，使居民能够全额支付运输和处理费用，以防止排放行为造成任何危害。[9]

尽管对很多人来说"征税"是一个讨厌的词，但排放税是一种减少对自然环境危害的有效方式。它们之所以有效，部分原因在于它们模仿了经济体系。我们习惯于为自己使用的任何服务向私人公司付费。我们也熟悉各种使用公共设施和服务的费用，包括收费公路、公共娱乐设施和露营地。一旦意识到我们的行为威胁到自然环境，养成缴纳排放税的习惯就不应该是一件困难的事情。

然而，在实施和维持排放税方面存在技术挑战。通常，评估排放造成的实际危害是非常困难的。[10]例如，衡量二氧化硫排放增加造成的代价是一个复杂而有争议的问题，专家们对二氧化硫的实际危害存在广泛的意见分歧。我们关心的重点是如何设定排放税，以反映损害的实际成本，但是也应该避免在衡量"真实成本"存在争议的时候无所作为。从无成本体制转向有成本体制，即使并不完美，也会影响人们的行为，鼓励人们向完全成本定价的方向发展。随着对实际危害认识的提高，我们可以相应地调整税收。直接测量排放量成本太高，而且在技术上不可行。对于非点源污染，这个问题尤其突出。例如，农民和城市居民都使用商业杀虫剂和除草剂。计量每个买家的实际使用情况显然是不可行的。然而，可以通过产品溯源对销售点征税来有效地征收排放税。尽管排放税不会影响化学品的使用方式，但是购买价格提高将限制这些化学品的使用。[11]

征收排放税的另一个困难是其静态性质。单位排放税应反映特定污染物造成的单位损害，或使该物质对环境无害的单位处理费用。但是随着环境的变化，处理成本可能会上升或下降。然而，税项一旦确定，往往就不会受到干扰，因为立法者们通常会避免修改征收的税项，尤其是在税项需要增加的情况下。实际排放量的波动可能会影响其对环境的损害或实际处理费用。例如，产生的废水量可能会影响废水处理成本。要确定单位排放税，不仅需要了解预期的成本，还需要知道废水的生成量。收费高会促使家庭和企业减少排放废水。废水量减少，相关费用随之下降，以至于无法支付全部处理费用。作为回应，水务官员将需要提高单位税收，这会进一步鼓励限制废水排放。如果官员们没有做出回应，征收的废水处理费将不能反映将废水排放到环境中的全部成本。作为受控价格，排放税不会自动对不断变化的环境做出反应，因此最终将偏离完全成本原则。如果使用另一种政策工具——可交易的排放许可证，这个问题是可以避免的。

可交易的排放许可证

可交易的排放许可证提供了一种替代方法，以实现通过排放税达到的相同目标。排放许可证赋予自然资产价值，阻止肆意污染，鼓励开发污染减排技术，并有可能筹集资金来弥补和恢复对自然资本造成的损害。排放许可证通过以下方式发挥作用。政府机构发放排放许可证，允许持有者排放一定数量的特定物质。要排放这种物质，必须获得许可，否则将受到起诉或接受罚款。我们不能再把污染看作个人的权利，相反，它现在是一个必须付出代价的选择。在自由市场上，人们可以在公开市场上买卖这些排放许可证，从而使它们的价格成为对污染者的一种威慑。为了限制在排放许可上的支出，污染者将寻求各种减少排放的方法，包括改变操作和采用污染减排技术。随着环境发生变化，排放许可证价格也会随之变化。

　　与排放税相比，可交易的排放许可证在两个关键方面做出了改进。首先，它们让政府官员直接控制污染水平。通过限制排放许可证的数量，地方政府可以确定排放水平。与排放税一样，需要有效的监管和执法来防止未经授权的污染。执行成本可能因污染物而异。有些排放主要是点源污染（point source pollution）造成的，其污染源是固定可识别的，而且数量很少。在这种情况下，执行成本相对可控。在非点源污染（non-point source pollution）的情况下，污染源更分散，执法难度也要大得多。然而，就像排放税一样，这些许可可以附加在销售点销售的商品上。例如，任何想在当地苗圃购买特定除草剂的房主也会购买使用该化学品的许可证。其次，制造商只能在他们的排放许可证允许范围内生产化学品。不论如何，许可证价格都会提高购买价格，并确保使用者（污染者）承担后果。

　　在大多数情况下，政府官员应该设定一个反映当地环境预期吸收能力的排放水平。换句话说，就无毒物质而言，允许的排放水平不应超过当地环境吸收该物质的能力。按照这个设定，环境中该物质的含量不应增加。[12]有两个例外可能会导致政策制定者偏离这一标准。第一，政策制定者可能会辩称，目前的污染水平已经过高，有充足的理由降低环境污染水平。在这种情况下，他们可能把可接受的排放量水平定在目前的吸收能力之下，期望污染水平下降。第二，短期内从目前的排放水平下降到环境能吸收的标准量，这对家庭和工业来说可能非常困难。在这种情况下，政策制定者可能会选择缓慢调低排放水平，让家庭和企业有时间适应目前环境吸收能力标准。

可交易的排放许可证还有第二个优势，它的价格将根据情况随时间调整。假设政府通过每年缓慢减少排放许可证数量来逐步推行该政策，如需求不变，那么排放许可证价格会慢慢上涨。通过这种方式，企业和家庭将有时间适应新政策。然而，需求不太可能保持不变。随着家庭和企业发现减少排放需求的方法，排放许可证的价值或价格自然会下降。新的减少污染的技术会进一步减少排放，排放许可证价格将继续下降。在某些情况下，由于污染需求低于环境吸收能力，排放许可证价格可能降至零，从而暂时使某物质不再成为问题污染物。此外，排放污染需求增加将导致家庭和企业竞争稀缺的排放许可证，从而推高价格。较高的排放许可证价格将进一步鼓励生产者限制排放，推动创新者开发减少污染的技术。显然，根据环境吸收能力或其他环境因素，提高或减少排放许可证数量的决定会影响其价格。排放许可证价格向潜在用户传递其自身的相对价值以及吸收污染物的自然系统的价值。

实施可交易的排放许可证制度也存在挑战。其中一点是如何设计方案将排放许可证分发给潜在用户。在一种制度下，官员们可以简单地将排放许可证拍卖给出价最高的竞标者。那些需求较高的人出价很可能会超过那些需求较低的人。拍卖所得的资金可用于支付可能产生的任何处理费用或环境修复费用。在有些情况下，这种方式可能会给企业和家庭带来巨大的财务压力。这项新"税"推行的阻力可能相当大。为了平息这种抵触情绪，政府官员会根据过去的使用情况免费（Without charge）发放排放许可证。[13]该方法将减少新方案带来的经济压力，并按比例分摊减少排放的代价。这种方案也不能为政府筹集资金，以用于处理污染或修复环境。尽管这种分配方式不需要拍卖排放许可证（因此没有一级市场），但二级市场或转售市场终究会出现。假设排放许可证数量低于目前的排放水平，那么每个污染者都需要做出一些调整。一些污染者会发现减少排放更容易，因此会出售多余的排放许可证，而另一些污染者会发现限制排放更困难，他们可以购买排放许可证。每年，政府官员可以减少免费排放许可证的数量，增加参与公开拍卖转让的许可份额。公开拍卖的方式让新企业有同等获取排放许可证的机会，并确保越来越多的污染者承担排放污染物行为的全部成本。

实施排放税或排放许可证制度，以使污染者们为他们的行为买单，这又产生了其他问题。这两种方法的作用都是通过提高排污的价格来阻止污染行为。家庭和企业可以选择购买高污染的产品和服务，但这样做的代价是要支付更多的费用，这本身不是问题。然而，考虑到美国目前的家庭收入差距，支付更高价格的负担并没有公平分担。由于征收这些"绿色税"，商品和服务价格上涨将不成比例地影响低收入家庭，因为他们在这些项目上的支出不成比例地增加。这些政策的实施将给那些靠微薄的固定收入生活的人带来严重的经济压力。为了解决这个问题，政府官员可以给予一定的补贴。当地官员可以向每户家庭免费发放一定数量的垃圾处理许可证。对于超量排放的污染物，家庭将需要按照市场价格购买额外的排放许可证。通过这种方式，家庭将免受新税收的全面冲击，同时有效地阻止不必要垃圾的产生。政策制定者也可以设计类似的排放税，即每个家庭可以产生适量的垃圾，当废物量超标则需要按单位缴税。税务当局可以通过税负转嫁提供进一步帮助。地方政府实施绿色税收将获得额外的收入，使它们能够降低其他领域的税收。[14]税务当局可以利用这笔绿色税收，减轻低收入家庭的税务负担。这样可以减轻"绿色税"带来的经济压力，同时又不会削弱其有效性。

最后，还需要考虑司法问题。有些形式的污染在自然界基本上是静止不动的，它们的影响只是局部的。无害固体废物或垃圾就是典型的例子。大部分垃圾都是在当地产生和处理的，通常是在垃圾填埋场。[15]在这种情况下，地方当局可以利用排放税或排放许可证制度保护社区，避免不必要地使用大自然进行垃圾填埋。其他形式的污染，如水源污染，更具流动性，其影响是区域性的。污染物从街道、社区和农场流入当地的小溪，通过河流顺流而下，直到流入海洋。最后，信风使多种形式的空气污染席卷各大洲甚至海洋，造成全球性后果。许多水和空气污染物的迁移性质削弱了地方环境保护的效力。上游或上风向的行为确实会影响当地环境的质量。在这些情况下，当地的环保努力基本上是无效的。这需要统一区域、国家甚至国际政策才能产生预期的结果。

"上游"生产问题

对重要的污染源征收排放税或实行排放许可证制度，非常有助于实现完全成本定价原则，因为消费者和制造商要为使用环境作为排放场地支付全部成本。尽管这些策略关注的是生产流程的"下游"部分，即废物副产品返回到环境的部分，但它们也会影响供给资源最初被占用的"上游"部分。现在大多数采矿作业需要开采大量的岩石、矿石来收集少量的所需矿物，并且需要在矿石上使用腐蚀性化学物质来滤出所需矿物。这些现代工艺产生了大量的废石和有毒化学物质，执行污染者付费原则将产生重大影响。增加的成本负担将推动开采的矿物价格上涨，从而抑制工业对矿物的需求。开采材料价格的提高将鼓励更多地重复使用和回收使用过的材料，促进生产技术开发、减少浪费，并引进替代材料。其结果将是这些矿物的消耗率降低。

即使在新材料开采产生废物最少的情况下，下游政策的影响仍然存在。由于客户需要支付高昂的处置费用，他们将寻求替代产品和方法，以避免或减少所需支付的费用。作为回应，制造商可能会提出回收产品，这样他们的客户就可以避免处理费用。产品回收将鼓励制造商尽可能充分再利用这些材料，甚至重新设计产品，使再利用更加经济。例如，汽车制造商可能会在汽车的使用寿命结束时提出回购汽车。汽车公司可以改进设计，重复使用更耐用的部件，比如汽车底盘。通过这种方式，最终用途排放税或许可证制度可以让制造商改进生产过程，重新设计产品以降低整个生命周期的成本。

正如第 1~6 章所讨论的，在确保我们供给资源的可靠和审慎使用方面，市场运作在保护自然系统免受废物排放负担方面更有效。这一点值得更仔细地考虑。我们应该认识到供给资源之间的关键区别：有些供给资源是可再生的，而有一些是不可再生的。对于不可再生资源，可用的总量是固定的。严格地说，任何对这些原料的使用都会产生消耗，使未来的可用性降低。幸运的是，大多数不可再生资源都可以重复使用和回收，从而使有限的库存无限可用，至少无限使用是存在潜在可能性的。但是这条规则的一个显著例外是不可再生资源，因此，第 8 章将单独讨论这个问题。只要避免破坏生产过程，可再生资源就可以源源不断地供应。消耗速度超过其补充速度，或者破坏产生这些资源的基础生态系统，都可能对资源造成危害。

在正常情况下，市场鼓励那些提供不可再生资源的私人土地所有者管理自己土地上的自然资产。让我们以采矿为例。由于诸多原因，矿业公司倾向于首先开采最易开采和储量最丰富的矿石。随着这些矿藏的减少，矿石的价格必然上涨，以弥补经济矿藏减少的成本。价格升高鼓励这种材料的使用者转向替代产品（包括回收金属），并采取其他形式的节约措施。随着次等经济矿藏也开始减少，矿石价格必然继续上涨，鼓励资源使用者更加节约。因此，丰富矿藏的日益稀缺推高了新金属的价格，从而抑制了未来的消费。由于大多数矿物分布不集中，高昂的采矿成本也将促使人们在资源完全耗尽之前使用其他替代品。

其他的市场激励措施阻止了这些矿产资源的过度消耗。如果当前的环境导致某一特定矿物的不当开采，那么过量的供应将压低价格，并引发人们对未来短缺的担忧，这将给一些矿主提供实质性的鼓励，促使他们减少当下的供应，以期未来获得更高的利润。[16] 由于不可再生资源是不易腐烂的，其拥有者会耐心等待而不急于在当下使用这些资源。通过这种方式，市场拥有了宝贵的资源储备，以备未来使用。一些人辩称，市场约束是不够的，其观点令人信服。[17]如前所述，赫尔曼·戴利认为，只有当不可再生资源的消耗不超过对可替代再生资源的投资时，使用不可再生资源才是谨慎的。这样，当不可再生资源耗尽时，可替代的可再生资源可以持久地满足同样的需要。例如，我们使用化石燃料时应该为创造可替代的可再生能源支付费用，这些能源将完全取代不断减少的不可再生能源储备。这是一个谨慎但严格的标准。尽管越来越多的"石油"公司转变为"能源"公司，这是因为公司认识到为了长远利益必须开拓新的产业，但这些公司是否真正重视长远利益还值得商榷。

许多相同的市场激励机制也在鼓励土地所有者对提供的可再生供给服务进行良好的管理。通常市场化机制会鼓励土地所有者保护和投资其自然资产，以确保可靠和有效的资源供应。农民出于经济考量会使用一些技术和方法来保持土地的长期活力。然而确实存在一些担忧。最值得注意的是，某些提高粮食产量的做法可能会产生不好的后果，而这些后果没有被任何排放税所涵盖。许多林场主收获了自然生长的树木之后，用人工林取而代之，快速生长的软木树种得到林场主的青睐，以期提高未来产量。然而，这些同质树种形成的林地将导致生命支持服务和文化服务减少，这一问题在第2章中讨论过。单一的食物和栖息地无疑会减少野生动物群落的生物多样性，从而导致某些生态功能弱化。排放税将促使人们减少使用可能危害周边地区的化学品。然而，正如我们在第6章中看到的，土地的多

种功能意味着可能会出现多个挑战，不能指望一项政策在
应对所有挑战方面都能同样有效。

尽管存在这些担忧，但排放税的广泛实施会鼓励人们
普遍谨慎地使用供给服务。市场将发挥作用，使资源的价
格反映其全部成本，包括所有生产和分配以及任何环境成
本。更高的成本将推动价格上涨，从而抑制消费。尽管如
此，我们必须考虑会导致价格偏离其完全成本的两种做法。
下面就来谈谈这些问题。

资源拍卖

为实现完全成本定价，公共土地所提供的所有商业资
源和服务都应进行资源拍卖，以防止出现低于其真实价值
的私下交易。这包括在联邦和州土地上的所有木材销售，
以及在公共土地上进行的任何采矿作业，还包括租赁政府
土地进行放牧和其他商业活动。不管是上述何种情况，资
源拍卖都应该发挥作用，以获取这些产品和服务的公平市
场价值。随着这些拍卖的实施，企业将面临更多的经济激
励，以回收和再利用材料，减轻价格上涨的负担。

为了确保物质资源的可持续供应，政府官员必须确定
每种资源的可持续产量，或可长期持续提供的资源数量。
虽然很难确定这些数量，但是可以得到粗略的估计，特别
是可以参考戴利之前提到的规则。关于可再生资源，公共

土地上的资源开采率不应超过这些土地的补充率。[18]通过使用生态模型和实地研究，政府官员可以逐渐改变开采率。[19]由于可持续产量估算受各种因素影响，因此评估可持续产量更具挑战性。例如，新发现的矿藏以及更有效的开采技术可能大大改变可持续产量。此外，创造可再生替代品的新技术也将改变计算结果。尽管存在这些挑战，但对公共土地上的矿藏进行资源拍卖将降低目前的耗竭率，并鼓励采取各种行动，减少对迅速耗竭资源的依赖。

矿产枯竭补贴

根据现行物权法，资源拍卖只能在公共土地上进行，政府官员对从这些土地上获得的物质资源拥有明确的所有权。发生在私人土地上的采矿、耕作、放牧和伐木行为不受这些政策的限制。然而，政府仍然对私有土地有广泛的影响，并能对它们的使用和采收率产生实质性的影响。特别是，政府可以撤销那些早已过时的政策，这些政策鼓励的行为现在明显违背了公众利益。

立法者应该终止鼓励自然资源开采的优惠税收。为了让矿业公司和当地社区能够逐渐实现过渡，税收抵免和枯竭补贴可能会在 10 年内逐步取消。随着这些优惠政策消失，新开采的矿物的价格将慢慢上升到完全成本定价。这些矿物的价格上涨将导致企业转向可回收资源和不那么稀缺的新替代产品，进一步遏制对这些矿产的消费。

总　结

上述每一项政策工具都为我们提供了调整经济结构的方法，以执行污染者付费原则和完全成本定价原则。通过这些变化，市场将根据具体行为的实际成本和收益提供更准确的信号。以前由家庭或企业未经深思熟虑做出的某些决定，现在将会被问责。正如现在我们购买最能满足自身需求的产品和服务一样，我们将越来越多地考虑行动对环境的影响。作为消费者，我们将寻求真正的实惠，即既能满足我们的需求，又对我们的经济和环境危害最小的产品。企业将充分利用其在技术和商业上的敏锐直觉，为曾经被认为是"废物"的产品也在寻找新的市场和机会。如果做不到这一点，企业就会设计新的流程，采用新的做法，将处理不需要的产品所增加的成本降到最低。通过这种方式，我们将鼓励和支持卡伦堡经验。

这些政策工具一旦应用，将在整个经济领域引发一系列变化。让家庭承受处理废物的成本将鼓励新的选择和行为，因为房主希望减少其影响。消费者对替代产品的看法会有所不同，因为他们不仅会考虑价格，还会考虑处置成本。客户偏好的转变将导致制造商重新审视如何获取更大的市场份额，重新考虑产品线。最终，这些决策都将影响那些提供生产产品所需材料的企业。一些主要生产者将失去很大一部分市场，而危害较小的替代品销售额将增加。在商品开发、制造和销售的每一个阶段，企业都将重新考虑使用的材料、生产流程、选择的技术和商业策略，因为它们将忙于应对新的环境。

可能发生的变化数不胜数，而且往往无法预料。无论结果如何令人满意，要适应卡伦堡经济模式并不容易。这些可能的变化将严重扰乱一些行业，并对该国的某些地区构成挑战。通过逐步实施这些政策，可以减轻一些过渡时期的痛苦。政府官员可以逐渐推行排放税和排放许可证制度，为家庭和企业提供适应新环境的时间。这些政策越早实施，分阶段实施的时间就越长，从而缓解过渡时期的困难。拖延可以推迟痛苦，但它既不能减少痛苦，也不能预防痛苦。

毫无疑问，其他地方也会做出与卡伦堡类似的决定，即使这些建议的政策都没有得到执行。推动卡伦堡变化的条件确实存在于其他地方，可能也会在这些地方带来类似的结果。无论我们是否采取行动，对自然系统的压力将创造条件，在不同的地方促进这种变化。然而，实施刚才讨论的政策将促进人们做出类似卡伦堡的各种决定，并确保卡伦堡模式得到复制。人们重视对自然环境的使用，这将奖励那些将环境危害降到最低的行为，并鼓励对环境友好的决定。采取这些措施将促进经济发生变化，在这种变化中，大自然供给服务提供的关键材料将成为循环的一部分，而不是通过单向路径从农场排放到垃圾填埋场。更多推动经济运转的"材料"将被重复利用和回收，从而限制我们对新资源的进一步消耗和废物所造成的危害。第8章将讨论能源政策的相关问题。

延伸阅读

赫尔曼·戴利的《经济稳定状态：迈向生物物理均衡和道德增长的政治经济》（*The Steady State Economy：Towards a Political Economy of Biophysical Equilibrium and Moral Growth*），用更广泛、更概念化的框架研究了本章提出的许多问题。

约翰·埃伦菲尔德和尼古拉斯·格特勒合著的《工业生态学的实践：卡伦堡相互依赖关系的演变》（Industrial Ecology in Practice：The Evolution of Interdependence at Kalundborg）对卡伦堡网络及其在工业生态学中的地位进行了更广泛的研究。

麦克·多诺和布劳恩·加特的《从摇篮到摇篮：重塑我们的制造方式》（*Cradle to Cradle：Remaking the Way We Make Things*），讨论了创造工业系统的好处和挑战，这些工业系统真正循环使用自然资源。

托马斯·斯特纳的《环境和自然资源管理政策工具》(*Policy Instruments for Environmental and Natural Resource Management*) 讨论了一系列政策选择，包括可交易的排放许可证和排放税。

第8章　转向可再生能源

　　纵观历史，黄金和白银一直有着特殊的吸引力。近几个世纪以来，金矿、银矿的发现吸引了一拨又一拨的移民，他们跋山涉水来到矿区宣示主权。过去偏远和人烟稀少的矿区，现在已经有了大量的居民，发展迅速。为了满足新来者的需求，城市如雨后春笋般涌现。当地的"原住居民"被杀害或强行驱逐。丰富的矿脉推动了新的商业，矿产勘探者利用经济手段来满足不断膨胀的欲望。开采出来的矿石被铸造成货币，提供了所需的信贷，促进商业发展。[1] 为了深入地下挖掘矿脉，矿工们开发了新的挖掘方法，促进了新工业发展。丰富的矿藏资源带来了巨大的繁荣，最终为一些大城市赢得了声望，比如旧金山。矿藏资源为各国政府带来了新的财富，政府可以将这些财富用于改善必要的道路和基础设施。黄金和白银对人类和经济活力的刺激远超采矿，这是其他资源所无法比拟的。

这就是内华达康斯托克矿脉的故事。1859年发现的金矿无疑是北美最丰富的矿藏之一。几乎在一夜之间，一拨又一拨闻风而来的淘金者改变了偏僻而沉寂的弗吉尼亚城的命运。在19世纪70年代的全盛时期，弗吉尼亚城有将近2.5万名居民，成为密西西比西部最大的城市之一。[2]大量的酒吧、妓院和纺织品商店应运而生，为大批前来寻找财富的矿工提供服务。该地区发现的金银价值总计超过4亿美元。除了吸引新移民和企业家外，这一发现还加速了内华达在1864年设州的进程，因为彼时林肯总统正在为内战寻找新的资金来源。

这个发现从一开始就不寻常。机器被淡蓝色的黏土堵塞，挖掘金块受到阻碍。凭着敏锐的直觉，一名矿工挖出了一些黏土，并把它带到附近的评估员办公室。黏土里含有数量惊人的金银矿砂。尽管黏土中金银矿砂的含量很丰富，但这并没有给普通勘探者带来好处。通过一次次的尝试，矿工们意识到最富有的矿脉在地下深处，挖掘这样的矿脉需要大量的资金、机器和时间。与加州发现的矿脉不同，这次发现将被证明是"企业"的幸运——开采此矿脉已超出普通勘探者的能力。然而，这一发现给弗吉尼亚市带来了好处。由于矿藏丰富，试图开采矿藏的人面临着工程难题，而弗吉尼亚城则成为一个名副其实的工业中心，遍地都是铸造厂、机械车间和木工工场。

弗吉尼亚城的财富和技术专长使它在西部其他矿业城

镇中独树一帜。它被认为是丹佛和旧金山之间最重要的城市。在该城的歌剧院可以看到包括埃德温·布斯在内的当红演员表演。弗吉尼亚六层楼的酒店拥有西方第一部电梯，当时被称作"上升的房间"。一位移民被金矿吸引，很快就与当地报纸签约，并以马克·吐温的笔名开始了他辉煌的写作生涯。在鼎盛时期，弗吉尼亚城有 20 个音乐厅和剧院，这些剧院中会演出莎士比亚的戏剧。毫无疑问，在其鼎盛时期，很少有观察家能够准确预测弗吉尼亚城的未来。

尽管拥有惊人的财富，但康斯托克矿脉是有限的，并在 19 世纪 80 年代开始衰落。随着矿井接二连三地关闭，这个城镇逐渐衰落并停摆。到 1900 年，城镇里的居民不到 4000 人，30 年后，这个数字降到了 1000 人以下。和西部的许多城镇一样，弗吉尼亚城正在成为一座"鬼城"，剩下的只有那些快要坍塌的建筑，这是人们对辉煌过去逐渐消逝的记忆。在这座城镇衰落的过程中，居民和城镇的支持者们在寻找新的方向，以阻止弗吉尼亚城的衰落，恢复昔日的繁荣。然而，一切都是徒劳，城镇的人口仍在继续减少。该城镇经济活力的源泉，尽管在其财富中熠熠生辉，却是昙花一现。弗吉尼亚城为其他城镇提供了一个深刻的教训，即依靠短暂的财富来源稳固经济是行不通的。此外，由于能源是现代工业经济的财富源泉，我们也应当考虑弗吉尼亚城为经济发展提供的经验教训。

遏制过度依赖

在 2006 年的国情咨文中，美国总统乔治·布什坦率地向全国透露："我们面临一个严重的问题，美国对石油过度依赖，而石油往往进口自世界不稳定地区。"[3] 这位来自得克萨斯州的石油商人在全国舞台上承认这一问题，标志着公共政策的转折。不幸的是，布什总统在许多方面低估了问题的严重性。美国不仅对石油过度依赖，还对包括煤炭和天然气在内的其他不可再生化石燃料过度依赖。此外，美国面临的难题不只是确保可靠的能源供应。对化石燃料的过度依赖加剧了气候变化的风险还有一些其他问题。此外，布什总统认为美国只需要资金和采用新技术就能摆脱这种过度依赖。他列举了一些计划，预计到 2025 年，美国从中东进口的石油将减少 75%。[4] 这些政策没有说明可能带来的痛苦和牺牲，而摆脱过度依赖通常必须经历阵痛。尽管如此，布什总统提出这个问题的行为仍值得称赞。

有充分的证据表明美国对能源过度依赖。虽然美国人口约占世界人口的 5%，但美国消耗了世界 21% 的商业能源。[5] 按人均计算，美国消耗能源的速度在世界上基本是无与伦比的。在其他工业化国家中，只有在气候较冷的加拿大、冰岛、挪威和卢森堡，其国民的人均能源消费量才超过美国。[6] 自 20 世纪 70 年代以来，美国将每美元 GDP 的能源需求削减了一半。尽管如此，日本、德国和英国等国家每美元 GDP 的能耗仍比美国低 20% ~ 50%。这不仅提高了这些国家的能源效率，还使这些国家避免了能源价格的冲击。

美国消耗了大量的能源，其中大部分是不可再生资源。目前，美国 80% 以上的能源来自化石燃料，另有 8% 来自核能。[7] 可再生能源只占我们能源需求的 7%。[8] 据能源预测部门预测，这些数字在未来 20 年不会有太大的变化。根据美国能源信息管理局（EIA）的参考案例[9]，到 2030 年，美国的能源需求将增长 10%；为了满足日益增长的需求，美国对化石燃料的依赖将基本保持不变。[10] EIA 预测，核能所占比例将保持在 8%，而替代能源所占比例将仅升至 10%。或许，美国可以觉得些许安慰的是，整体来看世界其他地区对不可再生能源的依赖程度更高。据 EIA 估计，目前全球近 86% 的商业能源需求来自化石燃料，而只有不到 8% 来自可再生能源。[11] 然而，这只会给美国的经济带来更大的风险。美国的生活方式严重依赖能源，尤其是来自不可靠来源的不可再生能源，这使美国的问题越发突出。与其他国家相比，美国的经济和生活方式建立在不稳定的基础上。

就像任何过度依赖问题一样，改变行为方式，让美国摆脱以化石燃料为基础的经济，这既不容易也很痛苦。鉴于石油在美国经济中所起的关键作用，减少对石油的使用，这一过程将是缓慢而痛苦的。降低这种过度依赖的方法是相当明确和直接的。事实上，越早采取行动减少对化石燃料的需求，就能有越长的时间进行调整。无法有效地面对这种过度依赖，与其说是没有远见，不如说是缺乏意志力。此外，我认为，像戒除上瘾行为和改变坏习惯一样，摆脱过度依赖会带来一些意想不到的好处。

减少对不可再生能源的依赖需要改革和巩固美国的能源市场。由于能源属于供给服务范畴，因此第 7 章的大部分讨论也将适用于此。作为供给服务，能源能够很好地向有效运作的市场机构提供帮助。因此，应该鼓励能源市场遵守污染者付费和完全成本定价原则。然而，由于能源在自然界和决策界都是独一无二的，因此，解决方案必须反映其独特的地位。摆脱对不可再生能源依赖的战略应围绕三个方面展开。首先，需要取消所有鼓励勘探、开采或提炼非再生能源的税收补贴。其次，必须审查并终止现有的有利于不可再生资源利用的基础设施补贴。最后，必须增加具体的排放税，使利用这些税收产生的任何外部成本内部化。综合采取这些措施应能确保各种能源之间有一个公平的竞争环境。此外，这些政策将提供经济激励，从而产生一系列经济决策和行为，消除目前美国对能源的过度依赖。除了会带来阵痛并推高能源价格，这些政策同时将创造新的机会，带来新的回报。

市场激励为改变个人和组织行为提供了一种强大而有

效的方法。然而，这种变化并非没有代价或挑战。对市场激励的日益依赖迫使我们考虑这些变化对不同个人和经济部门的分配（distributional）影响。我们必须考虑这些影响，特别是目前不论是收入还是财富都存在巨大差距，而且差距在不断扩大。至少，我们应该抵消这些政策可能造成的任何经济差距的扩大。除此之外，我们应该坦率地讨论这种差距给社区和经济带来的好处和挑战。

能源补贴的困境

由于廉价可靠的能源对现代经济至关重要，美国联邦政府制定了各种公共政策来培育新的能源供应渠道。因此，石油、天然气、煤炭和核能工业得到政府帮助、享受税收抵免和优惠待遇，这些都是为了保障廉价而丰富的能源供应。无论援助是以现金支付的形式增加公司收入，用税收优惠的形式降低公司纳税，还是制定联邦法规有效降低商业成本，其结果都是降低生产成本和能源价格。不可再生能源的优惠价格促进了相应的消费，而补贴较少的可再生能源则受到了影响。不管这些政策曾经是否发挥过作用，如今几乎没有理由再继续执行这些政策。这些政策不仅鼓励消耗日益减少的能源，而且还使其他问题复杂化。政策鼓励使用化石燃料，尤其是使用煤炭，只会加剧全球气候变化这一令人担忧的问题。这些政策威胁了国家安全，因为它们助长了对位于世界政治动荡地区的外国油气资源的依赖。此外，对核电工业的补贴助推了核废料的产生，这些废料危险且长期存在，现在仍然没有一个永久安全的储存地点。

考虑到公共政策以多种方式为这些行业带来好处和庇护，衡量这些补贴的重要性和价值可能极具挑战性。然而，情况并非总是如此。美国能源部最近的一项研究评估了联邦政府对能源的支持，方法是研究提供直接现金支付、特别减税政策或有针对性的研发资金的联邦项目。该研究估计，2007 年美国联邦政府对能源的补贴价值超过 160 亿美元，是 1999 年的两倍。[12]研究人员表示，2007 年政府补贴的近 1/4 用于资助节能或能源研发领域。但是，剩下的大部分资金用于支持指定的能源生产，特别是不可再生能源。每年大约有 120 亿美元用于支持不可再生能源的开采、生产和消费。

其他研究对收益和补贴的理解更为宽泛。道格拉斯·科普洛于 1992 年对"节约能源联盟"进行的一项研究计算了一系列能源补贴的估值，这些估值从每年 270 亿美元到 460 亿美元不等。[13]他的研究囊括了更多联邦项目，包括对能源使用有直接影响的住房和交通补贴。由于他的估值是针对 1989 年，因此数据包括了大约 120 亿美元的减税，这些减税项目根据 1986 年的《税收改革法案》已被终止。[14]然而，即使减去这一数额，科普洛对财政补贴的估值也相当高，特别是经过通货膨胀调整后。在另一项研究中，瓦尔认为，如果将间接补贴考虑在内，仅对石油行业的补贴每年就可能高达 870 亿美元。[15]他认为，出于对石油的依赖，美国需要在波斯湾部署国防相关的军事力量，以稳定原油市场。这意味着每年将有 520 亿美元的未实现支出，这将使整个行业受益。[16]瓦尔估计，由空气污染导致的外部环境健康成本增加了 310 亿美元，而能源行业却不受此影响。尽管对这些具体数字仍存在激烈的争论，但这些数字说明了能源生产商不必承担的一些外部成本，因此在很大程度上表明当前能源价格并没有完全反映其真实成本。

平衡竞争环境（1）：取消对不可再生 能源的现有补贴

　　尽管当前政策对能源市场的补贴情况复杂且存在争议，但通过取消一些关键补贴项目，我们可以在平衡各种能源竞争环境方面取得重大进展。对于那些过度鼓励化石燃料勘探和开采的项目，最大的障碍可能是可替代能源生产税收抵免。这种税收抵免政策是在卡特政府期间发起的，目的是鼓励使用"替代"燃料，这在很大程度上使天然气行业受益。尤其值得注意的是，该计划鼓励开采煤层、致密砂、页岩油中的天然气，以及开采煤层气，这些都被定义为"替代能源"。在多数情况下，税收抵免鼓励人们进行原本并不划算的钻探开采。2007年，税收抵免总值超过23亿美元。虽然本应在2009年到期，但这项税收抵免计划在其存续期间被多次重启。[17]

另外两项税收优惠政策直接促进了石油勘探和开采。首先，石油开采公司通过迅速冲销勘探和开采成本获得税收优惠。虽然大多数企业必须在设备的有效使用年限内摊销资本设备成本，但石油公司可以在当期收入中更快地扣除这些成本。例如，大型石油公司可以在第一年的运营中扣除70%的勘探和开发成本，然后在接下来的5年里扣除剩下的30%。规模较小的石油开采公司可以在第一年就扣除全部支出费用。虽然石油开采公司最终必须缴纳所得税，但是"当期勘探与开发费用抵减"这一规定使其可以延期付款，从而促进进一步勘探，加速天然气和石油储备的消耗。由于这种延期纳税只适用于新的开采项目，其影响力是有限的。

一项更为慷慨和广泛适用的税收规定是百分率损耗减免。石油和天然气井的所有者不仅可以迅速冲销勘探和开发成本，而且可以通过从当前收入中扣除其矿产资产的递减价值，冲销其矿产资源的消耗。每年，这些所有者可以从总收入中提取一定比例（煤炭占10%，天然气和石油占15%，核能占25%），然后从应纳税收入中扣除这部分。诚然，所有企业都可以将生产资产的任何"折旧"从收入中扣除，这是当前税收政策的基础。然而，这些矿产资产的价值不是劳作和个人投资的结果，而是大自然的馈赠。因此，这种优惠待遇使业主能够获得与开发成本无关的税收优惠。更糟糕的是，所有者消耗矿产资源的速度越快，获得税收优惠的速度就越快。这样，美国纳税人就在补贴更快消耗的能源资产。2007 年，这项补贴的价值接近 8 亿美元。[18]

尽管百分率损耗减免使核电行业受益，但该行业最大的利益来源却是《普莱斯－安德森法》。这部法律于 1957年商业核能工业诞生时颁布，限制了任何核电站运营商在发生事故时应承担的损失总额。最初的最高限额为 5.6 亿美元，该限额经过几次提升后已变为 92.6 亿美元。[19]考虑到许多反应堆靠近邻近的大都市区，大多数专家认为损失可能要高得多。在限制经营者责任方面，该法案限制了每个核电站经营者运营所需的保险成本。两项不同的研究估计，按 1985 年美元价值计算，这笔经费为每一核电站经营者节省 232 万～2172 万美元。[20]如果调整为 2007 年的美元价值，则责任上限每年可以为核电生产商节省 4 亿～39 亿美元。[21]虽然得出这些估值的分析有些过时，但考虑到保险费率的提高和房地产价格的上涨，如今该法案为核电站运营商节省的费用只可能更多。虽然这一责任上限很可能在商业核电工业发展初期是必要的，但这种说法在今天听起来非常空洞。逐步取消这种责任保护将使核能与化石燃料的其他能源替代品处于一个更公平的竞争环境中。

这四项政策是补贴政策中最为明显的。许多其他政策以不那么直接的方式促进传统能源产业发展。例如，各级政府提供设施和服务，鼓励私人驾车出行。社区提供停车补贴，无论是在停车场还是街道停车位，以促进人们光顾市中心商业区。政府已经建造了一个巨大的公路、高速公路和州际高速公路网络以供私人汽车和商业卡车通行。虽然汽油税和其他费用为当前道路建设和维护提供了很大一部分资金，但一项研究表明，当前道路建设和相关服务费用的40%来自其他税收收入。[22]要求所有的道路建设和维护费用都来自汽油税和其他与交通相关的使用费所产生的专项资金，仅此一项就可以取消这种补贴。如果在国家层面上这样做，将使目前的联邦燃油税每加仑增加大约22美分。[23]州和地方道路建设和维护费用也应来自汽油税和其他与交通相关的使用费。此外，政府通过对机场和航空安全计划的公共资助来补贴航空运输业，从而使私人航空公司和旅客免于承担主要费用。有时候，公共资助在很大程度上是意外产生的结果。[24]各级政府都需要审查公共政策，审视这些政策是如何直接或间接地过度鼓励使用不可再生能源的。

取消某些补贴可以同时解决几个问题。取消补贴将降低目前的耗竭率，价格上涨可以反映供应这些能源的全部成本。随着我们更加严肃地对待气候变化的威胁，减少化石燃料的消耗将遏制温室气体的排放。传统燃料价格的上涨将促进对可再生能源和节能技术的投资增加，因为能源消费者试图减少能源方面的支出。最后，取消税收补贴将增加联邦财政收入。这些收入可以为能源开支较高的家庭和企业提供税收减免。

平衡竞争环境（2）：内化外部性

虽然影响不尽相同，但使用化石燃料和核燃料都会造成严重的环境危害。燃烧化石燃料不仅会导致气候变化，还会显著增加城市烟雾、大气颗粒物以及氮氧化物和硫化物等有毒气体的排放量。这些废物危害人类健康，尤其是使呼吸道疾病增多，破坏了附近的农业生产，导致种植者收益降低。随着城市的空气被污染，越来越多的人搬迁到污染较小的郊区。人口转移导致通勤时间变长，道路拥堵加剧，对电力的需求增加，所有这些都进一步污染了空气。含硫量高的燃料会产生高酸性排放，积聚在湖泊和池塘中，对水生栖息地的野生动物造成伤害。酸性排放物会损害建筑和房屋，因此需要更频繁地重新粉刷以及做其他维护。我们对化石燃料的过度依赖产生的危害是复杂、多样和广泛的。在大多数情况下，燃料供应商和燃料消费者都不需要支付这些费用。

许多能源专家称赞使用核能是解决能源困境的关键，因为核能产生的废气几乎可以忽略不计，尤其是不会产生导致气候变化的气体。尽管如此，说核能是化石燃料的"清洁"替代品有些言过其实。核材料的挖掘、加工、运输和燃烧造成了巨大的废料储存和废料处理问题。每年，该行业都会产生数千桶低放射性和高放射性液体废料以及数百吨用过的燃料废料。该行业暴露在放射性物质下的所有设备都会产生额外的废料。由于被污染的物质毒性很大，它们必须与大多数生命形式隔离数十年或数百年，以防止产生悲剧性的后果。即使商业核工业已经存在了50多年，至今仍然没有一个令人满意的废料处理计划。虽然许多人认为内华达的尤卡山可作为处理这些核废料的地点，但我们仍然必须克服许多科学、政治和经济阻碍。即使这样，积压的废料也会很快耗尽尤卡山的储存能力。此外，核事故的可怕后果会吸引恐怖组织的注意。只有在情报、安全性上投入大量资金，并提高警惕性，才有希望避免发生这样的灾难。其中许多成本及其潜在风险是由公众承担的，而不是由核能发电的生产者和消费者承担。

采用污染者付费原则来消除这些外部费用是复杂且具有挑战性的。其中一些成本的计算相对容易，但也有一些计算相当复杂，必须采用更好的方法来评估这些费用。然而，内化这些成本不应该在大众普遍接受预估的危害后进行。相反，应该制定明确适用该原则的政策。例如，对核能征税应完全涵盖核废料储存的费用，从而使这些服务的消费者直接支付废料储存费。做到这一步只需具有政治意愿就能达成。在成本比较模糊的情况下，即使只是估算大致的成本，政策也应将这些成本内部化。一旦有更好的评估方法，政策就可以进行相应的修改。

碳排放税

虽然有几种方法可以将燃烧化石燃料的排放成本内部化，但我建议引入"碳排放税"（Carbon tax）。[25]根据这项计划，每种燃料将按其产生的二氧化碳量征税。这样燃油税可以将燃烧化石燃料的外部成本内部化。此外，由于不同燃料的碳含量不同，碳税会选择性地抑制每种燃料的使用。煤的含碳量最高，其次是石油，最后是天然气。[26]由于煤的含碳量几乎是天然气的两倍，它将承担近两倍的税。征税不仅会减少对化石燃料的使用，而且会影响人们对这些燃料的选择。这项税收的一个非常重要的问题是它会对那些特别依赖煤炭作为能源的社区产生影响。但是，正如随后要讨论的，这个问题可以通过使用税收收入抵消危害的途径来解决。

由于能源在工业和城市经济中所起的核心作用，任何此类税收政策都应分阶段缓慢渐进地推行。在整个经济中，能源采购无论在家庭、企业还是政府机构的预算中都占据了很大一部分。能源账单的大幅增加将威胁低收入家庭，使其削减在非能源产品和服务上的支出，从而影响企业发展和就业。此外，许多能源选择是过去在不同能源环境下做出的投资决定。家庭购买汽车和住房，企业建设办公室和扩大工作场地，政府建设学校和办公室时都会对未来的能源价格存在心理预期。许多人做出这些决定是出于对能源价格保持低位的预期。然而，当能源价格上涨时，这些投资往往被证明是糟糕的选择。为了缓解这些不可避免的挑战，增加税收应该是可预测的和循序渐进的。这样，家庭、企业和政府机构就更容易消化不断上涨的能源开支。更重要的是，他们可以在计划长期投资时预计未来能源价格是否会上涨。

一项碳税提案提出以每吨 5 美元的价格启动碳税，并在此后 8 年的时间里分阶段逐年提高。据估计，这一税种对汽油、燃料油和天然气价格的影响不大，但对煤炭价格的影响更大。每吨 5 美元的碳税对燃料选择的影响，如表 8－1 所示。[27] 正如数据所显示的那样，年税对天然气、汽油和家用燃料油价格的提高幅度远远小于这些能源近年来的价格波动幅度。尽管如此，这些增长仍将损害低收入家庭。只有碳含量极高的煤炭才会受到这项税收的严重影响，从而导致电价大幅上涨。严重依赖煤炭作为主要发电来源的地区将面临更大的价格上涨。但是分阶段征税可能会使调整变得更加容易管理。

表 8 - 1　每吨 5 美元的碳税对燃料选择的影响

燃料来源	价格上涨（美元）	增加百分比（%）
沥青煤（美元/吨）	11. 19	21. 7
汽油（美元/加仑）	0. 05	1. 7
燃料油（美元/加仑）	0. 06	2. 3
天然气（美元/百万立方英尺）	0. 27	2. 9

资料来源：美国能源情报署《2009 年年度能源报告》。

　　分阶段征税的好处很多。基于能源价格肯定会上涨的心理预期，家庭、企业和政府现在就可以采取行动，以应对未来更高的价格。家庭可以购买更省油的汽车和节能电器，甚至搬到离工作地点更近的社区。企业和政府机构可以投资节能设备，选择当地能源供应商以控制运输成本，还可以改变其运营方式、网络和能源需求。政府机构可以通过鼓励建设更节能的建筑、发展公共交通和替代交通，以及协助初创公司发展来帮助社区。更高的能源价格将促使电器制造商寻求新设计和新材料以节约能源。消费者会越来越关注某一特定设备的运营成本或能源成本，而不仅仅是其购买价格。更高的能源价格不仅会使能源消费者节约能源，还会促进替代能源的进一步开发，尤其是风能和太阳能。考虑到这一市场的巨大潜力，任何能够利用替代能源和可再生能源提供经济电力的公司，都将获得巨大的经济激励。此外，对传统能源价格上涨的预期将降低新技术和替代技术的投资风险。对新技术和设计的投入增加将创造新的就业和商业机会。

投入的资金将支持当地企业和工人，而不是流向世界各地石油生产国的口袋。最后，对化石燃料的持续征税将降低化石燃料对气候变化的影响。虽然这些变化带来了重大挑战，但也带来了新的机遇，因为我们减少了对不可再生能源的依赖，向更可持续的能源转型。

碳排放税相对容易实施和管理。与其在碳离开排气管和烟囱时对其进行计量，不如针对那些进口燃料或对国内开采燃料的企业进行"上游"征税，这种方式更加合理。大约有2000家企业为我们提供化石燃料，集中征收可以最大限度地减少征收和管理成本，同时确保对国内和国外的能源企业一视同仁。为了抵消税收负担，企业会尽可能地将增加的税收转嫁给消费者，从而导致化石燃料价格上涨。这样，企业和最终消费者将分担税收。有趣的是，各州有权在没有联邦碳税的情况下征税，甚至在联邦征收碳税的基础上额外征税。一些州表示对征收碳排放税颇感兴趣。

纠正分配影响

取消公共补贴并实施碳排放税将纠正目前偏向于传统不可再生的能源消费。能源价格反映完全成本定价原则将带来许多好处。但是，由于家庭和企业面临的困难选择，这些变化将带来巨大的阵痛。调整新能源体系的负担既不容易，也不可能平等分担。一些群体，包括低收入家庭、以煤炭为基础的企业和能源密集型企业以及一些依赖能源的公共机构，将因能源价格上涨而遭受不成比例的伤害。能源政策应该考虑这些群体，并提供具体的补救措施。

实施这些政策将给政府特别是联邦政府带来巨大的财政收益。根据一项研究，每吨征收 5 美元的碳税将在第一年筹集 80 亿美元，一旦每吨征收碳税提升至 40 美元，每年将筹集 750 亿美元。[28] 这些收入将归联邦政府所有。提高联邦和各州的燃油税，每年将带来数十亿美元的额外收入，可以为道路建设和项目维护提供全额资金。终止对化石燃料的税收补贴会为联邦政府节省更多的资金。在很大程度上，这一财政福利不会附带新的财政支出。[29] 基于联邦预算赤字的预期，我们有理由认为，这笔财政收入的相当一部分将用于减少这些赤字。但是这笔税收收入中仍应拿出一部分以进行一般性和针对性减税，以抵消税收提案带来的负担。

一些需要的援助将自动产生。例如，不断上涨的能源价格将引发社会保障支付的年度生活费调整（COLAs），从而使许多退休人员免受最坏的影响。然而，一些拥有社会保障的退休人员以及其他低收入家庭将需要额外的帮助。低收入家庭取暖援助计划（LHEAP）目前向有需要的家庭提供直接补贴。[30] 即使在今天，这项计划仍缺乏足够的资金来确保所有有权享受福利的人真正得到福利。2005 年，只有 15% 的符合条件的家庭真正获得了这一福利。为该项目提供充足的资金，以满足当前和将来的需求，可以抵消能源价格上涨造成的严重损害。此外，修改税法可以提供更普遍的援助。提高收入所得税抵免可以帮助贫困工薪阶层，他们努力应对能源和天然气价格上涨的影响。提高收入所得税抵免资格的收入门槛，将帮助更多收入水平偏低的家庭。最后，对所有家庭和企业的一般税收减免可以帮助他们应对能源成本升高的挑战。这些变化需在碳排放税增加之前实施。由于这些计划将在不降低家庭和企业必须支付的能源价格的情况下提供财政援助，因此不会削弱能源价格上涨带来的经济激励。然而，适当的援助能防止出现严苛的选择，例如一些家庭不至于因为能源价格上涨，只能在维持家庭供暖和获得医疗服务两者中选其一。

提供这种援助只需要从碳排放税和削减的补贴中拿出部分资金即可。剩余的一些资金可以为那些因能源转型而受到不同程度损害的企业和社区提供帮助。由于碳排放税会对过度依赖煤炭的企业和社区产生不利影响，因此应给予特别的帮助。煤炭丰富的阿巴拉契亚地区以及西部许多州的社区应该得到资金，以帮助经济重建、就业培训，补贴搬迁成本。当然，能源价格的变化将会影响许多其他行业和社区。正如"贸易调整援助计划"试图帮助受全球贸易变化影响的个人和企业一样，新的资金也可以帮助那些因这些政策而出现困难的企业和社区。额外的所得税减免和增加就业信贷可以减轻能源价格上涨的压力，并促进就业和商业发展。

最后，部分新增收入应该用于投资地方基础设施，以提高能源效率。例如，许多社区都有房屋节能改造项目，向居住在隔热性能不好的房屋中的房主或租房者提供补助和补贴贷款。租赁住房受市场激励影响尤其不足。受益于较低能源费的租房者通常没有足够的动力来进行实质性的改善。虽然房主最终会从房屋改善中获益，但他们可能看不到改善房屋的直接经济利益。地方项目可以鼓励投资房屋节能改造项目，从而降低能源费用，改善当地的住房条件。低收入家庭取暖援助计划已为房屋节能改造提供了资金，新增的税收收入可对其进行补充。此外，联邦拨款可以支持地方社区投资可替代性交通系统，无论是改善公共交通、建设新自行车道，还是完善道路以更适合步行。通过帮助社区发展公共交通，税款可以为个人、家庭和企业提供更多的选择，以避免更高的能源价格。

弗吉尼亚城的新"财源"

储量丰富的金矿和银矿给弗吉尼亚带来了长达 25 年的好运。大自然对弗吉尼亚的慷慨达到了极限。弗吉尼亚曾经是一块闪闪发光的磁石，现在却慢慢失去了活力、光泽和魅力。在 20 世纪的大部分时间里，斯托里县的人口在 1000 人左右徘徊。持续开采几乎已耗竭的矿藏才使弗吉尼亚没有成为另一个"鬼城"。即使有了现代技术，开采自然资源也没有使弗吉尼亚城恢复过去的繁荣，矿主也很少能获得利润。近几十年来，这座城市的命运有所改善，主要是有了一个新的"财源"——意想不到的财源。20世纪60年代，热门电视剧《伯南扎的牛仔》（*Bonanza*）在弗吉尼亚城拍摄。在这部电视剧中，弗吉尼亚城被描绘成一个牧场，而不是一个矿业小镇。依靠这种宣传，这座城市慢慢地变成了一个重要的旅游目的地。随着弗吉尼亚城越来越受欢迎，当地投资者翻新了更多的建筑，并增加了新的设施和服务。[31]今天，每年有大约200万游客到弗吉尼亚旅游，小镇人口已达到4000人。

如今，弗吉尼亚城的经济虽然不那么引人注目，但更趋于稳定。旅游业作为斯托里县的经济基础，为斯托里县居民提供了更可靠且源源不断的就业、收入和机会。也就是说，只要人们对蛮荒的西部着迷，并把这种迷恋与弗吉尼亚联系起来，旅游业就会经久不衰。毫无疑问，每一代游客对娱乐项目都有新的期望，城市官员和企业应该适应这种期望并相应发展娱乐业。然而，相比150年前为这座城市带来名望和荣耀的第一次繁荣，弗吉尼亚当前的繁荣持续时间更长。

在整个西部山区，"鬼城"提醒着人们，把经济建立在易耗竭的矿产资源上会产生严重的后果。今天，当我们继续把现代经济建立在不可再生的化石燃料上时，"鬼城"也给了我们一个警告。把弗吉尼亚在鼎盛时期的短暂繁荣与现在的繁荣做任何对比都是不切实际的。与19世纪的弗吉尼亚不同，我们现在可以找到一种替代能源，完全取代日益减少的不可再生能源。虽然不同的能源都有自己的拥护者，但使用任何一种能源都要承担重大的责任。正如很少有人考虑当石油和天然气储备被开发到极限时将会发生什么一样，我觉得在黄金时代的弗吉尼亚城，大多数市民也很少考虑矿藏资源耗竭会带来什么后果。

无论未来我们如何继续当前的能源道路，它肯定会带来严重的破坏和挑战。世界对化石燃料的需求永不知足，这将导致供应中断，油价将突破每桶200美元的关口——这在不久前还是不可想象的。即使发现了新能源来补充日益减少的化石燃料，我们还面临着排放方面的问题。继续增加对化石燃料的使用将加剧气候变化。气候变化在某些情况下重创经济，而在某些情况下又将提振社区和经济发展。由于每个地区都需要适应不断变化的环境，"一切照旧"的可能性很小。干旱、洪水、气温升高、海平面上升和更加恶劣的天气将带来巨大的损失。通过采取本章所概述的常识性步骤，可以预先阻止或减轻我们将经历的一些变化和干扰。尽早实施这些步骤，我们就可以利用市场及其能力，更充分地适应不断变化的环境。本书将在第9章讨论这个问题。

延伸阅读

美国能源信息管理局公布的《2007 年联邦财政干预和能源市
    场补贴》（*Federal Financial Interventions and Subsidies in
    Energy Markets* 2007）详细分析了当前的能源项目及其对
    不同能源的支持。

罗纳德·詹姆斯的《喧哗与沉默：弗吉尼亚城和康斯托克矿
    脉始末》（*The Roar and the Silence：A History of Virginia Cit-
    y and the Comstock Lode*）一书全面描述了该地区的历史。

迈尔斯和 J. 肯特合著的《反常补贴：税收如何削弱环境和经
    济》（*Perverse Subsidies：How Tax Dollars Can Undercut the
    Environment and the Economy*）讨论了当前政府补贴的范围
    及其对环境和经济造成的各种损害。

第9章　经济演替

进化系统

从家开车 30 分钟就能抵达一个高尔夫球场，它坐落在我经常开车经过的州际高速公路旁。沿着高速公路有几条球道，经过的时候我可以短暂看下比赛情况。10 年前，由于经济环境不景气，球场被关闭了。人们以往为维护球场进行常规修剪、浇水和施肥，现在都中断了。没有人打理，翠绿的球道和修剪整齐的草地早已变成了褐色。在没有人类干扰的情况下，大自然的力量又重新控制了这里的一切。即使只过去了几年，高尔夫球场的痕迹也所剩无几。因为对球场很熟悉，我仍能看到旧球道的粗略轮廓，以及独特的"码数标记树"和消失的草地周围的沙坑。由于大自然已经控制了这片土地，其他人很难辨认出这里曾经是个高尔夫球场。

球道是最先显示高尔夫球场衰败的地方。植物在自由地生长，野草、野花和以前被修剪得很矮的灌木在没有人干扰的情况下疯狂生长。它们很快就取代了球场原来的草丛，原来的草场无论颜色和韧性都适合打高尔夫球和开高尔夫球车。虽然有时我开着车呼啸而过，看不清球场的情况，但我猜想这些高大的植物可以为当地的鸟类和啮齿类动物提供庇护和食物。这些动物从附近的松林来到这里，不经意间把附近树林里灌木和树木的种子带到了这里。慢慢地，这些种子在这里发芽生长壮大，模糊了球道和草地之间的分界线。在未来的几年里，它们很可能会占据这片土地。经过更长时间的荒废，随着更多的动物和植物在这里安家，这片土地最终将变成松树林。

虽然肉眼很难察觉，但这些变化却在不断地发生。同样难以辨别的是这些变化最终将采取什么样的形式。如果认为这块土地将变回人类干预前的状态，那就太简单化了。简单地援引"生命循环"是无知的，且结果并不准确。虽然与附近的森林相似，但进化过程将会大不相同。靠近州际公路会带来更多的光线、噪声和空气污染。每一种情况都可能会影响该区域的特定动植物种类。由于靠近高速公路，当地消防官员会更努力地扑灭任何自然或人为引起的火灾。总的来说，这些不同的情况将影响特定位置的动植物和生态结构。正是自然生态系统面对不断变化条件表现出的灵活性和适应性使其能够长期存在。

　　最近，一些迹象表明这块土地将走上另外一条发展路径。推土机和其他挖土设备已经出现在现场，并在其表面勾勒出街道的轮廓。就像自然一样，人类有能力重塑土地，从而产生新的压力。虽然我们对这片土地的影响比自然更具有偶然性，但从历史上看，我们对这片土地的影响是由文化和技术的变化造成的。在当代，这些压力主要是由市场交易产生的经济需求造成的，这些市场交易影响着一块特定土地的使用（承载功能）。经济发展的力量影响着土地，需要人们以类似于自然力量的方式做出改变并适应。下面我们来了解不断变化的用途是如何影响土地的。

　　我们无法确切地知道这片土地过去的用途，但可以推测可能的历史。包括克洛维斯矛尖在内的当地的考古证据表明人类已经在该地区居住了大约 11000 年。[1] 我们对早期居民的细节知之甚少。然而，当时的人们很可能以狩猎、捕鱼和采集野果和野菜为生。也许他们有时火烧森林，从而促进新的植物生长，以吸引猎物。或者，早期居民也有可能让环境或生态服务保持原样。在欧洲人出现之前的几个世纪，来自中西部的北美印第安人迁移到这个地区，取代了已经生活在这里的林地居民。北美印第安人沿着河流修建村庄，并以"刀耕火种"的方式补充猎物和草料。也许，后来成为球道的山坡就是他们的种植园。他们用火来清理土地，种植数年，直到土地的肥力下降迫使他们垦殖新的土地。随着他们继续向别处迁移，大自然会收回被耕种过的土地，恢复其肥力。与此同时，北美印第安人的贸易网络沿着东海岸扩展。他们使用了一套道路系统，这一系统后来成为现在横穿该地区的高速公路。高尔夫球场选址时靠近这些高速公路是其发展的关键因素。

18 世纪中期，欧洲移民浪潮到达该地区，白人移民带来的疾病、酒精和暴力使得大部分北美印第安人死亡或分散于各地。白人殖民者带着他们自己的风俗习惯，以自耕农或私人地主的身份定居在这片土地上。他们最初只能自给自足，后来生产出现盈余，可以在当地市场上售卖。他们种植各种谷物，包括玉米、小麦、亚麻和烟草。通常粮食盈余会刺激经济增长，就像弗吉尼亚城的黄金和白银发挥的作用一样。剩余的粮食可以在当地城镇出售，用来购买不容易在农场生产的现成商品。当地对这些商品的需求可以促进小型制造业发展，从而进一步刺激农民消费。粮食产量的增加将使人们有更多的机会购买商品，从而完成利益的协同循环。相反，这个地区人口增长乏力，经济停滞不前。与市场的相对隔绝和不良的耕作方式可能是罪魁祸首。当代和后来的观察家认为不良农业耕作方法导致了水土流失和土壤肥力下降。[2]

大自然的另一种恩赐促进了该地区的经济发展。由于有连续和大量的水流，该地区的棉纺厂利用河流提供动力进行生产。棉织品在全国范围内销售，为工人们带来的收入并不高，却为厂主带来了利润。收入增加促进了该地区城镇的发展。当地对粮食的需求使本地农民考虑采用新的耕作方法来提高产量、增加收成。农民收入增加刺激了消费，进一步促进了城市商业发展。经济繁荣让当地有意愿改善交通，包括道路和铁路。交通改善进一步促进了贸易和交流，创造就业机会，吸引了更多人口流入。那些在这片土地上耕种的农民因靠近几家工厂而受益。

20 世纪 40 年代，当地农田被改造成高尔夫球场，这一决定见证了该地区的繁荣。只有在有足够可支配收入和休闲时间的地区，打高尔夫球这样昂贵的娱乐活动才能发展起来。由于对这样的娱乐活动需求较高，高尔夫球场为土地利用提供了更高的价值。与此同时，土地从多作物农场转变为高尔夫球场，这意味着提供的生命支持服务进一步减少。为了维持球场外观需要修理草场并使用化学药品，这肯定会缩减栖息地的范围，破坏土地的生态服务。

随着该地区的日益繁荣，源源不断的移民和州际高速公路给该地区带来了新的压力。当地社区从一个工厂小镇变成了附近达勒姆和格林斯博罗的近郊居住区。高速公路带来的便捷交通结束了该地区历史上的孤立状态。高尔夫球场毗邻州际高速公路，处于交会处的位置赋予了这块土地新的价值。由于对土地的需求量大，高尔夫球场不再是这片土地最有价值的用途。现在，这片土地正在再次经历变化。以零售为特色的新商业项目正在建设中。当地医院正在增加医疗设施，以帮助医疗服务欠缺的地区。道路的建设使得新的住宅区能够容纳那些在不同城市工作的家庭。老旧的高尔夫球场再也不能为其所有者提供同样的价值。然而，这些新发展的影响可能是迄今为止最重要的。

从刀耕火种农业到现代种植，从休闲高尔夫球场到密集的商业和住宅开发，这片土地经历的每个经济发展阶段，其提供生命支持服务的能力都在下降。移除土地的自然覆盖层，然后用路面和建筑取而代之，这样做破坏了提供生命支持服务的自然过程。砍伐树木会丧失对干扰的调节、废物处理和生物控制功能，而不透水的表面会破坏水的调节，影响水质、养分循环和对太阳能的利用。尽管这些损失是渐进式的，在很大程度上难以察觉，但它们已经切实发生了。

生态服务的一些损失是不可避免的。一些对土地的使用方式对自然生态系统及其提供的服务造成的危害比其他的更大。显然，与用于保护区和某些娱乐活动的区域相比，人类居住、工业和运输对环境造成的破坏更大。然而，人类需要建造住房和医院。幸运的是，考虑到大自然的慷慨和韧性，我们对土地的一些使用方式是自然可以负担的。重要的是我们需要研究应该追求何种发展道路来满足不同的承载需求。如忽视其对生命支持服务的影响，农业实践终将自食其果。住宅和商业发展如忽视对自然过程和环境服务的影响将浪费宝贵的自然禀赋。只要经济发展决策继续忽视这些日益减少的服务的价值，滥用就会继续存在，并祸及我们的后代。

复杂的适应系统

我们不应忽视市场机制的价值，市场机制对许多环境问题都产生了影响。我对市场的信念很大程度上源于认识到自然系统和市场系统之间存在巨大的相似性。生态系统的耐久性在很大程度上源于适应不断变化的环境的能力。例如，当地气候的变化为生态系统内的生物带来了大量的挑战和机遇。随着不同物种适应新环境，不断变化的条件导致生态系统产生一系列变化。虽然生态系统因此而发生了变化，有时甚至严重退化，但它通常能承受条件的变化。没有这种适应能力，自然系统甚至生命本身都注定会缩短寿命。市场体系在人类事务中的作用具有显著的相似性。两者都具有许多人称之为复杂适应系统（Complex adaptive Systems）的特征。

复杂的适应系统是指能够响应和适应环境变化的网络，从而维持其基本结构。自然世界是由相互联系的生态系统组成的网络，横向和纵向交织在一起。每个地方的生态系统都影响着它周围的自然系统。一个地区的情况变化必然会影响到邻近地区。例如，沿着溪流生长的植物提供了阴凉，降低了水温，有利于某些水生物种生长，从而改变了水中的关键生化过程。河流系统的变化又会影响沿岸的动植物。同时，更多的区域系统对当地生态系统会产生纵向影响。例如，降雨量增加会促进植物生长，产生更多的阴凉，同时增加水的径流，产生更强更快的水流。一些适应较慢水流的动植物将会减少，而那些在较快水流中繁衍的物种将茁壮成长。更快的水流会侵蚀河岸，削弱产生阴凉的植物的生长，因此水温可能会上升。反之，局部系统的变化也会影响区域系统。降雨促进新植物生长，这些植物将通过蒸发蒸腾过程增加空气中的水分。增加的水分将进一步强化该地区的降雨模式。在复杂的关系网络中，不同的生态系统不断地适应外部变化，这需要其他相互关联系统也这样做。

经济市场也以类似的方式做出反应并适应新的变化。每个地区都是特定商品和服务的本地市场。这就解释了为什么理发、蔬菜售卖或管道服务的价格会因城市而异。尽管彼此不同，但这些市场是横向联系的。本地市场的变化会影响另一个市场。在重大自然灾害发生之后人们可以观察到这种联系。卡特里娜飓风袭击墨西哥湾沿岸后，幸存者采取行动修护受损的建筑，当地的胶合板和防水布供应短缺。即使在没有受到风暴影响的地区，也很快出现了建筑材料供应短缺的现象，因为材料被迅速送往需要的地区。各地市场胶合板价格都出现上涨，这些市场距离遭受破坏的墨西哥湾沿岸数百英里。在遭受飓风袭击的地区之外，胶合板库存不足和价格上涨是暂时现象，因为胶合板厂会增加产量以满足不断增长的需求。

与自然系统相似，区域市场的环境限制了本地市场的条件。联邦木材政策不仅影响森林，还影响木材公司切割新胶合板的方式。政府严格限制和联邦森林减少导致产量下降和胶合板价格上涨。胶合板批发价格的上涨影响到每个地方胶合板市场，促使建筑商寻找替代材料，如木屑板。建筑设计也会发生变化，从而影响当地乃至全国胶合板市场。由市场和市场价格反映的环境往往是不断变化的。价格的变化，会引发新的决策和经济行为。

本章提出旨在实施完全成本定价的政策建议，使商品和服务的价格反映其全部经济成本。这种做法将在经济中引发一系列的调整。企业将改变生产方式，以避免支付更高的材料和能源成本。家庭将减少购买，改变购买模式，以更低成本的方式满足生活需求。随着未来情况继续变化，市场价格将相应地调整，从而为家庭和企业提供新的激励。经济将继续发展并适应变化，以减轻对自然资源的不利影响。

然而，本章讨论的挑战要比第 7~8 章讨论的内容难得多。回顾一下第 3 章曾讨论过市场机制在准确反映不同生态服务方面的有效性不同。虽然市场在评估供给服务方面的能力相对较强（这是第 7~8 章的重点），但它通常无法评估自然的生命支持服务。这个盲点很重要，因为我们认为市场压力在很大程度上决定了经济发展。可以肯定的是，房地产市场有效地衡量了土地不同的潜在用途,特别是以人为中心的承载服务。一块土地的高价值用途通常会转化为对这块土地更高的出价。但是,房地产市场在获取庇护承载服务提供的益处方面运转不佳。[3]一般市场,特别是房地产市场,在很大程度上忽视了土地空置的价值。典型的房地产交易很少考虑土地的生命支持服务。[4]同样重要的是,项目设计也很少考虑这些服务。在大多数情况下,不管土地具体用于何种目的,最便宜、最有利可图的开发设计都是制胜法宝。尽管任何地块的卖家都会考虑所有的土地使用选择,无论是住宅开发、商业开发,甚至是风力发电场,但他们不太可能衡量土地的生命支持服务所受到的影响。最终的买家也不太可能这么做,纠正这种情况并非易事。

政策建议

房地产市场和经济发展决策显示,我们目前忽视了生命支持服务,我建议采取三项政策来纠正这种情况。首先,许多社区已经利用保护地役权或法律契约的方式,鼓励业主(通常是农民)放弃开发其地产的经济利益。提高认识和提供额外的经济奖励可以增强这一公共政策的吸引力。其次,地方社区可以通过建立分率制地产税来取代统一的地产税。这样做可以鼓励地方经济发展,并且限制生命支持服务的损失。最后,政府可以要求发行环境保障债券。

这种债券将限制纳税人因开发可能造成的环境损害而承担的责任，并奖励实施环境友好设计的开发商。总的来说，这三项政策将在经济发展决策中给予生命支持服务应有的重视，并减少未来的损失。

保护地役权

与之前讨论的政策不同，保护地役权为地方官员和规划人员提供了一种政策工具，以制定更有利于环境的决策。任何地产的所有权都包括一系列权利，其中一些是可分割的。地役权可以调和地产所有者的不同利益，通常是将土地的不同权利分开。地役权限制了现有业主的土地使用权，因为土地使用权是未来开发土地的权利。根据普通法的传统，地役权与地产所有权一并转让，从而防止任何永久性的开发。与此同时，地产所有者和继承人保留所有未被地役权明确排除在外的剩余土地权利。保护地役权为当地规划者提供了一种工具，以保护市郊的重要绿地，并阻止开发行为侵占邻近的农田。

此外，地役权减轻了保护土地的财政负担。地方社区和土地保护组织可以购买土地开发权，而不是直接购买土地。通过这种方式，地方规划者可以确保土地使用符合公众利益，而无须支付全额运费。土地可以继续为居住的家庭及其继承人提供经济生计。然而，保护地役权是有代价的。由于任何一块土地的价值在一定程度上反映了其发展潜力，限制或取消发展权会降低其价值。业主通常要求补偿，以抵消地役权的潜在损失。这一要求对没有充足资金的社区构成了难以破除的障碍。幸运的是，一些土地所有者出于利他动机，捐出了他们的土地开发权，以保护土地的性质和用途。

除了让公众更好地了解这一选择，政府官员还可以采取措施，鼓励更多地使用地役权。首先，政府官员应该确保地役权降低房产税。虽然地役权确实降低了房产的市场价值，但这种变化并不总是反映在税收上。任何一位业主，如果能在房产税方面得到减免，对潜在的地役权会有更大的兴趣。其次，政府官员应该确保那些愿意捐赠开发权的业主享有优惠的税收待遇。根据美国联邦所得税法，财产所有者的捐赠只要符合一定的标准，包括环境保护和教育福利，就可以被认定为慈善捐赠。同样，包括在死者遗产中的保护地役权也得到了优惠待遇。州和地方税务当局应该在其所得税和遗产税制度中提供类似的优惠待遇。

分率制地产税

地方政府官员还有另一种工具，可以用来影响地方经济发展和土地使用。通过将地方地产税从统一的税基转向分率制，地方官员可以限制"城市扩张"，并将生态服务的损失降至最低，即使这种改变对税收收入没有影响。影响房地产价值的因素有两个：土地本身的价值，以及对土地或建筑物进行的任何改善（或允许的退化）的价值。土地本身的价值在很大程度上反映了其自然特征和周边土地的具体发展。这两种属性都不是所有者自发努力产生的。此外，地产的改善直接来自业主的努力和投资。在正常情况下，这两种价值虽然经常分开评估，但征税相同。更高的财产价值，无论是由个人劳动引起的，还是由周围地区的偶然变化引起的，都得到了类似的税收待遇。在分率制下，这两个部分的税率不同。对主动改善地产的征税力度小于价值意外增长的力度，通过这种改进，地方政府可以重新定位当地的经济发展方向并获益。

转向分率制更体现公平。人们常说，决定土地潜在价值的因素有三个：地段、地段还是地段。土地的价值是其周围环境影响的结果。附近公园的建设、高速公路的枢纽站或地铁终点站的建设，以及无数其他的变化，都给一块特定的地产带来了增值。相反，建造嘈杂的工厂或垃圾填埋场会大大降低土地价值。几乎所有这些变化对业主来说都是偶然的。此外，对建筑物及其结构的改进是业主努力、投资和承担风险的结果。如果对这种地产改进项目和意外增值征收同样的税，这与公平背道而驰。

采用分率制能创造一个更加公平的税收体系。修改后的税收结构还将产生新的经济激励，引发一系列决策的改变。实际上，两级税收结构通过降低改进建筑物的税率来促进建筑物的建设和发展。降低建筑改进项目的税率意味着业主将保留更多由这些改进项目产生的收入，给予他们更多的经济鼓励。提高土地价值税率也将促进发展。无论改进与否，面对更高的地产税，业主在开发土地时都会感到更大的财务压力。改进地产项目可以增加房产所有者的收入，但只会小幅提高他们的地产税。

　　有人可能对我基于鼓励经济发展的理由而支持分率制感到困惑。是的，这项税制改革促进了经济发展，并且这种发展对环境的破坏较小，这有两个原因。首先，这种变化将促进更高质量的发展。通过使地产税账单与改善项目的价值脱钩，分率制地产税将为开发商提供更多的经济激励，鼓励他们使用更好的设计和更耐用的材料。在不过度影响地产税的情况下，质量的改进将产生更多的收入。反过来，业主不太愿意让他们的建筑状况退化，因为这种疏忽对其收入的影响要远远大于对税单的影响。地段越有价值，业主的财务压力就越大。

　　其次，分率制税收结构将使开发从郊区转向城市内部。位于市中心附近的房产通常比位于外围的类似房产更值钱，因此无论该房产是否被充分利用，都会产生更高的税收。这种经济压力会促使城市中心的业主更密集地开发他们的土地，以支付更高的地产税。郊区闲置地块需支付的地产税会低很多，从而减轻了开发这些地块的压力。城市中心集约发展将更好地利用现有的市政基础设施，包括水和下水道、煤气和电力以及运输网络。完善城市核心，能够节省城市边缘开发的基础设施成本。虽然集约化开发可能会减少这些中心城市地块所产生的生命支持服务，但损失可能会小于郊区的替代开发（通常土地集约化程度更高）。转向这一税收体系应该会减少困扰众多社区的"城市扩张"现象。

此外，实行分率制税收制度将通过稳定税基改善当地社区的财政状况。[5]实际上，所有的税收都会让人们以避税的名义产生行为扭曲。例如，较高的所得税税率会阻碍个人寻求额外收入，或者更高的销售税会抑制当地的零售活动。同样，对建筑改良征收更高的税率也会阻碍当地的投资。地产税是独一无二的，由于土地在很大程度上是由自然决定的，人们无法通过限制自己的活动来避免这种税收。[6]只要税率不太高，房产所有者更有可能出售土地，而不是为了避税"毁坏"土地。[7]与其他税收不同，征收地产税并不会阻止那些会产生税收收入的行为。这样，它为地方官员提供了一个可预测和更稳定的税基，为地方政府提供了资金。

采用分率制也会鼓励政府有所作为。一方面，大量的投资，无论是私人的还是公共的，都会产生积极的市场外部性，从而提升附近土地的市场价值。例如，即使房产所有者自己没有做出任何改善，社区对公园、林荫道路或者公共教育的投资也可以提高生活质量，提高房产价值。在分率制下，不断上涨的房产价值将充实政府金库，从而为这些或未来的改善项目提供资金。与私营部门一样，地方政府官员逐步做出明智的改进，通过公共投资提高房产价值和政府收入，这也会使其自身受益。另一方面，设计不当的公共投资既不会提高房产价值，也不会带来更高的税收。[8]业主仍可从公共投资带来的财产增值中获益，虽然增幅较现行机制更慢。

一个有趣的案例研究可以说明这一点。1999年，伦敦地铁扩建了朱比利线，增加了10个新车站。这一扩建为伦敦的10个新区带来了便利的公共交通，增加了当地的房产价值。根据一项个人研究，这一交通扩建项目使新建车站800码范围内的房产价值增加了130亿英镑。[9]纳税人在交通扩建项目中的贡献仅为35亿英镑。分率制地产税可以将更多的收益"回收"至政府的金库，从而为必要的公共投资提供资金。

其他关于分率制地产税的经验也证实了前面已经讨论过的诸多益处。宾夕法尼亚州的匹兹堡在1913年采用了分率制地产税。今天，当地政府对土地征收的税收是建筑改进税的6倍多。[10]最近的一项研究表明，在1979～1980年的一次税率调整之后，建筑许可证的价值增加了70%。[11]尽管笔者承认分率制不是掀起建筑热潮的唯一原因，但显然在其中发挥了巨大的推动作用。在全球范围内，澳大利亚墨尔本提供了另一个有趣的案例。在组成的大都市区的 56 个区中，有一半在 1918～1986 年取消了当地地产税中的建筑税。取消建筑税的地区在商业和住宅开发方面获得了更大的收益。这些地区的人口和建筑密度比那些保持传统税收制度的地区高 50%，甚至这些地区与市中心、主要工业以及其他关键因素之间存在着一定距离。[12]匹兹堡和墨尔本都证实了经济分析的结论。

房产税转变为分率制结构确实产生了一些问题。将税收评估从建筑物和改善项目转移到土地价值上，会鼓励土地所有者从他们的地产中寻求最高价值，而这并不总是对社区最理想的结果。在没有分区限制的情况下，对土地价值征收更高的地产税，会让土地所有者追求更高收入，将土地用于商业开发而不是住宅开发。这些变化可能会降低某些靠近市中心的老住宅区的质量。因此，当地规划者应该使用分区限制、土地使用规划、城市购买土地建设林荫大道等方法，以确保开发模式保留主要属性并提高生活质量。同样，地方官员也应该考虑与保障性住房相关的问题。由于为低收入家庭提供的保障性住房大多集中在毗邻城市中心的经济衰退地区，向分率制结构的转变可能很容易引发"中产阶级化"，从而取代这些长期居住的居民。虽然降低新建筑的地产税率应该会产生更多的经济适用房，但这可能还不够。同样，当地住房和社区规划者应该预见这些问题，并利用分区限制以尽可能减少搬迁或为建设经济适用房提供额外的资金。

实现向分率制结构的转变会产生一个更加棘手的问题。地产税制改变虽然不会改变政府的税收收入，但由于所在地区不同，有些业主的税务负担会上升，而另一些业主则会下降。靠近市中心的老城区可能会收到更高额的税单，而边远地区将获得税收减免。在某些情况下，固定收入家庭可能会发现，增加的税收超出了他们的承受能力，因此需要出售自己的房屋，以避免出现困境。而且，当他们出售房屋时会发现另一个问题。在新制度下，房产所承担的更高的税收负担将使房产的市场价值略微下降。随着房产价格重新适应新形势，改变税收结构将不可避免地给当地房地产市场带来一些动荡。房地产价格的这种变化，不仅会给那些依赖房产净值的人带来一些困难，还会引起人们对税制改变的广泛抵制。

为了缓解这些问题，地方官员应该缓慢、逐步地实行分率制。这样，家庭和企业就有时间适应这些变化，而城市规划者则可以预见并解决可能出现的任何问题。经验法则是一年之内从建筑物转移到土地的税收比例不能超过10%。[13]通过这种方式，转移税务负担将在10年的时间内完成，从而减轻一些转型期的痛苦。为了减轻固定收入家庭的负担，使用延期征税的方式可能会有所帮助。[14]例如，税务官员可以免除某些家庭支付增加的税款，直到他们决定出售其房子。届时，他们就可以向当地税务机构申请清算他们的财产。

灵活的环境保障债券

虽然讨论过的两种政策工具都可以减轻经济发展决策对自然环境的影响，但两者既不能直接地也不能广泛地解决这个问题。为此，现在谈谈环境保障债券。担保债券通常用于建筑业，保护纳税人免受由于今天的行为或决定而在未来造成的责任。为此目的，1935 年的《米勒法案》要求对所有主要的联邦建设项目提供履约担保。这些保证书保证实际施工符合协议中规定的基本标准。此外，如果垃圾填埋场的垃圾泄漏到当地的地下水中，填埋场经营者还必须承担相应的罚金。矿业公司被要求在矿山复垦工作不足并造成损害的情况下发行担保债券。最近，地下储气库运营商被要求在储气库出现故障或有毒化学物质泄漏到当地供水系统时出具担保债券。虽然在这些情况下发挥了作用，但担保债券作为政策工具的价值更大。如果得到广泛应用和有效设计，环境保障债券可以鼓励政府经济发展决策考虑到任何生态服务损失。环境保障债券提供了一种有效的机制，通过这种机制可以纠正本章开头讨论的市场失灵。

虽然形式多样，但灵活的环境保障债券应以下列方式发挥作用。任何从事重大开发项目的公司都必须提交一份环境影响报告书，概述项目可能造成的危害。为了继续推进项目，该公司将发行环境保障债券以防发生"最坏情况"。正常情况下，这意味着要与一家独立的保险公司签约。[15] 就年度保费而言，如果开发商确实受到损害，而又无法全额支付，该保险公司将负责支付与担保金额相当的任何或所有损失。在这种情况下，市场将决定保障债券的相对风险和成本。因此，开发项目的潜在环境风险将作为其原始成本的一部分。考虑到其责任，独立保险公司将明确审查开发商的开发计划和财务状况，以评估他们在支付索赔时的风险。即使开发公司停止支付保费，保险公司也将对任何未支付的索赔负责。为了确保保险公司财务健全，州或联邦管理机构应监督和证明哪些公司有足够的财务实力来履行这一职能。

最初，该债券应涵盖所有已知的生态服务损失，以及与最坏情况相关的潜在成本。在不确定的情况下，债券的价值应足以支付所有可能的成本和损害。只有这样，发展决策才能真正体现污染者付费原则。当新的知识或经验表明最坏的情况被夸大了，债券的数量应该减少。这样债券应该是灵活多变的，随着对项目环境影响的理解加深，债券也应进行相应调整。

环境保障债券的使用产生了几个关键的激励机制，将确保更好地处理自然资产。环境保障债券确定那些从事破坏环境行为的人将为此付出代价。然而债券的作用不仅在于满足了人们有错必罚的心态预期，还可以影响那些导致环境破坏的违法行为。通过将潜在的环境损害纳入发展决策，环境保障债券可以通过两种关键方式影响这些决策。首先，应避免在最坏的情况下制定决策，因为成本太高。环境保障债券的成本可能会让曾经看起来有利可图的决策变得不再可取。我们应当避免所有对环境有风险的决策。

其次，开发商将考虑具体的设计，明确限制对当地环境的破坏，以降低它们每年支付的债券费用。较低的潜在损失将转化为较低的债券溢价。这些债券将为企业提供额外的动力，促使它们采取措施，减少环境破坏的可能性。由于债券溢价会受到过去商业惯例和经验的影响，这些债券会让开发商有更大的动机采取对环境考虑周全的做法。在竞争环境中，这一点很重要，要求环境保障债券将优势从目前对环境关注不足的公司转移到尊重环境的公司。

这种灵活的环境保障债券还有另一个有趣的好处。由于债券金额是根据对最坏情况的估计来确定的，其成本反映了当前可能造成损害的不确定性。如果公司能证明最坏的情况不可能发生，那么债券的规模和成本就会下降。在某些案例中，实际经验证明了这种假设。在其他情况下，进行深入研究可以更好地了解实际可能造成的损害，并导致担保数额下降。这将使企业有理由资助有针对性的研究，增加对人类和自然系统影响的了解，从而降低成本。当然还是建议谨慎行事，因为那些由有经济意图的团体资助的

"研究"可能会引起民众的担忧。但是像保险商实验室（UL）这样的独立研究机构可以为这一问题提供合理的解决方案。

使用环境保障债券带来的两个挑战值得讨论。一是有人担忧这些债券产生的额外成本足以抑制大多数开发项目。尽管有些项目可能会因此失败，但太多的担忧是没有必要的。环境保障债券的历史经验表明，它们的成本并不高。[16]最近一项政府研究报告得出结论，环境保障债券的年成本占债券责任的1%~1.5%。[17]报告认为，拥有可靠环保历史的大公司可以以低于担保金额1%的利率获得债券。毫无疑问，更广泛地使用环境保障债券将会使许多项目支付更高的利率。尽管这些成本将消除那些对自然环境构成重大风险的项目，但它们不会阻止所有项目发展。虽然这些债券将要求开发商支付额外的成本，但这些成本大多是重新分配的成本；也就是说，这些费用目前由社会承担，不是以环境恶化的形式，就是以纳税人资助的环境清理费用的形式。费用转移将执行污染者付费原则，确保将这些费用纳入发展决策。

有些人则认为，保障债券使竞争环境不利于小企业，从而让规模更大、资本更雄厚的竞争对手受益。毫无疑问，大型公司将更容易找到现金来发行债券。此外，大公司将从限制环境破坏所需的任何设计变更中受益，因为它们可以将这些变更应用于多个开发项目。规模较大、资金状况较好的企业将更容易达到环境保障债券所要求的更高发行门槛。在某种程度上，这是一个理想的结果，因为许多环境问题是资本不足的企业采取削减成本的做法导致的。尽管如此，人们对于环境保障债券将淘汰所有小企业的担忧并未在实践中得到证实。针对要求为地下汽油储罐提供保障债券的新联邦法规，也出现了类似的反对声音。为每个汽油储罐购买所需环境保障债券的实际成本仅为 400 美元——显然，无论规模大小，大多数运转良好的企业都负担得起这笔钱。[18]更广泛地实施环境保障债券，可能会淘汰一些资本不足的企业，但是这个结果实际上是有益的。

总　结

虽然市场机制有效地激励个人和决策者考虑各种各样的商业机会，但很少考虑到它们的决定可能导致的生态服务的损失。本章讨论的三项建议中，每一项都有纠正这种忽视的作用。每项建议都可以更充分地评估一块土地提供的生命支持服务，因此可以阻止最有害的经济发展形式。通过将发展权与其他产权分开，保护地役权在本质上赋予保留这些生命支持服务的谈判价值。环境保障债券也会产生同样的效果，不过在促进发展方面更为灵活。此外，分率制地产税只是在无意中保护了生命支持服务，因为它阻碍了郊区低密度的发展，而这些发展需要生命支持服务。

尽管每一项政策都增加了开发的成本,但只有保护地役权才能阻止进一步的开发。它们改变了根本的经济刺激,从而鼓励不同的、对环境损害较小的开发项目。环境保障债券促使开发商考虑限制对环境潜在危害的设计。在此之前被认为过于昂贵的环保设计将更具竞争力和吸引力。与此同时,分率制地产税将鼓励更多的"填充式"开发,更好地利用城市的公共基础设施,如道路、下水道和其他公用事业线路。这些建议的目的不是遏制开发,而是引导和改变仍在继续的经济发展。

将这些政策建议应用到高尔夫球场实例中,可以证明混合使用这些政策能达到一定的效果。如果这些政策工具都可用,这片土地会发生什么?很有可能保护地役权可供选择,而且一旦选择使用保护地役权,本来是可以阻止开发这片土地的。然而,有太多的因素在起作用。鉴于它邻近州际公路以及处于交通枢纽的位置,这片土地的开发权确实很有价值。与此同时,与该地区的其他土地相比,其邻近州际公路和并不独特的自然特征限制了其作为生命支持服务提供者的价值。只有在土地所有者对保持土地现状有强烈愿望的情况下,才有可能保护这片土地不被开发。不管如何,保护地役权本可以成为阻止进一步开发的有效的选择。

分率制地产税实际上可能加快了开发的步伐。由于靠近州际公路交会处,当更多的人迁移到该地区时,这片土地的价值就会立即上升。在分率制下，即使过去 10 年闲置的房产也会产生更高的税收负担。加重的税收负担会进一步刺激土地所有者确保土地能够产生更大价值。分率制很可能会让开发提前到来，而且不会真正考虑到失去的自然服务。另一方面，由于税收较低，较难开发的土地可能得不到开发。尽管如此，很难说仅仅转向分率制就能阻止因持续发展而造成的生态损失。

最后，灵活的环境保障债券会如何影响发展项目？答案取决于环境保障债券的包容性和广泛性。当然，这一债券将担保商业单位或住宅污水溢出的可能性，这些污水很快就会在整个地区散布开来。[19]用道路和建筑地基覆盖土壤将减少自然水的调节和废物处理服务。对由此引起的洪水增加和下游水质下降，需要采取一定的措施。将这些可能的损失包括在内，可能会促使开发商改变开发设计，以弱化这些问题，从而降低它们需支付的债券费用。然而，为了修建新建筑而砍掉的树木又该如何弥补呢？人们将如何评价因为砍伐树木，失去了这些树木提供的在生物控制、气候变化甚至干扰调节方面的服务？那么，随着绿地面积的减少和统一景观的引入，郊区的许多发展项目将面临营养循环、太阳能固定和生物多样性下降等方面的服务缺失，这又将如何呢？环境保障债券将如何为这些损失负责？由于生态服务过程过于复杂，以至于我们一直忽视其重要性。除非能够更好地衡量失去的服务及其价值，即使是这些债券也无法阻止人们浪费生态服务。如何解决这个问题是本书提出的最大的未解决的挑战。

延伸阅读

詹姆斯·博伊德的《环境义务的经济责任：担保规则履行了它们的承诺吗?》（*Financial Responsibility for Environmental Obligations：Are Bonding and Assurance Rules Fulfilling Their Promise?*）分析了迄今为止保障债券的潜在收益和实际表现。

J. 科恩和 C. 考夫林合著的《土地和建筑物两率税收简介》（*An Introduction to Two-Rate Taxation of Land and Buildings*），对分率制税收的理论和实践进行了全面回顾。

赛斯·莱斯的《一线希望：自然灾害的好处》（*The Silver Lining：The Benefits of Natural Disasters*）对生态演替和自然干扰在自然界中所起的作用进行了更为全面的考察。

C. 特罗克勒和 W. 文森特的《穿梭与犁：北卡罗来纳州阿拉曼斯县的历史》（*Shuttle and Plow：A History of Alamance County，North Carolina*），叙述了北卡罗来纳州皮埃蒙特地区的历史。

第 10 章　经济弹性

　　许多美国人，甚至那些没有盖尔人血统的人，都知道19世纪40年代发生在爱尔兰的马铃薯大饥荒。当时爱尔兰人经历了饥饿、驱逐、被迫移民和死亡。今天，我们仍然能从无数爱尔兰民谣中听到这段痛苦的回忆。然而，尽管这些歌曲唤起了人们的回忆，但它们似乎讲述了一个遥远的过去。甚至这场饥荒的罪魁祸首，一场迅速彻底摧毁马铃薯的植物枯萎病，似乎也与我们的生活没有什么关系。我们可以以史为鉴，但前提是要完全回顾过去的历史，而不是简单一瞥。

　　马铃薯原产于南美洲，由从新大陆返回的船只运送到欧洲。由于马铃薯是块茎类蔬菜，在整个欧洲都不受欢迎，但在爱尔兰的土壤和农舍里，马铃薯却备受欢迎。岛上大部分潮湿多岩石的土壤不适宜种植谷类作物，尤其是人们首选的谷物小麦。认为这些土地毫无价值，英国领主把它分给了爱尔兰农民，将岛上肥沃的农田留为己用。爱尔兰的气候和贫瘠的土壤有利于马铃薯生长。即使在一小块土地上，一个爱尔兰家庭也能很容易地种出足够多的马铃薯来维持生计。[1]爱尔兰农民认为的马铃薯是上天眷顾，给绝望的人们带来了希望。

马铃薯带来的好处远远超出其多产的特性。作为一种宝贵的营养来源，马铃薯富含蛋白质、碳水化合物、矿物质和像烟酸和维生素 C 这样的维生素。马铃薯营养丰富均衡，成年人仅靠马铃薯和偶尔喝点牛奶就能生存。此外，种植马铃薯所需的劳动较少。爱尔兰农民发明了"懒人菜园"的方法，用铁锹挖出土床，周围环绕着沟槽，以排走多余的水分。在这些土床里，他们放置肥料和粉碎的贝壳给土壤施肥。他们把马铃薯种子种到这片肥沃的土地上，并在上面盖上从沟槽里挖出来的土壤。这些种子生长在地下，会把缠绕在一起的藤蔓向上推，整个生长季节几乎不需要除草或照料。在秋天，人们只需要挖出成熟的块茎，这些块茎很容易储存，直到下一次收获。没有哪种蔬菜像马铃薯一样，能以最小的努力提供最多的营养。

马铃薯使爱尔兰农民从当时压迫的社会结构中解脱出来。即使被驱赶到边缘地带，爱尔兰农民还是从马铃薯中得到了一丝慰藉。种植马铃薯所需劳动力较少，这让农民有时间制作和销售当地的工艺品，或者为附近的英国领主工作，尽管英国法律对此限制越来越严格。与谷物作物不同的是，马铃薯不需要碾磨或通过价格昂贵的碾磨机进行精炼。由于每次收获都能为明年的种植带来足够的种子，马铃薯使他们进一步摆脱了中间商的控制。即使在困难的情况下，马铃薯也让爱尔兰农村的农民们繁荣起来，岛上的人口在饥荒时达到 800 万，比之前翻了一番。[2] 尽管周期性歉收导致小麦和玉米价格不断上涨，对整个欧洲的穷人造成了过度伤害，但爱尔兰穷人基本上没有受到新兴市场经济动荡的影响。

然而，这种对马铃薯的依赖使爱尔兰走向单作经济，这将成为地狱般的噩梦。马铃薯不仅成为爱尔兰农村居民唯一的生活来源，而且还是爱尔兰农村的主要作物之一。更糟的是，马铃薯是一个基因定时炸弹。和苹果一样，马铃薯也是彼此的克隆体，因此每个马铃薯的基因都与它的后代相同。因此，一株马铃薯无法抵抗的疾病将会感染并摧毁整个马铃薯种群。最有可能的推测是，1845 年夏天从北美返航的船只满载了这样一种疫病——疫霉菌（Phytoph-thora infestans）。在风的吹拂下，凉爽潮湿的气候和毫无抵抗力的马铃薯成为真菌最好的寄宿。在几天的接触后，真菌使植株和马铃薯枯萎，从腐烂的藤蔓中产生一种有毒的恶臭。一株患病的植株可以在几天的时间里感染数千株。因此，在短短几周内，这种真菌就在爱尔兰乡村蔓延开来，摧毁了爱尔兰人来年的食物来源。

由此产生的灾难见证了令人痛苦的故事和经历。虽然其他生长在盎格鲁－爱尔兰土地上的农作物没有受到枯萎病的影响，但人们需要付钱来购买。由于没有任何收入来源，爱尔兰农民实际上得不到食物。家家户户都拼命地希望能有个好运气，为了一点点食物，不惜倾家荡产。一些父母甚至为了筹钱来抵御饥饿而把孩子卖了。而让人痛苦且矛盾的是，爱尔兰的码头停放着玉米和其他农作物，等待着出口到可以支付高价的地方。许多农民讨饭，希望从更富有的人那里得到一些施舍。许多人因饥饿而变得虚弱不堪，死于各种各样的疾病，有些人在路边寻找救济。另一些家庭随着一整代人的离开而分崩离析，他们绝望地离开了这个岛，到其他地方寻找食物和工作。据估计，在1845～1850年饥荒最严重的年份，有100多万人死于饥荒，另有100万人从岛上移民。[3]

这段悲惨历史的罪魁祸首不是马铃薯。其他社会，尤其是印加社会，几百年来以马铃薯为基础的经济一直繁盛不衰。印加人和爱尔兰人不同，印加人不依赖单一品种的马铃薯或者依赖几个品种的马铃薯。相反，他们开发和种植了数百种不同的品种，每一种都能适应特定的生长条件，抵抗害虫。这样天气或枯萎病会危害收成，但很少会导致大范围的饥荒。这种多样化的马铃薯组合，类似现代的共同基金，帮助印加社会避免了爱尔兰的经历。爱尔兰饥荒的罪魁祸首是造成单作经济的经济和政治制度。就像在金融领域一样，自然系统的多样性不足会带来更高的风险。

虽然没有达到150年前爱尔兰所达到的程度，但现代经济也走上了类似的道路，使我们和我们的后代面临不必要的危险。

当代世界的灾难和动荡

虽然我们不这么认为，但灾难和动荡是我们经历的一部分。飓风、龙卷风、海啸、地震、洪水、干旱或暴风雪会周期性地扰乱我们的生活。这些自然灾害不仅破坏人们的家园和生计，而且经常损害对现代经济至关重要的交通、通信设施和电网。这些对地方和区域经济的破坏可能是巨大和长期的。[4] 同样，我们面临着由流感病毒引发的全球大流行的威胁，这种流感可能使数千万人感染。尽管这种病毒对健康的直接威胁会相对较快地过去，但它对公共卫生系统、社区和经济的影响可能会更持久、更具破坏性。同时，人类力量也在破坏本地、区域甚至国际经济，这种影响更为微妙且不显眼。商业周期会产生一系列影响现代经济的环境波动。经济衰退会使商业发生周期性紧缩，推高失业率，个人、企业和政府不得不应对财富日益减少的局面。资本、技术和劳动力跨越地区和国家边界加快流动，使得当地经济越来越容易受到海外环境变化的影响。新兴技术创造了新产品、新业务和新机会，这必然会减少生产竞争产品企业的收入。[5] 环境的变化，无论是由于技术、消费者口味还是全球资源的变化，都会影响当地经济，需要适应。同样重要的是，我们必须认识到，动荡往往预示着可能更大的周期性变化。变化和动荡显然是现代工业经济的特有现象。

说来奇怪的是，主流经济学和生态学长期以来都忽视了自然或人为干扰在各自研究领域的重要性。在这两门学科中，研究都强调在各自的自我调节系统中运行的稳定性或平衡，都将动荡视为监测平衡回归的异常且有趣的测试。当然，这两门学科都有研究人员检查各自系统的动态特性。查尔斯·埃尔顿关于物种演替的研究使许多生态学家开始研究自然系统是如何随着时间而进化的。然而，这种自然变化的观点认为稳定是一种常态，预测生态系统将进化到一个"极点"阶段。在经济学中，增长理论家同样以"稳定"和"均衡"为重点，研究"平衡"增长的情况。一个值得注意的例外是约瑟夫·熊彼特。他认为，经济衰退对经济活力至关重要，因为经济衰退促进了资源从衰退领域转移到扩张领域。熊彼特意识到，就像周期性的大火释放稀缺的营养物质以促进自然系统的增长一样，经济也存在周期性的"创造性破坏"。在此期间，失业率上升，企业破产，稀缺的劳动力和资本被释放到那些有望在下一次扩张中繁荣起来的行业。[6] 的确，熊彼特的观点和生态学家 E. S. 霍林关于动荡在维持生命系统中所起的关键作用的观点有着惊人的相似之处。

在经济学中，我们忽视了动荡在人类事务中的作用和重要性，导致了一些令人担忧的结果。由于忽视了动荡的重要性，我们不去采取措施尽量减少动荡的危害。任何与年轻人共事过的人都熟悉年轻人对风险的看法以及对医疗保险等商品的态度。年轻人相信自己是不可战胜的，他们中的许多人从事危险的行为，逃避缴纳昂贵的保险费。我们中有些人也是如此。每个人都容易受到这样一种观点的影响，即可以通过谨慎行事或否认风险的存在来避免承担保险费用。在我所在的州，汽车保险是必须的，但我仍然支付未投保驾驶员保险费，因为我的许多同辈觉得他们不能或不愿意支付保险费。考虑到风险评估的不确定性，许多企业通过避免成本高昂的活动来削减运营费用，这样可能使企业免受无法预测的灾难。

然而，问题不仅仅在于我们不愿充分防范潜在风险。自亚当·斯密以来，经济学家已经认识到提高专业化程度的价值。在经济稳定时期，专业化通常能提高生产力和效率。因此，在相互竞争的经济中，这是被大力鼓励的。经过专业培训的大学毕业生通常比拥有文科学位的通才毕业生的起薪更高。受过专业训练的医生比全科医生的工资高。尽管专业化是有利的，但在危机和不稳定时期，它却成为一种负担。新技术的出现可以在一夜之间让一些专业技术过时。高度专业化的系统在面对变化和动荡时往往缺乏灵活性，在没有系统冗余的情况下很容易崩溃。然而，冗余往往被认为是不经济的。

此外，从大规模运营中获得的经济为我们提供了一把双刃剑，特别是在不稳定时期。大规模的经营，无论是生产还是分销，通常都能节省大量的成本。庞大的业务量允许生产者使用昂贵但高产的方法和设备来降低成本。与此同时，确实存在某些折衷。效率取决于基本标准化产品的大规模生产。产品中的任何重大变化都需要对生产流程进行昂贵的设备改造，这就必须牺牲产品选择的多样性。由于市场很少有足够的弹性来满足每个竞争对手不断扩大的生产潜力，因此，筛选过程会减少竞争对手的数量。公司数量的减少进一步降低了产品的异质性。在正常情况下，系统提供了大量廉价、统一的产品。在变革和动荡的时代，系统提供的灵活性和适应性有限。

可以看到这些力量在整个经济中发挥作用。在农业方面，这些变化导致农场数量更少、规模更大，有利于单一种植农业。专注于某一特定品种可提供广泛的经验，因为人们可以了解所选菌株对于水分和营养的特定需求。不同的农场经常使用相同的种子来满足磨坊主或消费者对单一作物的偏好。人们要么选择忽视单一耕作的固有风险，要么认为这种风险已被化学杀虫剂所控制。在媒体行业，使用更少的资源并广泛重用编程，要比连续提供新内容划算得多。当地报纸发现，依靠同样的通讯社服务，比派记者到各州首府和华盛顿特区划算得多。商业广播节目正在用全国性节目取代地方制作的节目，而好莱坞不仅关注国内观众，同样关注国外观众。在制造业，准时供应网络正在重组行业。制造商没有把稀缺的资源浪费在大量库存的零部件上，而是要求供应商按需交付产品。尽管库存在过去起到了缓冲作用，防止出现意料之外的供应中断，但减少库存使企业得以削减不必要的成本。然而，这个不断发展的系统更容易受到关键的通信或运输网络中断的影响。由于需要生产商和供应商之间密切协调，这也导致供应商数量变少，每个供应商都专注于服务更少的客户。

我们并没有像 19 世纪的爱尔兰那样误入歧途，但现代社会也走上了类似的道路，这令人担忧。竞争压力以及传统经济学对专业化和规模经济的要求促使材料、方法和产品变得标准化。大规模生产、分销和销售同类产品和服务是削减成本和增加市场份额的最可靠方法。全球化意味着在一个地方使用的种子、技术和产品在世界范围内得到采用。随之而来的经济和文化多样性的损失几乎和更广为人知的生物多样性损失一样令人担忧。此外，无论是在美国还是在全世界，都存在着收入和财富差距不断扩大的现象。日益扩大的贫富差距使越来越多的人无法参与到市场化方法解决问题的过程中，而市场化方法可以减轻因自然被破坏和经济混乱带来的痛苦。与 19 世纪的爱尔兰类似的是，我们牺牲了弹性和灵活性来换取日益繁荣——这可能是一种魔鬼交易。

经济系统的弹性

就像保险杠贴纸上写的那样，"# * * #发生了!"虽然我们很少预测灾难何时何地发生，但我们知道自然和人为造成的灾难将继续折磨我们。自然灾害往往发生在特定地区，但人为因素造成的破坏可能发生在任何地方，往往会对国家乃至全球造成影响。与其在这种破坏发生时惊慌失措，不如为终究会发生的灾难做好准备。通过限制灾难的发生，减轻它们的影响，并缩短恢复期，可以提高未来的福祉。我们已经采取一些步骤减轻这些混乱的影响，包括应急准备、联邦紧急事务管理局（FEMA）和红十字会的灾难援助以及失业保险。然而，在做好准备计划以减少未来会发生的破坏方面，我们能够而且应该做的还有很多。这些工作应采取两个互补的策略：缩小可能造成的损害，并提高我们从破坏中恢复的能力。本章的剩余部分将研究如何采用这两种策略。

运用策略减轻破坏造成的物理伤害

停止开发高风险地区

被称为屏障岛的沙丘保护着美国东部和墨西哥湾沿岸

的大部分地区，使其免受风暴和潮汐的侵袭。由于其美丽的风景和休闲的魅力，这些岛屿吸引了人们进行密集的开发。尽管表面上平静而景色出众，但这些岛屿既不安全也不可靠。它们使内陆地区免受风暴和海浪的袭击（这也是被称为"屏障岛"的原因），但它们自身经常被风侵蚀，被海浪冲刷。通常这些岛屿不是永久固定的。不断变化的水流和侵蚀的沙子经常改变它们的位置和大小。在北卡罗来纳州，一种通常不被察觉的向西移动的现象很明显，"海滨房屋"的房屋受到威胁，并被侵入的海洋所吞噬。"海滨第二排"房屋曾因被挡住的海景而一度处于劣等地位，如今意想不到的是这些房屋反而更胜一筹。虽然难以预测，但不可忽视的是，这些岛屿极易受到频繁发生的飓风的袭击。强风和风暴潮对岛上的社区造成了难以想象的破坏。人们只要回想最近一次袭击该地区的风暴，就知道破坏是如此巨大。然而，政府鼓励当地居民和企业进行重建，就好像这样的事件不太可能再发生一样。

美国联邦和州的各种政策鼓励在这些高度脆弱的地区进行重建。联邦救灾机构向居民提供贷款，甚至提供补助，帮助他们修复和重建受损的建筑。联邦政府资助的洪水保险提供给那些在几英尺外就能看到大海的业主。政府通过这些纾困项目鼓励人们在高风险地区建设。这些项目应该被终结或重新设计以提供灾难援助，而不是帮助灾后重建。虽然有些人愿意拿自己的房子和企业冒险，但我们既不应该鼓励他们，也不应该为他们的损失埋单。作为进一步的威慑，州和联邦政府应要求在这些地区开发任何项目都缴纳最低洪水或风暴保险费。当然，这种保险是昂贵的，因为它反映了财产可能遭受的全部损失。[7]毫无疑问，业主会将更高的保险成本转嫁给租户或客户。在海滩建设项目会更加昂贵，但如果把重建成本考虑在内，总体支出会变少。

其他地区也容易受到周期性的损坏和破坏。低洼地区，无论是海岸还是河流和湖泊，都会受到间歇性洪水的影响。西部干旱的土地同样容易发生周期性火灾。这两种自然力量都有助于当地生态系统恢复活力，有助于维持自然生产力和生态服务的流动。政府应该逐步取消对洪水易发区的联邦补贴洪水保险。[8]同样，应要求这些地区的土地所有者证明他们的地产得到充分保障，包括全部重建费用和一些临时许可。这样一来，自然灾害发生后随之而来的大量赈灾资金就会被减到最少，纳税人的损失也会减少。更重要的是，土地所有者将全面衡量在高危地区选址的决定。这一要求将限制和指导这些地区的开发。防洪和防火建筑缴纳的保费降低，从而鼓励人们使用防洪和防水设计。当然，地方官员可以利用分区权力来阻止在这些高风险地区大兴土木。

适应当地的分区政策和最低建筑标准

每个社区都容易受到某种自然灾害的影响。加州有地震，西部有森林大火，中西部有龙卷风，东部有暴风雪。
虽然这些自然灾害所带来的风险是真实存在的，但它们不
像洪水易发区那样，因为特定的地理位置而遭受风险。可
以肯定的是，谁会愿意在圣安地列斯断层带上生活呢？然
而，考虑到地震的摧毁力量，住在地震带 10 英里、20 英里
或 50 英里之外的人究竟有多安全呢？我们不应试图阻止个
人生活在地震易发区，这在任何情况下都是不切实际的，
我们应该设计出能够在地震中存活下来且遭受破坏最小的
建筑结构。地方和州政府官员应该加强分区管理和出台建
筑规范，以减轻特定区域的自然灾害可能造成的破坏。

　　更严格的分区限制和建筑法规是必要的，因为市场并
不总是充分考虑到风险。一个地区的新购房者可能没有充
分认识到购买廉价住宅所涉及的风险，这些住宅通常没有
关键安全功能或设计。即使是长期居住的居民也很难准确
评估与不稳定的破坏相关的风险。大多数人很容易忽视可
能发生的灾难的成本，转而采用更便宜的设计来节省成本。
此外，一些房屋设计可能会产生影响附近业主的外部成本。
例如，西方的木瓦屋顶虽然造价昂贵，但长期以来一直是
一种非常受欢迎和吸引人的屋面设计。虽然木质屋顶在美
学上很有吸引力，但一旦被点燃，它可能会变成地狱。在
容易着火的地区，木质屋顶在火灾中很容易被点燃，从而
对周围的房屋构成威胁。对邻近房屋的这种风险表明市场
外部性的存在，而且市场激励可能不足。由于这个原因，

社区制定了当地的建筑规范，取消木瓦屋顶，或者要求使用阻燃材料处理屋顶。地方官员应该制定建筑规范，确保符合成本效益的功能，以抵御该地区可能面临的风险。通过制定和执行最低限度的建筑规范，地方官员可以减轻未来自然力量造成的令人遗憾但不可避免的破坏。毫无疑问，这些建筑规范将增加新建筑的成本，但是可以减少建筑生命周期成本以及生命损失。

多样性和系统弹性

通常，一些自然灾害所造成的危害远远超出了直接可见的破坏。由于我们处在一个更大的、相互关联的系统中，一个地方的破坏通常会产生远远超出自身范围的影响。特定的电信和能源设施（发电设施或输电线路）一旦受损，就会造成大范围的破坏，因为其基本功能遭到破坏。破坏关键的交通设施——无论是公路、铁路还是机场——可能会在几天甚至几个月的时间里阻碍正常的交通和商业活动。对特定企业的伤害可能会伤害依赖"及时"交货的"下游"企业，导致它们减少运营，从而扩大伤害。只影响居民区的破坏可能会影响当地的商业和贸易，因为工人们要么不能上班，要么不愿意上班。人类引起的破坏以类似的方式在这些相同的网络中扩散。工厂和军事基地的关闭造成的伤害不仅限于直接的就业损失。金融恐慌和经济衰退席卷整个经济体，因为在一个地方所面临的困难会在相关企业中产生影响。产品恐慌和恐怖袭击加剧了恐惧氛围，进而在经济中产生影响。

自然系统也面临着同样的挑战。周期性的火灾不仅烧毁了繁茂的灌木丛，也烧死了那些无法逃脱的动物。其他能够逃跑的动物失去了食物来源、栖息地，或者两者兼而有之。不管这些动物是迁徙还是死亡，它们的命运也会影响到其他物种。一些自然破坏也会造成更大的伤害。人为因素造成的破坏，比如自然区域的铺路，会对当地造成直接影响。自然系统抵御这些破坏并从中恢复的能力在很大程度上取决于功能性生物多样性和可用的系统冗余。[9]特定破坏对于所有物种或必要过程的影响不尽相同，双重性的存在通常会使受灾地区得以持续和恢复。

同样，某些特征使经济更能抵御自然或人为的破坏。多样性更大的经济体比多样性较逊色的经济体更能抵御天气干扰。并不是所有的公司在逆境中都遭受同样的损失。在经济衰退期间，由于家庭和企业限制购买，大多数公司都受到了影响。然而，一些企业实际上在这种充满挑战的环境中茁壮成长。在经济困难时期，高等教育及二手车市场等"转售"行业的需求往往会增加，而医疗保健公司基本上没有受到影响。这些雇主在增加就业和补充收入的同时，为受到外部环境抑制的当地经济提供了活力。一些提供新产品或服务的新企业即使在经济萧条时期也能保持增长。此外，并非所有的经济衰退都是一样的，也并非所有企业都受到同样的伤害。严重损害能源密集型行业的油价冲击对其他行业的影响将更小，从而减轻总体损失。经济多样性的增加也将缓冲政府税收，使其免受商业周期波动的影响。经济衰退给当地社区带来困难的同时也降低了政府的收入和提供帮助的能力。正如任何谨慎的投资者都可以通过多样化的投资组合来降低风险一样，一个社会或国家也可以通过鼓励不同行业内部和行业之间的业务多样化来降低风险。

在自然界中，正如在人类事务中一样，体积往往带来优势。更大的灌木有更广泛、更深入的根系，从而获取稀缺的水分或营养。更高的树可以更好地竞争稀缺的阳光，因为它们可以到达对手的树冠之上。在动物世界中，体型增大通常意味着速度和力量，这两种属性在捕食其他动物和争夺食物和配偶时能起到重要作用。在植物和动物中，体积允许生物体进化复杂的系统，无论是感官的、血管的还是其他的。体积还使动植物提高（根据它们的体积而定）了储存能力，以承受关键营养物质的涨落，同时减少（根据它们的表面积而定）了对外部世界的暴露。然而，体积在本质上并不是没有权衡的。较大的灌木更容易被食草动物看到。动物体型越大，对捕食者的吸引力就越大，也越容易被发现。体型越大，后代就越少，这使得该物种更容易遭受灾难。体积增加会进一步限制灵活性和敏捷性。草可以很容易地随风弯曲，树却不能。

　　体积（规模）在经济事务中也具有优势。在融资、采用新技术、承担风险以及通过营销和商品推广培养广泛的消费者认知度方面，规模较大的企业比规模较小的竞争对手更具优势。经济学家对规模经济的概念给予了很大的重视。他们非常正确地指出，消费者和社会都从大规模生产的效率中获益。但是，就像在自然世界中一样，大型组织也失去了较小竞争对手的敏捷性和灵活性。依赖集中技术会增加风险。为了有效地竞争，大公司需要服务更广泛的领域、更广阔的市场和更多的客户。为了接触更广泛的分散客户，大型企业需要广泛的运输、分销和通信网络。对中央生产设施或这些网络的破坏将对更多的客户产生不利影响。就像一棵参天大树的倒塌对森林的影响比几棵树苗更大一样，一家大型企业的倒闭也会对当地或地区经济造成损害。许多社区都经历过当地大型企业倒闭。这会造成严重的影响，人们失去了就业机会和收入，当地销售和相关工作岗位也随之消失。

　　在航天事业发展的早期，美国国家航空航天局（NASA）的工程师就认识到系统冗余对宇航员的安全至关重要。在任何系统中，无论是人为的还是自然的，都会出现某些功能失效的情况。根据它们的重要性不同，个别故障可能导致整个系统的故障。可持续系统可以通过系统冗余规避障碍，即为基本功能提供替代手段。因此，航天器主系统具有备用系统和二级备用系统。系统冗余允许航天器在出现关键操作故障时也能幸存下来。

自然系统以多种方式体现了这种系统冗余。不同的物种依靠相同的食物来源，从而提供相同的功能生态位。有些环境能够杀死一个掠食者，但通常另一个掠食者会安然无恙。这样，一个掠食者就能生存下来，以防止猎物数量爆炸性增长。如果没有这种冗余的限制，被捕食的物种会耗尽其食物来源，导致森林砍伐、土壤侵蚀和生态服务质量下降。冗余还可以发挥其他作用。例如，啮齿类动物可以通过将种子散播在附近的土壤中来保护树木。鸟类也可以起到类似的作用，但是它们的散播作用可以延伸数英里。每一种方式都为树木提供了不同的繁殖途径。其他系统冗余也可以在不同的时间范围内运行。每年秋天落叶时，落叶树都会为来年的生长提供营养。定期发生的大火，例如每 10 到 25 年发生一次的火灾可能会席卷同一片森林，烧死树木并为新一代植物群创造大量的养分。这两个过程用不同的方式推动了森林更新和生长。

系统冗余对于经济系统来说同样重要，因为它们可以应对意外的灾难。当事故导致主系统关闭时，替代的运输路线和网络是至关重要的。作为一个岛屿，主要桥梁或隧道关闭很容易对曼哈顿特区造成影响。然而，铁路和地铁的存在弱化了潜在的交通问题。更重要的是能源系统的冗余。如果没有后备系统，电力服务或石油供应的中断可能会破坏广大的经济领域。同样，电信网络中断也会造成严重破坏。尽管这些冗余服务相当重要，但是提供足够的系统冗余非常昂贵。在削减企业成本的过程中，一心求胜的企业会避免这些支出，尤其是在它们认为这些支出是不必要的情况下。实际上，限制成本正在滋生一种趋势，即减少冗余、降低系统的弹性。

过多的库存，无论是关键材料还是适销对路的商品，都会增加公司预算的成本。这些库存不仅占用资金，产生债务，而且还需要昂贵的存储设施。为了限制这些成本，企业已经转向"即时"库存系统。关键零件和材料会在需要使用之时到达工厂，而生产则根据特定的客户订单进行。

这种系统是基于复杂的通信、配送和运输网络发展起来的。在正常情况下，这些网络能够有效地运行。然而，它们之间的相互依赖使更大的体系更容易遭受无法预见的冲击。如果某个供应厂商无法履行其义务，可能就会引发连锁反应，因为产品流中的每个后续合作伙伴失去了关键材料。在过去，较大的库存可以让制造商更好地抵御供应链中断的风险。现在，随着每家企业削减库存成本，产生了更大的集体风险，这是典型的市场外部性。

鼓励系统弹性的政策

大多数地方政府官员和经济发展者都认识到地方经济

多样化的价值。然而，制定鼓励地方多样化的有效公共政策并非易事。类似的企业总是被吸引到相同的地方。有时吸引这些企业的是气候或当地可利用的资源，有时是广泛的商业机会和网络优势。当雄心勃勃的员工离开现有的企业去创办自己的企业时，他们往往会留在当地，利用自己在当地的人脉。地区大学可以提供专门的培训项目，地方政府可以提供量身定制的服务和适宜的商业环境。这些企业与整个地区的其他企业展开竞争，这种本土经验和特定行业的知识可以带来更大的优势。随着新兴的交通和通信网络的出现，企业可以在以往不太受青睐的地区以牺牲其他企业的利益为代价进行扩张，从而进一步巩固自己的地位。尽管这些发展大体上是积极的，但往往导致当地经济不够多样化。地方官员应付这些趋势的手段有限。

幸运的是，已经讨论过的一些政策可以在这方面提供援助。特别是，第8章所讨论的能源政策将提高能源价格，从而促进多样性增加。较高的能源成本大大提高了运输成本，使得长时间交货的商品价格竞争力下降。较高的运输成本将限制大规模生产的优势。距离主要供应商和客户较近的小型生产设施受运输成本上升的威胁较小。在这些方面，完全成本能源定价将阻碍长途贸易，并鼓励更加本地化和多样化的生产。此外，对废弃物征收排放税将鼓励进一步多样化。在当地重复使用和回收材料比把材料运到遥远的地方要便宜得多。结果，本地公司应运而生，提供此类服务，使本地客户有效规避排放费。完全成本能源定价和废物排放费都将限制全球竞争所鼓励的经济专业化，因为它们鼓励在更多地方设立更多的小型企业。

加强本土企业孵化器建设

就像自然界一样，生存与毁灭在商界是常态。有企业倒闭就有新企业不断产生。积极扶持新企业的社区在未来将收获更强大、更健康的经济。任何经济体增加新企业都有两个来源：从外部迁来的老牌企业和本土初创企业。虽然经济官员通常因为老牌企业的知名度而关注前者，但扶持初创企业是强化当地经济的最可靠的方法。一方面，在企业搬迁的情况下，可能搬迁进来的仅限于那些对当地社区感兴趣的企业。另一方面，初创企业通常能全面反映当地需求和社区劳动力中的人才情况。虽然许多新企业的运营时间不会超过一两年，但有些企业会在当地社区找到自己的定位，变为永久成员。少数公司将蓬勃发展，成为地区性、全国性甚至全球性的企业。

为了促进初创企业的发展，许多社区采用商业孵化器的方式。意识到新企业面临的许多挑战，企业孵化器在规定的时间内提供关键服务，以帮助新生企业度过诞生之痛。大多数孵化器为客户提供租金补贴、电信、公用事业和办公服务。此外，许多孵化器在制订商业计划、营销产品和获取资金方面为企业提供帮助。通过这种方式,它们减少了新企业的一些启动成本,并与那些有创意但缺乏商业经验的企业家分享商业智慧。根据一项行业调查,北美的孵化器帮助了大约2.7万家企业,在2005年提供了10万个工作岗位,创造了170亿美元的销售额。[10]根据美国全国创业孵化协会(NBIA)的调查,孵化器扶持的企业中留在其所在社区的企业超过84%,继续为投资者赚取回报。[11]企业孵化器为地方官员提供了一种工具,利用这种工具,他们可推动当地商界发展,应对快速变化的商业环境。

鼓励补救和恢复所受损害的政策

尽管我们尽最大努力制定有预见性的计划和预防政策,但我们无法使人类或自然系统完全免受破坏。没有哪一种合理的准备能使我们完全免受伤害。诚然,上述政策可以减少许多潜在的损害,但一些损害将不可避免地影响个人、家庭、企业和社区,以及地方和国家经济。为提高系统弹性,必须考虑可以强化修复已造成损害的策略。鼓励重建必须应对两个广泛的挑战:加强和扩大社会保险计划,增加社区中最脆弱人群的个人财富。这两个领域的改善可以加强社区信任和协作,这种牢固纽带是社区重建工作中所必需的。

扩充保险池

我们越来越依赖不同形式的保险来保护社区和自己免受生活中的意外干扰。一般来说，房主购买私人保险是为了保护自己免受各种自然和人为灾难的伤害。[12]虽然一场毁灭性的火灾完全摧毁我们的家园的风险很小，但这样的事件在经济和情感上的代价非常高。通过每年支付保险费用，我们每个人都提供资金，帮助那些遭受经济损失的不幸房主。通过购买保险，我们分摊灾难风险，建立了一个储蓄库，以便在悲剧发生时可以用来重建。同样，我们为汽车和任何可能由于使用机动车辆而对人造成的伤害投保。我们购买人寿保险，以保护亲人和家属免受死亡或残疾的经济后果。有些人的工作可以提供医疗保险，这也提供了类似的保护，以抵御反复无常的疾病和高昂的医疗费用。类似地，企业也为自己的资产（包括有形资产和无形资产）投保，使其免受无法预测的伤害。最后，社会保险项目，如社会保障、医疗保险和失业保险，保护我们免受疾病、死亡、健康状况不佳和失业等情况的影响。在所有这些情况下，我们创建了一个资金池，用于在危机时期恢复元气。社会保障网络在两个方面存在不足。

社区中如此多的人缺乏医疗保险引起广泛担忧，这已是被广泛讨论且显而易见的问题。对于那些没有足够的医疗保险或经济来源的人来说，获得医疗援助可能是一个艰难的挑战。不及时接受医疗救治通常会在未来造成更严重的问题，产生更昂贵的费用。久病不医常常会引发其他问题，包括破产、失业和被逐出住所。最近的一项研究发现，拖欠医药费是破产的主要原因。[13]由此产生的压力只会加剧医疗问题。严重的健康问题通常伴随着自然或人为的灾难。如果没有接受适当的治疗，健康问题将使身体康复减缓。仅出于审慎的考虑，就需要我们实施全民医疗保险。虽然可以就保险形式（单一保险人和私营保险公司）或承保范围进行辩论，但我们必须认识到，医疗保险是确保家庭和社区在发生灾难或动乱之后及时恢复到完全健康水平的必要工具。

然而，缺乏全民医疗保险并不是社会保障网络的唯一漏洞。通常情况下，变化和动荡既带来了困难也创造了机会。即使是最严重的自然灾害也会带来新的商机，因为建筑和恢复服务在灾后会成为关键需求。随着不断变化的经济环境抛弃旧的行业，新的企业会扩张以开发新出现的需求。不断增长的企业需要资金和受过培训的工人来满足需求。虽然金融资本可以很容易地从一个经济部门流向另一个经济部门，但工人的迁移却不那么容易。许多流离失所的工人将需要额外的教育和培训才能有效地从事新的工作。考虑到他们目前的收入水平，他们可能没有足够的个人财力来完成这种转变。因此，需要制订计划，不仅要帮助那些因环境变化而受到伤害的人，而且要为他们提供充分的培训，使其能够胜任新的工作。

一项提议呼吁制订全面的经济保障计划，从三个重要方面让当前零散的政策形成合力。首先，要求联邦和各州提供资金，确保社区建立真正的"一站式"就业中心，为流离失所的工人提供全面的教育项目、就业机会和可用的援助，这是 1998 年《劳动力投资法案》规定的。失业工人应了解他们所能获得的各种机会和援助形式。其次，在失业期间，流离失所的工人应能获得适当的收入和医疗保险。失业保险应涵盖工资损失的 50%，而基本医疗保险也应适用。最后，那些在返回工作岗位时工资下降的工人应该得到补偿。例如，可以补偿再就业工人损失的一半收入，最高可达 1 万美元，为期两年。以每年 35 亿美元的价格计算，所有工人每年缴纳 25 美元的保险费就可以为这项计划提供资金。[14]我们必须学会把经济衰退和经济结构调整看作现代经济中必要的现实，尽管我们不愿意看到这些情况发生，也不应在发生时惊慌失措。我们必须预见这些问题，并提供帮助，帮助工人和企业回归正轨。

改变个人财富的流向

区别"富人"与"穷人"最重要的一点是，前者有能力安然度过困境。对于富人来说，个人储蓄通常足以抵消失业带来的工资损失。在极端情况下，富有的失业者可能会清算某些资产以支付开支。在大多数情况下，他们最终会重新找到工作，结束个人财富损失的状态。自然灾害通常会带来类似的反应。对财产造成严重破坏的恶劣天气也会给富人带来灾难。然而，在这种破坏之后，其他未受损害的个人财富来源让他们能够应对逆境。储蓄和其他形式的财富为富人提供了重建和恢复的财力。[15]这样的财富资源让他们可以利用贷款来加快和扩展重建工作。此外，这类重建工作为一些受灾者创造了就业机会和其他收入来源。所产生的收入可以支持社区其他人努力重建生活。

对于那些没有经济能力的人来说，经济或自然灾害的后果是完全不同的。如果没有个人储蓄，收入的损失可能会危及个人购买足够食物、所需药品甚至安全住房的能力。饥饿、健康状况下降和无家可归都是可能的结果。在情况不那么糟糕时，个人可能会卖掉汽车、工具和其他个人资产，而这些资产的消失会使他们的再就业更加困难。他们可能会发现，由此产生的恶性循环难以逆转，自然灾害的后果是相似的。由于没有任何个人储蓄或财富可以动用，这些人在应对损失和破坏时几乎没有什么可求助的手段。保险覆盖面不足意味着他们在面对被毁房屋和企业时几乎没有选择。[16]他们没有钱搬到当地旅馆的临时住所。他们有限的资源很快被耗尽，几乎没有留下什么可以用来修复受损的房产。他们也没有抵押可利用贷款来补救。与富人一样，他们也渴望恢复自己的生活和生计，但他们没有财力这样做。没有足够的个人财富，就无法对社区进行再投资，从而为重建工作做出贡献，恢复当地经济。

毫无疑问，社区个人财富分散将增强其在严重灾难后做出反应和恢复自身的能力。假设有两个社区，它们的总财富相等，但财富在居民之间的分配不同。在财富更为集中的社区，如果他们愿意，那些少数幸运的人可能会很快恢复过来。他们也可能为不那么幸运的邻居提供帮助，帮助他们恢复和重建家园。这种高尚的义务可能在整个社会中广泛存在。然而，可以将这个社区与另一个社区进行比较，这个社区里的每个家庭都有一定的个人储蓄，每个居民都有办法开始重建工作。这个社区的每个人都将为扩大经济活动做出贡献，互帮互助。该社区的重建工作可能会比第一个社区更加广泛，基础更牢，速度更快。此外，共同的环境意识会增强社区协作和信任。

房屋抵押贷款扣除

通过多种方式重修公共政策，我们可以引导那些个人财富最少的家庭创造财富。当然，在我们的社会中，鼓励社区居民拥有自己的住房是一种有效的、受人尊敬的传统。目前，每年政府给房主减税近 1500 亿美元。毫无疑问，这些大手笔的税收减免使得 2004 年的住房拥有率达到 69%，创历史新高。[17]然而，大部分税收减免都流向了最富有的家庭，因为税收减免的价值会随着抵押贷款的规模、拥有和抵押房屋的数量以及纳税等级的提高而增加。根据税收政策中心估计，超过80%的按揭利息减免和地方房产税减免流向了收入最高的家庭，而只有0.3%流向了收入最低的家庭。[18]尽管抵押贷款扣除对拥有房屋的人来说是慷慨的奖励，但它对那些首次购房者只提供了有限的帮助。

对抵押贷款扣除做一些相当简单的修改，我们就可以把援助引向那些最需要的人。首先，在不掏空纳税人口袋的情况下，可以用一项可退还的联邦税收抵免来替代目前的抵押贷款利息扣除，抵免额相当于主要住宅价值的1.03%，最高抵免额可达10万美元。这一变化将带来几个好处。可退还的税收抵免有效地帮助了所有纳税人，甚至是那些税基最低的纳税人。[19]将税收抵免与房屋价值挂钩，而不是与未偿还的抵押贷款挂钩，将终结联邦政府对抵押贷款债务的鼓励。所有房主都将获得税收抵免，上限为1030美元。这项政策的改变将帮助所有的房主，同时为那些最需要帮助的人提供更多的帮助。据估计，这一变化将使最高收入家庭的税收优惠份额减半（从82%降至42%），同时将最低收入家庭的税收优惠份额提高至近8%。[20]随着越来越多的家庭拥有住房，这一比例无疑会随着时间的推移而上升。

其次，可退还的税收抵免政策可以取代目前对州和地方地产税的联邦税收减免，重点帮助那些最需要帮助的人。在不影响财政的情况下，这项联邦税收抵免可以为房主每年至少节省 280 美元，相当于主要住宅地产税的 50%。[21]最后，在不需要征税的情况下，可以通过一项条款来增加这两项提案中的任何一项，该条款将联邦政府税收抵免限制在 20 年之内。20 年后，无论是否连续，这些福利都将结束。由于家庭的个人财富普遍增加，20 年后他们对此类福利的需求会减少。这些节省的税收开支可以在最初为那些经济上无法负担买房的家庭提供帮助。其他税收减免措施，最重要的是出售房屋时不计资本收益，将继续有效，这对老年房主尤其有利。

这些建议的改变无疑会增加住房拥有率，尽管它们不能为那些有兴趣买房的家庭提供所有帮助。税收抵免可以提供必要的帮助，但需要极大的耐心，因为需要一年时间才能真正获得抵免，而这段时间超出了许多家庭的承受能力。此外，首付的要求使许多低收入家庭无法拥有住房。尽管许多家庭支付的租金与当地普遍的抵押贷款相当，但有限的收入使得他们为首付存钱极为困难。如果收入没有大幅提高或无法得到一些前期的援助，这一群体的住房拥有率将继续落后。然而，这些障碍是可以克服的。地方、州和联邦政府可以提供适度的循环贷款资金，帮助低收入家庭获得所需资金。随着贷款的偿还，这些资金可以帮助新购房者获得住房所有权。

以住房所有权税收优惠为目标，可以在不增加联邦财政负担的情况下使购买房屋变得更轻松。这样做使我们有能力大幅改变社会中财富创造的方向。随着时间的推移，房产价格通常会上涨，让所有有兴趣的人都拥有住房是扩大整个社区繁荣的有效途径。不断上升的房屋净值将为每个家庭在面对不可预见的挑战时提供经济缓冲。此外，这些计划不涉及次级贷款的问题，因为次级贷款导致止赎率升高。

鼓励接受高等教育

扩大接受高等教育和培训的机会，是将财富创造分散到所有美国家庭的另一条途径。教育和培训，也就是经济学家所说的"人力资本"，是一个典型家庭面临的第二重要决定。大量证据表明了大学教育在提高未来收入方面的价值。2001年，大学毕业生的平均收入略低于5.1万美元，而高中毕业生的平均收入仅为3.15万美元。[22]在性别和种族差异方面也存在类似的差距。即使是一些没有任何学位的大学生，年收入也有大幅提升。此外，近几十年来，大学的"工资溢价"一直在增加。根据美国大学理事会的数据，大学教育在一个典型的职业生涯中可以增加30万美元的收入，即使考虑到偿还学费和因上大学而造成的"工资损失"。[23]此外，大学毕业生比高中毕业生更有可能找到提供医疗保险和养老金福利的工作。[24]这些益处都让受过大学教育的家庭能够增加家庭储蓄、拥有住房和拓宽财富积累路径。

尽管如此，由于大学教育成本较高，即使能够上大学的人之间仍然存在差距。大学不仅需要学费和相关费用，还需要生活费用，最重要的是，会导致当前收入大幅减少。在那些 18~24 岁、拥有高中学历的未婚人群中，那些家庭收入处于前 1/4 的人，有 85% 被大学录取。来自底层 1/4 家庭的学生的大学入学率仅为 57%。[25]即使受测试成绩控制，大学入学率受家庭社会经济地位的影响仍然很大。[26]毫不奇怪，即使是在目前一系列的经济援助项目下，许多来自低收入家庭的合格学生也负担不起不断上涨的大学学费。一项研究估计，2001 年有 40 多万名合格的高中毕业生无法进入大学。这项研究预测，在接下来的 10 年里，超过 400 万名高中毕业生将不会进入四年制大学，200 万名毕业生将不会进入任何一所大学，其主要原因在于经济。[27]

近年来，有关联邦学生资助的大部分变化都集中在税收政策上，比如科维尔教育储蓄账户和霍普奖学金。虽然这些项目很重要，但它们提供的税收优惠对那些只缴纳很少或不缴纳联邦所得税的低收入家庭来说价值不大。对这些家庭来说，更重要的是佩尔助学金项目，它为符合条件的个人和家庭提供教育资助。与其他大学资助项目不同，佩尔助学金的对象是最需要帮助的个人和家庭。2000 年，分配给独立个体的资金中，近一半流向了年收入低于 1 万美元的人，而分配给非独立个体的资金，也有近一半流向了父母收入总和低于 2 万美元的家庭。佩尔助学金和联邦勤工俭学项目为 500 多万名学生提供了进入大学所需的资金。

然而，多年来佩尔助学金的金额一直落后于需求。虽然最高金额一直在增长，但增长速度很少赶上通货膨胀的步伐。到 2006～2007 年，经通货膨胀调整后，最高 4050 美元的助学金仅相当于 20 世纪 70 年代中期助学金的 80%。糟糕的是，由于大学学费的增长速度比通货膨胀的速度要快，所以这个问题变得更加严重。1975 年佩尔助学金的平均金额几乎占普通公立四年制大学学费、食宿费和其他费用的 50%，而 2006～2007 年的平均金额仅占 30%。由于低收入家庭对于上大学成本的变化非常敏感，因此，援助的减少对高等教育乃至更广泛的收入分配构成了重大阻碍。

幸运的是，随后助学金最高金额的增加在一定程度上减少了上大学的障碍。经过几次增加后，2009～2010 年的最高资助额为 5350 美元，并计划在次年升至 5550 美元。不过，为了确保所有有资格的人都有更多的机会进入大学，国会应该批准并资助佩尔助学金增加 50%。此外，联邦政府应该取消助学金用于支付食宿费用的限制。这些变化意味着，来自低收入家庭的个人将能在四年制公立大学支付大部分费用。考虑到平均补助金额，中等收入家庭的个人可以获得相当于他们自付费用 75% 的补助。这样，微薄的家庭收入或其他资金来源可以填补剩余的缺口。为了预防未来佩尔助学金的流失，最高资助额应根据高等教育价格指数（HEPI）上调，该指数能更好地衡量通货膨胀对高等教育机构的影响。[28]即使有了这些帮助，低收入家庭仍然需要克服脱产入学带来的"收入损失"的障碍。

遗产税

近一个世纪以来，联邦政府一直对代际财富转移征税，以限制社会上普遍存在的财富集中现象。这种税被批评者称为"死亡税"，也有人称之为"自愿税"。这种名义上的累进税可以通过各种税收方案和慈善活动避免。根据现行法律，大多数遗产无须纳税即可代代相传。只有价值超过某一门槛（2009 年为 350 万美元）的财产才需要缴税，这意味着除了 2% 的房产外，其余房产都不用缴税。虽然房产名义上要缴纳 45% 的税率，但多数私人财富毫发无损。这项税收从来都不是联邦政府的主要收入来源。1999 年，这项税收有不到 300 亿美元，占联邦财政收入的 2% 左右。

对财富转移税制度的几项改革可以更有效地缩小财富差距。首先，要把房产税和赠与税转变为遗产税。目前，逝者名义上支付房产税；在遗产税下，捐赠人将支付任何税收。假设采用累进税率，这种温和的变化将鼓励更广泛地将遗产分配给更多受益人，以此作为限制纳税义务的一种方式。分散程度的增加将限制财富集中，并提高弹性。其次，税率将根据接受者的情况而定。例如，对继承的财富征收的税率可以按受赠人所得税的等级增加 15% 征收，这将导致高收入受赠人比低收入受赠人缴纳更高的税率。15% 的溢价将反映这些赠与"不劳而获"的性质，并与工作所得的收入区分开来。堵住税收漏洞可以确保所有代际转移的财富在超过一定门槛的情况下都要纳税。例如，目前纳税门槛是 25 万美元，这笔钱可以使任何子女都有机会上自己选择的大学，并有足够的剩余资金支付一套中等价位房屋的首付款。在一个人的一生中，任何低于这一水平的馈赠或继承金额都可以免税，所有超过这个水平的金额都要缴税。[29]这样，每个家庭都能确保他们的孩子在生活中可以获得一笔可观的收入。当然，富裕的父母可以提供更多，但这种补贴需要缴纳遗产税。

这里提出的改变很可能会增加税收收入。虽然逝者可以通过将其超过临界点的所有资产捐给慈善机构来避税，但税收收入仍有可能上升。增加的税收收入应作为一项社会契约，代代相传。例如，额外的税收收入可以资助那些想要购买第一套住房的年轻家庭。该计划可以提供配套补贴资金（每个人每节省 1 美元，就能获得 1 美元的购房补贴）用于支付首付。为了限制潜在的滥用，配套资金的上限可以设定为当地房价中值的 2%。此外，额外的税收收入可以为佩尔助学金提供更多资金。无论哪种情况，筹集的资金都将为下一代提供更多的机会。通过这种方式，这些财产可以改善后代生活的方方面面，而不会延续困扰我们这代人的财富差距问题。

总 结

没有人会相信，在马铃薯枯萎病暴发之前，爱尔兰曾享有繁荣的经济。很大程度上由于英国人的征服，大部分爱尔兰人被驱赶到最贫瘠、最偏远的地方。英国法律禁止爱尔兰人参与当时的商业生活，这使得爱尔兰农民在贫瘠的土地上绝望无助。在这种情况下，农民们可能把马铃薯视为一种意外的恩赐。马铃薯给了很多爱尔兰农村人口一个机会，不仅让他们在恶劣的条件下生存下来，而且让他们真正兴旺发达起来。饥荒之前的一个世纪里，岛上人口的显著增加就证明了这一点。然而，从我们的角度看，马铃薯带来的好处是短暂的而且潜藏着巨大的风险。1845 年，依靠廉价的马铃薯的爱尔兰经济脆弱不堪。随着枯萎病席卷全岛，过度依赖一种农作物的风险变得十分明显。

然而，对单一农作物的依赖并不是造成饥荒的唯一原因。在肥沃的东部和南部地区，土地主要由英国领主占有，农场种植各种谷物、饲养牲畜，它们没有受到这场短暂的枯萎病的影响。农场主们把这些农作物出口到英国及其他地方，以支付农场的费用。因此，在 1846 ～ 1847 年大饥荒发生期间，都柏林和贝尔法斯特的码头上堆满了准备出口的食物。由于几乎没有就业机会，食品价格上涨，家庭财富迅速减少，爱尔兰农民没有办法购买这些食品。相反，本可以缓解危机的食品流向了售价更高的市场。一些进口的美国玉米和大米被运到这里来缓解饥荒，但是救援的力度太小，也太迟了。这场悲剧的背后是人们认为这场饥荒是上天的安排，爱尔兰农民在某种程度上应该承受命运。

鉴于导致爱尔兰饥荒的情况和今天的社会有相似之处，我们应该从这场 19 世纪的恐慌事件中吸取教训。目前的社会经济差距不像当时那样严重，但它们正在加剧社会内部的分裂。收入，尤其是财富，正日益集中到更少的人手中。一些人认为，美国的财富集中度正达到 20 世纪 20 年代以来的最高水平。这种集中暗示了两个可能的后果。其一，对于富人来说，任何对经济的重大破坏，无论是自然的还是人为的，都只会对他们的生活产生短暂的影响。鉴于富人拥有巨大的资源，他们将有能力经受住并修复所面临的任何经济损失。通过这种方式，个人财富将使他们与那些不那么富裕的邻居区分开来。其二，财富在少数人中间的高度集中意味着绝大多数家庭将拥有更少的资源来承受同样的灾难并从中恢复。个人财富的匮乏将加深和延长任何动荡对这些家庭造成的影响，使他们负担的痛苦和牺牲相应增加。尽管卡特里娜飓风影响了新奥尔良的每一个居民，但对于那些拥有大量个人资源和没有资源的人来说，恢复的速度相差甚远。就像在爱尔兰一样，当绝大多数爱尔兰天主教徒因枯萎病处境艰难之时，英国的精英阶层基本上没有受到影响。

更令人担忧的是，当代社会与 19 世纪爱尔兰的相似之处，不仅限于日益扩大的贫富差距。当前的市场力量正在破坏自然和社会的多样性，同时促进经济和社会同质化。如前所述，我们推行的农业政策使我们消费的食物范围日益缩小。成千上万种植物可以满足人类的胃口，然而世界上大部分地区的食物系统仅依赖 10 种主要农作物，至少在美国，有一种农作物——玉米——是普遍存在的。更糟糕的是，虽然这些主要粮食作物可能包括数百个品种，但粮食系统依赖越来越少的品种来满足我们的粮食需求。回想一下，在 20 世纪 70 年代，一场严重的枯萎病袭击了玉米，对整个玉米作物带造成了严重破坏，这显示了现代社会的脆弱性。直到一种几乎灭绝的抗枯萎病的野生玉米品种被发现，枯萎病的蔓延才得以终止。尽管有这一教训和爱尔兰的教训，但我们仍然越来越依赖在特定条件下产量更大的杂交作物品种。我们将未来押注在几种精选的作物品种上，期望它们将继续保持高产。通过这种方式，我们其实正在仿效 19 世纪早期的爱尔兰农民，尽管有人可能会反驳，但爱尔兰农民没有我们今天所拥有的选择和机会。

生物和文化同质化的影响不止于重要的食物系统。在制造业，随着一个又一个行业寻求规模经济带来的优势，全球市场力量正在鼓励企业兼并和整合。基础工业，如汽车制造、钢铁制造、炼油、发电以及无数其他行业，显然都在沿着进化的道路前进，从许多小竞争对手发展为少数几个全球竞争对手。这不仅会影响这些行业的竞争性质，而且会使经济体变得更加脆弱，更容易因某个大生产商运营不善而遭受影响。在新技术的推动下，类似的模式也出现在那些对大规模业务持抵制态度的行业。沃尔玛正在改变零售业乃至生产和营销的面貌，其庞大规模就足以影响行业决策。在过去20年里，银行业和金融服务业发生了惊人的变化，几家国家银行合并，以吸纳越来越多的家庭和企业存款。在许多经济领域，关键部门正日益被几个主要供应商占据，然后这些供应商以效率之名复制特定的商业模式。

我们惊讶于自然灾害或经济衰退对部分或整个国家经济造成的破坏，但其实这些破坏是不可避免的且会不定期发生。衡量经济健康状况的标准应该不仅包含经济规模和经济福利水平，还必须检验经济承受破坏的能力及从干扰中恢复的能力。为了提高系统弹性，本章就如何更好地应对破坏以及从干扰中恢复提出了8条新的具体政策。如果采取这些政策，我们不仅将提高人类系统应付未来破坏的能力，而且通过限制这些破坏带来的不可避免的痛苦，人类的福祉将得以提升。

延伸阅读

学生资助咨询委员会《空洞的承诺：美国大学入学之谜》
（*Empty Promises：The Myth of College Access in America*），论
证了经济障碍如何妨碍许多准备上大学的学生被录取，观
点令人信服。

A. 卡鲁索等人的《如何更好地鼓励拥有住房》（*How to Better
Encourage Home Ownership*）详细分析了不同的抵押贷款减
免及其对不同收入家庭住房拥有率的可能影响。

P. 格雷的《爱尔兰饥荒》（*The Irish Famine*）详尽叙述了这一
悲惨的传奇故事。

赛斯·莱斯的《一线希望：自然灾害的好处》（*The Silver Lin-
ing：The Benefits of Natural Disasters*）对生态演替和自然干
扰在自然界中所起的作用进行了更为全面的考察。

第 11 章　结论

调和矛盾

至此，回访当地的书店，翻看书店中的"环境"类书籍就不再那么令人困惑了。那些排列的书籍，书名都暗示着自然世界的改善或退化，这也是可以理解的。确实，关于我们是否应该庆祝或哀悼自然环境变化的广泛讨论也越来越清楚。第 1~9 章提供了一个框架，从中可以解释和理解这一正在进行的讨论。尽管这个框架可能并不简单易懂，但其主要结论颇有意义：对自然世界的改变，就像对我们自己生活的改变一样，既有积极的影响也有消极的影响。尽管这一结论看起来简单明了，但人们可能会想，为什么这场讨论往往被框定在环境持续恶化和环境不断改善两种观点之间。

关于环境的讨论倾向于把自然界简化成一个更易于管

理的概念。在极端形式中，"环境"作为一个整体，要么持续改善要么持续恶化。但是，在本书的开头，我确定了从自然界中获得的 24 种不同的生态服务。多元化生态服务暗示了生物地球化学反应的复杂性，物种的多样性，以及组成自然界系统的相互关联性。衰落和改善是自然界持续存在的特征，即使没有人为干预也是如此。环境变化导致一些物种衰退和灭绝，同时促进了其他物种甚至新物种的出现。类似的变化也发生在生态系统层面。水系丰富的区域正在慢慢变干，因为沉积物将底部土壤缓慢提升到地下水位以上。其他地区则持续不断受到洪灾侵害。兴衰是万物的自然状态。人类足迹会加剧和改变这些变化，但不太可能逆转这一自然现实。认识到世界的某些方面正在改善而另一些方面正在衰退，人们不应感到惊讶。然而，我们也不应该以此为慰藉。

幸运的是，本书的分析框架提供了更具体的见解，而不是简单地说某些自然的元素就是此消彼长的。本书说明了自然的哪些方面可能蓬勃发展，哪些方面可能衰败。将 24 种不同的生态服务分为 4 个功能区——生命支持服务、供给服务、文化服务和承载服务——可以区分每个功能的关键特征。这些功能与市场机制互动的方式以及它们各自的优缺点，决定了哪些生态服务容易因忽视而衰退，而哪些则不会。对两次能源危机的案例研究可以作为例证。市场对引发 20 世纪 70 年代能源危机的石油短缺做出了有效反应。这场危机在很大程度上是供应服务不足的结果。对于目前的能源危机，这些市场机制仍然没有做出反应，这场危机是大气中二氧化碳含量上升及其对全球气候变化的影响造成的。忽视关键的生命支持服务是此次能源危机的核心。市场体系并不总是能够对自然的全部资源进行审慎管理。

这种对市场能力和不同生态服务独特特征的双重理解，使我们能够洞察自然禀赋可能出现的未来。从积极方面看，市场在处理供给服务和承载服务时发挥了有效的作用。特别是在供给服务方面，对自然资产有明确所有权的财产所有者通常有足够的经济动机来维持甚至改善自然资本。不幸的是，在这一点上有几个需要注意的地方，特别是对于承载服务。在"污染者付费"原则得到有效实施之前，业主会以控制开支的方式开发其地产，即使这会对下游或下风向区业主造成伤害。可以预期这种溢出效应将继续存在。人们开发土地时将继续忽视地块所提供的生命支持服务正在遭受不可避免的损失。此外，由于市场反映人的价值观和兴趣，做出土地使用决定时，人们将继续低估土地的庇护用途，特别是当市场与其他与人类相关的用途发生冲突时。尽管能预期市场可以发挥有效作用，合理安排与人类相关的土地使用，但我们应该对继续消除生命支持服务的发展模式感到担忧，无论这些土地以前是否用作庇护区。撇开这些告诫不谈，要想证明自然环境正在改善，那么其提供的证据应对生命支持和庇护这两个功能领域进行衡量。

市场机构在剩下的两个功能领域中发挥的作用要小得多：生命支持服务和文化服务。自然慷慨地提供这两种服务，似乎无穷无尽。鉴于这种慷慨，我们很容易把它们视为理所当然。此外，这两种服务的运作方式使得市场机制很难评估其价值。这些自然资产的广泛性、复杂性和全球规模使得很难为它们的服务分配明确的所有权和具体责任。因此，我们认为自然资产是无限的，超出了我们个人的影响。我们很难抵挡"搭便车"的诱惑，因此个人行为只会使问题变得更加严重。市场机制的局限性使这些服务最容易被滥用，因此，这些服务最有可能显示衰退的迹象。有了这种认识，就能更好地辨别甚至预测那些将继续恶化的环境问题。

生态学对经济学的影响

本书的价值源于跨学科视角，即生态经济学。生态学和经济学的结合提供了相互竞争但最终互补的见解。和许多分歧一样，相互竞争的立场反映了不同的视角，在复杂的环境中透射出不同的景象，从而突出了一些特征，而忽略了其他特征。一种视角看见的是"年轻的姑娘"，而另一种视角看见的却是"年迈的女人"。然而，认识到这些不同的视角并整合对立的观点，可以对问题有更丰富、更细微的了解。

在过去的两个世纪里，主流经济学在定义经济运行理念时，赋予了自然看似重要但其实是起辅助性作用的角色。每一本入门教科书都将自然描述为三个关键的"生产要素"之一，经济学家更多地关注资本和劳动力，自然的作用常常很少受到关注。大多数人把大自然看作关键资源的被动提供者，或者只是提供服务，就像之前讨论过的那样。认识到大自然对经济的贡献及其提供各种有益的服务，标志着人们思想上的重大转变。当用更丰富的物质取代一种逐渐减少的物质时，我们再也不能简单地把自然的好处当作无限的或有弹性的"资源"。相反，将大自然的恩惠视为一种资本，这种资本可以被浪费或被保护，这本身就意味着一种重大的模式转变。

生态学对于经济学的意义不仅在于让我们充分认识自然的作用。"自然资本"的概念与实物资本或金融资本有明显的相似之处。[1] 有些相似之处是成立的。正如多样性增强了金融组合的实力，生物多样性也强化了自然系统。更多样化的生态系统往往能提供更高水平的生态服务，在面对外部干扰时具有更强的复原能力。然而，人类财富和自然财富之间存在一些关键的区别。特定金融投资组合中的单个项目在很大程度上可以与其他资产相互替代。自然系统就不是这样，一个以增长为导向的共同基金通常可以在不过度影响投资组合的情况下取代另一个基金。然而，一个物种的消失，特别是一个关键物种的消失，会在生态系统中引发一系列的变化，从而破坏其有效性。一个自然群落中不同成员之间复杂的相互关系以及不同生态服务之间的协同作用表明自然资本的要素更多的是互补而不是替代。这让我们更有理由维持这些系统中的生物多样性。

对自然资本生态的理解也提供了另一种见解。资本的概念是指能产生某种服务或利益（通常称为收入）的有价值资产。例如，存入储蓄账户的钱，作为金融资本的一种形式，会产生利息。只要提款不超过利息收入，这个收入来源就是稳定可靠的。同样，林地作为一种自然资本，产生了许多服务，包括可砍伐的木材。能否简单地将储蓄账户类比应用于采伐森林？只要砍伐的木材不超过树木每年的生长速度，我们就能持续砍伐这片林地吗？不能。砍伐树木的速度与树木每年的生长速度相当，森林就会慢慢消失，就像农业耗尽土壤的肥力一样。将木材出口到其他地方使用同时也带走了木材中包含的营养物质。这些营养物质再也不能够分解并回到当地的土壤中，最终成为幼树的养料。如果不了解基本生态，仅适用于金融资本的规则在应用于自然资本时可能会导致灾难性的后果。

此外，对自然系统的理解为实现可持续发展的概念提供了一个框架。这是一个重要且日益被广泛使用的概念，但它却没有明确的行动指导。然而，理解自然系统的耐久性为设计更可持续的人类系统提供了有用的指导。自然系统要持续存在，就需要关键系统营养物质的自我调节循环、充足而持久的能源来源、适应环境变化的能力和系统弹性。在前文中，解释了这些特质如何应用到经济中，以及当前的经济有哪些不足之处。

毫无疑问，大多数观察家并不觉得前两个标准特别令人吃惊。大多数决策者认识到，我们经济目前对"一次性"商品和不可再生能源的依赖不能无限期地持续下去。显然，如果想要走向可持续发展的道路，就需要停止这些做法。后两个标准的重要性可能更令人惊讶。在自然界和我们所构建的人类事务中，变化是永恒的。不能适应不断变化的经济也不可能随着时间的推移减轻对自然环境的损害。市场经济以自我纠正的方式适应不断变化的情况，这一点与自然系统相似。此外，动荡在自然系统中不仅具有破坏作用，而且具有恢复作用。在人类事务中，我们尽可能利用财富和技术来缓解变化和动荡。我们建造房屋和企业，使我们免受变幻莫测的天气的影响。我们的经济政策旨在尽量减少商业周期带来的波动。我们制定了某些保护措施，并向特定行业提供补贴，以保护它们免受不断变化的环境的破坏。尽管我们有动力将变化带来的人类痛苦降到最低，但我们可能需要考虑是否还有其他更好的方法来满足这一需求。

最后，对自然系统的理解使我们能够深入了解弹性的多重概念及其在人类事务中的适用性。与其将偶发的破坏看作让我们猝不及防的随机事件，不如让我们认识到它们的系统性并考虑将其影响最小化并且找到应对之法。与其建造一些无法承受某一地区频繁风暴的建筑物，不如制定建筑规范，让建筑物在风暴中完好无损地保存下来。与其鼓励需要稳定的业务技术，不如鼓励那些适应性强既能承受可能的破坏又能迅速从破坏中快速恢复的技术。此外，必须认识到，日益扩大的贫富差距正在削弱社区采取适当保障措施或从破坏中恢复过来的能力。通过充分增强意识并采取行动，我们可以减轻自然和人为破坏造成的伤害。

经济学对生态学的影响

正如理解自然系统如何运作可以洞察经济事务一样，对经济学的理解也有助于制定有效的环境政策。不是所有的环境问题都需要付出同等的努力、资源或创造力。我们不能试图在给定的时间内迎接所有这些挑战。相反，我们应该重视那些最具威胁和最不容易得到补救的环境问题。通过了解经济，特别是市场机制的优缺点，我们可以将恼人的问题和不那么紧迫的问题进行区分。正如第 4 章关于两次能源危机所阐明的那样，我们可以预料到市场机制在解决能源问题的"资源"方面将比在"排放"方面发挥更有效的作用。理解这种区别应该有助于我们重视审视环境和制定政策。在更广泛的层面上，我已经解释了为什么供给服务和承载服务总体上比生命支持服务和文化服务更容易受到市场机制自我纠正的影响。通过了解市场应对特定环境问题的实例，我们可以将注意力和资源投入开发合理的解决方案中。此外，我们可以预测未来可能出现的问题。

了解市场机制提供了进一步的见解。大多数环境问题部分是由于市场的某些局限性造成的，无论是出于无知、开放获取问题，还是市场外部性。正确诊断问题的根源可以带来更有效的补救措施。认识到海洋的过度捕捞在很大程度上是"开放获取"问题，渔业官员可以制定适当的政策。新西兰渔业官员建立了一个可转让的捕鱼配额制度，以限制捕鱼量并使渔业得以恢复。政府严格执法只允许有捕鱼许可证的渔船把鱼销售到市场上，而且数量要受到总体限制。不再允许渔船大量捕鱼，罔顾长期影响。然而，这些可转让的捕鱼许可证提供的激励并不明显。随着渔业复苏和鱼类资源的补充，拥有其中一项许可证就可以更容易地获得更大的鱼类捕获量，从而提高其价值。事实上，它们的价值会随着渔业的健康状况而上下波动，这让每一位船长在未来的鱼类资源中都拥有可观的经济利益。通过这种方式，这些可转让的捕鱼许可证创造了促进长期管理的经济奖励。政策制定者可以设计类似的政策，通过鼓励环保行为的市场激励机制来解决其他环境问题。

本书提供的方法是基于市场制定政策，这是有原因的。

正如大自然是一个复杂且不断适应外部环境的系统，市场
经济也是如此。关键是了解市场化环境政策的潜在价值。
不同于通常被称为"命令和控制"的传统环境法规，以市
场为基础的政策可以根据变化的条件进行调整。如前文所
述，排放许可证的价格将根据各种变化的环境进行调整。
在某些情况下，这些排放许可证将受到高度追捧，导致价
格上涨。更高的许可证价格将鼓励开发新的减排技术，从
而减少对这些昂贵许可证的需求。随着企业实施这项技术，
许可证价格将会下降，从而促使一些企业购买更多的许可
证并增加排放。在这种情况下，市场似乎助长了更多的污
染，在环保主义者中造成了对市场化政策的不信任。然而，
只要政策将总排放量限制在自然环境能够合理吸收的水平，
这些地方排放的波动就不应引起过度关注。[2] 与传统的环境
法规相比，以市场为基础的政策更容易适应不断变化的
环境。

　　理解经济学有助于审视当前的政府政策，这些政策正
在加剧我们想要解决的问题。当前的能源政策为不可再生
燃料生产商提供了巨额补贴，而过时的联邦矿产政策则鼓
励消耗矿产。这一认识应有助于重新评价和修改公共政策。
现行的地方地产税制度在鼓励城市扩张和低密度发展方面
所起的作用并不那么明显。实行分率制地产税可以提供激
励措施以减轻未来经济发展对环境的影响。

政策连锁反应

自然系统和市场经济都对不断变化的条件做出调整，产生连锁反应。一个地区的变化会影响其他地区，而这些地区又会再影响另外一些地区，产生一系列相互作用。有时，这些不同的冲击可以相互作用，相互抵消。有时，它们互相补充并扩大影响。这种协同作用可以扩大最初触发的影响，并减轻一些难以避免的痛苦和牺牲。例如，对固体废物征收广泛设计的排放税，不只是会使终端消费者感到痛苦。市场激励将引导制造商和零售商重新设计产品和包装，以降低终端用户的废物处理成本。市场将鼓励创新，从而减轻这些变化带来的负担。

在某些行业中，后果可能不仅限于简单更改产品设计。就耐用产品而言，固体废物处置税可能会改变生产者和消费者之间的关系。制造商如果能设计出提供同样水平服务的产品，同时又能避免废物处理费用，就能在市场上占有优势。制造商从销售产品转向租赁就能实现这一目标。通过租赁产品，他们可以减轻客户的处理负担。为了避免产生不必要的成本，制造商可以重新设计产品，最大限度地循环利用某些组件，并改造其他组件的用途。只要制造商把产品出售给客户，他们就不太有动力去承担重新设计所需要的时间和费用。[3]租赁的形式能保留产品所有权，制造商将负责生产成本和处理成本。这样他们才有经济动机生产符合特定性能标准的产品，同时降低生产和处理成本。

这种向产品租赁的转变将以多种形式改变客户与供应商之间的关系。对于制造商来说，租赁将提供一个更稳定的收入来源。重复租赁付款将取代不确定的重复销售，为制造商提供更可靠的收入来源。产品租赁将鼓励制造商设计更耐用的产品。更持久的产品将产生更长的租赁付款流，而不是简单地延迟重复销售。此外，租赁让公司可以与客户建立长期关系，这可能给公司带来提供额外服务的机会。

租赁关系也为客户提供了优势。只要消费者能获得产品提供的全部服务，那么完全拥有耐用品并不会给他们带来太多好处。相反，产品租赁让许多客户避免了前期支付价格。制造商将得到进一步的鼓励，生产高质量的产品，因为知道他们的客户不会因价格而止步。在租赁的情况下，制造商的责任从客户拥有产品时开始，而不是从客户拥有产品时结束。通过租赁，客户不仅可以得到更高质量的产品，还可以得到更好的客户服务。实施这些改革将真正产生"后消费"社会，因为制造商会努力让长期客户满意。

征收排放税或在市场上出售排放许可证，将在其他方面引发一系列变化。随着企业适应新的环境，它们将进行业务调整。为了减少固体废物、液体和废气的排放，企业将彻底改革其运营方式以提高材料的再利用率和循环利用率。就像在丹麦的卡伦堡一样，企业可以通过开展商业合作关系来交换它们的"废物"能源和材料。为了使材料使用量减少和废弃率下降，雇主将需要更多的劳动力来维持生产。企业和家庭不会丢弃或更换机器和家庭用品，而是会雇用人员来提供服务和维修设备。随着经济经历实质性的"去物质化"，它将需要更多的劳动力。

对劳动力需求的增加将给工资和薪金带来上行压力。尽管这些增长会导致通货膨胀，但会减缓甚至缩小不断扩大的收入差距。由于大多数中低收入家庭的大部分收入来自工资和薪金，相对于高收入家庭，实际工资的上涨通常会提高他们的收入。新增就业岗位将起到降低失业率的作用，进一步提振低收入家庭。虽然这种影响的程度尚不清楚，但它将补充第10章建议的减轻目前差距的政策。综合起来，这些影响将会逐步而广泛地发挥作用，使经济更加平等，更具弹性。

隐约可见的乌云

最重要的是，本书预示了一个充满希望的未来，尽管当代的许多行为、决定和政策产生了本书所讨论的问题。人类常常是自然界衰退的主要根源，然而，这也意味着人类持有这些问题的解决方案。这些环境问题的许多解决办法往往看起来令人望而生畏，但在很大程度上是人类能够掌握的。此外，大自然的慷慨和弹性为人类提供了一个宽容的环境。大自然的恢复能力可以在很大程度上经受人类的忽视并纠正人类的破坏行为。这并不是说大自然的耐心和宽恕是没有极限的。虽然人类是一个傲慢的物种，但同样富有创造力和活力。人类可以设计一些政策来阻止人们追求渺小的自我利益，鼓励采取一些决策和行为，在追求狭隘的个人利益的同时也兼顾共同利益。

尽管如此，必须认识到仍然存在的挑战——即使本书建议的所有政策都得到充分实施，这些挑战仍将存在。现在有两个问题尤其值得讨论。首先，应该回顾经济发展政策和土地使用决定对环境的忽视，因为它们取消了基本的生命支持服务。由于这些服务的复杂性，即使不断地破坏它们，也很难评估它们的价值并将其纳入我们的决策。虽然这些服务在大自然中储量丰富，但我们不能继续无限制地依赖大自然的慷慨。这个问题特别令人担忧，因为这通常是科技进步带来的后果。

在过去的 50 年里，世界人口从 30 亿增长了一倍，达到 60 亿，这让许多观察家感到惊讶。在此期间，许多熟悉马尔萨斯的人都认为他的预言最终会实现。[4] 由于最近人口增长了一倍，给世界粮食生产系统带来了巨大的压力，许多人预测世界范围内将出现前所未有的饥荒。然而，这场灾难并没有发生。[5] 尽管人口的增长令人难以置信（以及随着收入增长而增加的粮食需求），但是粮食生产还是跟上了增长的步伐，至少目前是这样。尽管可用或适合耕种的土地减少了，粮食产量依然实现增长。我们通过创造力和创新技术避免了饥荒的困扰。

尽管原因复杂多样，但粮食产量增长的大部分功劳归于农业的"绿色革命"。在这段时间里，农学家们开发了新的杂交作物品种，每棵作物可以产生更多"果实"，从而提高了收成。这些无法独自生存的农作物新品种在充足的阳光、水和养分的滋养下苗壮成长。为了确保这些生长条件，农民们清除了与之竞争的植被，并进口水和化肥来补充当地的供应。机械化播种和收割设备使每英亩的农作物产量进一步增加。这些设备昂贵且通常专业化程度高，需要大规模农场大面积种植玉米以支付设备费用。农业经济学指导农业从复种转向单作。为了进一步提高农作物产量，人们使用杀虫剂和杀菌剂来限制害虫。尽管这些化学物质有杀死其他动植物的"副作用"，但农民发现随着目标害虫进化，这些化学物质的有效性降低，他们需要不断增加杀虫剂的使用量。随着农作物品种改良和新型化学虫害防治药品的使用，农作物产量持续上升。

技术成就满足了人类日益增长的粮食需求，但也损害了土地所提供的生命支持服务。砍伐树木，更换能在暴风雨期间抵御风暴和洪水的多年生植物减少了大自然对破坏的调节作用。结果，随之而来的通常是侵蚀加剧，宝贵的表层土壤流失。重型机械将土壤压实，使其不易吸收自然降雨，导致当地小溪和河流的洪水增加。在一些地区，大量灌溉会增加不必要的矿物质或盐分，从而降低土壤肥力。商业化肥的施用会破坏正常的养分循环，这通常会导致下游水域被植物养分阻塞。砍伐树木和其他多年生植物会破坏当地昆虫和动物物种的自然栖息地，单一种植也会产生同样的后果。在许多地方，自然传粉者变得脆弱。化学物质进一步破坏了当地的生物群落，使其成为一个空壳。为了提高农作物产量，我们阻止不必要的杂草侵扰农田，防止害虫吞噬收成。在充分利用太阳能的过程中，我们减少了生物多样性，因为所有与选定作物竞争的对手都将被消灭。根据一项估计，我们目前使用的太阳能约占地球太阳能净价值的40%，而且这个比例还在上升。[6] 我们通过技术不断提高产量，同时留给自然过程的能源越来越少，这些自然过程能支持更广泛的自然群落和当地生态系统服务。

我们的力量和创造性天才，通过技术得以应用，这既为养活世界人口提供了充足的食物，也在侵蚀着至关重要的生命支持服务。当然，我们不能简单地回避实践和技术，这样做将导致数千万人死亡。与此同时，我们不能无视危险的代价继续沿着这条道路走下去。这个问题不仅限于农业。当我们更密集地开发土地，无论是用于住宅、企业还是工业，技术也会产生同样的影响。当我们让土地为我们服务时，土地所提供的生命支持服务能力遭到破坏。由于我们所做的决策仅考虑发展的好处，而忽略了服务损失，因此我们继续做出鼓励彼此牺牲的决策。无数个看起来微不足道的地方决策都使用同样的计算方法，这对当地环境造成难以察觉的破坏，其累积影响令人担忧。除非这种不平衡的现状得到纠正，那么发展将继续促进人类创造的资本，同时破坏不断下降的自然资本。

其次，是困扰社会的收入和财富差距问题，这个问题尚未得到有效解决。本书提出了一些政策建议，以限制进而扭转目前贫富差距扩大的趋势。限制贫富差距尤其重要，因此，本书鼓励更多地使用市场化政策来实现社会目标。尽管市场提供了许多好处，但只有在资金分配相对平等的情况下才能公平地评估社会优先事项。否则，更高的价格只会影响那些财力有限的人，而那些财力充裕的人在很大程度上不受妨碍。因此，为了充分利用市场化解决方案的潜力，我们必须审视并缓解普遍存在的财富差距问题。

正如第 10 章所指出的，这个问题不仅事关公平，而且是一个关系社区健康和持久性的问题。巨大的差距削弱了社区抵抗周期性外部危机并从中恢复的能力。如果传统的社区纽带不加以更新，富裕家庭和困难家庭的不同遭遇将进一步限制有效应对措施的提出。收入和财富差距增加削弱了社区在面对外部动荡时的弹性，使社区变得不那么灵活从而变得僵化。日益扩大的财富差距使那些"继承财富"的人比那些天生"有价值"的人享有更多特权，特别是将代际财富转移考虑在内。如果继续这样发展下去，真正值得拥有这些资源的人所能得到的资源就会减少，从而造成活力缺失的社会。

了解不均衡的历史

在本书一开始，就有证据表明人类对自然环境的影响是不均衡的。尽管一些措施改善了自然环境，最明显的是限制有毒物质排放和提升空气质量，但其他一些人类行为也在使环境进一步恶化。本书研究了大自然提供的各种生态服务，并解释了它们的不同特点以及与人类的不同关系。还区分了市场机制的具体优势和弱点，特别是在这些服务方面。在某些情况下，经济学与环境能够有效地发挥作用。适当的经济激励措施能够鼓励个人和企业维护自然资本。在其他情况下，生态服务的复杂性压倒了市场机制，导致经济决策和行为忽视环境资本，从而导致环境恶化。现在需要我们深化理解，辨别哪些环境问题可能继续困扰我们，哪些更容易得到有效解决。

本书认为有三种关键情况，前两种情况相当明显和直接。第一种关键情况是问题的可见性。在我们的社会中，"如果它没有坏，就不要修理它"这句老话就说明了这个问题。如果对存在的问题没有清晰的理解，就没有动力或兴趣去解决这个问题。然而，关键不是这个问题是否存在，而是它是否对我们显而易见。自然环境中的一些变化或问题对我们来说比其他的更明显。一些进化生物学家认为，我们对某些环境变化的反应明显高于其他变化。在人类可能的祖先中，那些专注于周围环境微妙变化的祖先，能够敏锐觉察到潜伏在他们身后的巨大捕食者。专家们认为，我们从这些祖先进化而来，更能适应视野中的突然变化。因此，我们难以察觉那些导致渐进和不可察觉变化的环境问题，而那些产生更剧烈变化的环境问题则更有可能引起我们的注意和反应。

　　然而，本书认为这个问题不仅是遥远的历史给我们留下的印记。也许自印刷术出现以来，西方文化就一直强调视觉交流。随着印刷文字的流行，"视觉文化"日益发展壮大，在这种文化中，其他感官，尤其是听觉变得不那么重要了。电子邮件、短信和可视电话只是最新发展的一部分。视觉图像更容易吸引我们的注意力。许多人强调一张关于地球的标志性图片是 20 世纪 70 年代环保运动复兴的关键，这张图片显示蓝色的地球被黑色的太空包围。显而易见的环境问题比那些不那么明显的问题更能让人类采取有效的应对措施。虽然近几十年来，城市天际线上明显的雾霾累积促使人们采取措施改善空气质量。但二氧化碳和其他温室气体的累积是无形的，这可能削弱了人们对这一问题的有效应对。[7]

　　第二种关键情况是成本。本书所说的成本并不是简单地用美元和美分来衡量的，尽管金钱很重要。可行的技术替代方案也非常重要。我们可以通过实施一种可以减轻环境破坏的替代技术或者使用替代资源来解决某些环境问题。这些技术解决方案几乎不需要社会改变行为方式。更换燃料源或改造污染消除设备通常可以减轻环境危害，而无须大范围更改基础生产过程。迄今为止，我们在减轻环境危害方面取得的成功，在很大程度上归功于新技术的引入，这些技术允许我们拥有蛋糕，又能享用蛋糕。在大多数情况下，这些技术解决方案使我们的日常生活得以继续，而不用面对巨变或中断。

这不仅涉及技术的可能性，还涉及监管的后果。在《清洁水资源法》《清洁空气法》颁布后，立法当局决定强调限制"尾气排放"，即某一特定来源的污染物排放量。考虑到监管和执行成本，监管机构一开始就把重点放在规模较大的排放企业，这是明智的选择，因为这些企业的数量较少，监管相对可控。限制城市污水系统、工厂和发电厂排放废物，这无疑改善了我们的环境。减少排放改善了河流和大气质量。然而，经济的车轮滚滚向前导致了规模较小但数量多得多的污染源扩散。燃气割草机排放的污染物是汽车的 10 倍。[8] 从农场和家庭花园，以及从道路和停车场流出的化学物质，正在对国家的淡水资源构成更大的威胁。化学物质的广泛使用和排放使得这些污染源在经济和政治上的监管成本大大增加。

第三种关键情况，市场机制的实际或潜在作用是最终决定因素，决定哪些环境问题将继续存在并困扰我们。鉴于本书的重点，希望读者不会对这一补充感到惊讶。然而，我们不应忽视市场能够而且确实发挥的作用。一些环境问题没有恶化，很大程度上是因为市场机制触动了解决环境问题的机制。在经济史上，对即将到来的资源短缺的担忧随处可见，而这种担忧从未成为现实。相反，市场鼓励人们采取各种各样的措施，这些措施缓解了潜在的短缺。今天，有机农产品的种植者们开始禁止使用有毒化学物质，并重新引进能改善土壤状况的技术。这些农民并没有使用化学杀虫剂与自然做斗争，而是采取了综合害虫管理方法，利用自然过程来达到杀死害虫的目的。虽然有机农业在食品种植业中只占很小一部分，但它正在快速发展。这证明我们可以同时拥有美味的农产品和更健康的自然环境，尽管消费者要付出更高的金钱代价。美国的亚热带森林资源基本上没有受到我们对纸张和木材产品巨大需求的威胁。在这些和其他情况下，目前市场机制对经济行为进行正确引导，使我们能够从大自然的服务中受益，而不会对提供这些服务的基础系统造成过度压力。

目前困扰我们的许多其他环境问题可以通过简单转变公共政策来解决，有些已经在前几章讨论过了。例如，全球气候变化这一迫在眉睫的问题可以通过逐步征收高额碳税来缓解。正如第8章所讨论的，这样的税收将产生新的经济激励，从根本上改变许多短期行为和长期决定，每一项措施都致力于限制二氧化碳的排放。车主会考虑改变出

行习惯来减少驾车。从长期来看，购车者将积极寻求更省
油的选择。面对越来越大的压力，当地社区将提供更好的
公共交通，规划者将研究限制交通使用的新发展模式。同
样，购房者和家电购买者也会选择更节能的产品，促使建
筑商和制造商提供新的设计。工业制造商和发电厂将选择
更清洁的燃料，无论是化石燃料还是替代燃料，以限制税
收对其生产成本的影响。部分税收可以投资于新能源或改
善公共交通，因此铁路和其他交通可以得到振兴。通过在
其他领域实施市场化改革也可以有效地解决各种环境问题。
这些政策可以限制破坏行为，并鼓励做出决定以保护和培
育产生新价值生态服务的潜在自然资本。

　　我们目前面临的许多环境挑战符合这些一般标准。环
境挑战正在产生一些显而易见的问题，这些问题可以通过
创造力或经济手段得到解决，并且通过市场化机制进行弥
补。因此，我们完全有能力防止进一步的损害和纠正损害。
然而，并非我们目前面临的所有挑战都符合这三个条件。
在某些情况下，我们的行为正在造成不易察觉或隐蔽的伤
害。在其他情况下，我们没有意识到自己的行为正在对环
境造成损害。正如过去的几代人没有意识到氯氟烃（CFCs）
泄漏或二氧化碳排放不断增加的后果一样，我们无疑正在
使自然环境产生变化，这种变化只有在未来才会变得明显。
在其他情况下，虽然这个问题是众所周知的，但我们目前
可能认为补救的费用太高。[9] 例如，我们不愿意停止排放许

多有毒物质，也不愿意保护所有物种，让它们不因人为原因灭绝。最后，并非我们目前或未来所有的环境挑战都可以通过市场化政策和制度来解决。在某些情况下，生态过程及其服务的复杂性跨越了时空的界限，这让市场化机制无能为力。我们必须寻求其他方法来解决这些困难。

注　释

第 1 章　对立的范式

1. 当油价飙升至令人难以想象的每桶 145 美元时，许多观察人士认为，能源短缺的时代终于到来了。然而，正如随后发生的事件提醒我们的那样，石油的历史提供了许多例子，说明石油短缺之后会出现石油过剩的周期。在我写本书时，"廉价石油"的时代尚未结束。

2. 在此期间，农业就业岗位略有下降，从而使就业增长数字黯然失色。

3. 表 1 - 1 的美元数字经通货膨胀率调整。本书用居民消费价格指数（CPI）进行了这些调整。

4. 这些百分比衡量的是大学毕业生与成年人（年龄在 25 岁及以上）的比例。

5. 尽管贫困率下降，但家庭数量的迅速增长意味着贫困家庭的绝对数量增加。

6. 不幸的是，人口普查局并没有在 2000 年公布县级按种族划分的平均家庭收入。不同的消息来源表明，收入差距最近有所缩小。美国社区调查（ACS）确实报告了按家庭种族划分的家庭收入中位数。虽然与表 1 – 2 的数字没有严格的可比性，但在 2004 年和 2008 年，黑人家庭的收入中位数都超过了白人家庭的 66％。这种收入衡量方法有三个不同之处。家庭收入不同于家庭收入，因为家庭内部收入不包括无亲属关系的人的收入，而中位数和平均收入数字提供了不同的衡量标准。最后，ACS 的数据是格林斯博罗 – 高点（Greensboro-High Point）的数据，包括温斯顿 – 塞勒姆（Winston-Salem）和吉尔福德县（Guilford County）的数据。尽管如此，这些数据表明，即使不是绝对的，收入差距也可能相对缩小了。参见 ACS，系列 B19013A 和 B19013B。

7. 这两项措施带来的降幅，有一部分可能是当地家具和纺织厂关闭的结果。

8. Division of Air Quality, 1972 – 1995 *Ambient Air Quality Trends Summary*（1998）。这些代表了全州主要大都市地区环境监测的趋势，我所在的社区也包括在内。

9. 根据该指数，50 ~ 100 的指标被列为"公平"空气质量。

10. 现代避孕技术的进步当然也可以加入这一行列。

11. 乔尔·科恩（Joel Cohen）1995 年在《地球能养活多少人？》（*How Many People Can the Earth Support？*）中，审查了关于潜在供水、可用供水和当前用水需求的一些关键计算。

12. 19 世纪著名经济学家威廉·斯坦利·杰文斯（William Stanley Jevons）在其著作《煤炭问题》（*The Coal Question*）（1866）中对英国煤炭储量的下降提出了警告。

13. 贾里德·戴蒙德（Jared Diamond）的新书《崩溃：社会如何选择失败或成功》（*Collapse*：*How Societies Choose to Fail or Succeed*）探讨了生态因素在早期社会崩溃中扮演的重要角色。

14. B. Lomborg, *The Skeptical Environmentalist*：*Measuring the Real State of the World* （2001）, p. 33.

15. J. R. Sauer, J. E. Hines, and J. Fallon, *The North American Breeding Bird Survey*, *Results and Analysis* 1966 – 2006 （2007）.

16. 至少要等到我们具有经济上在宇宙中迁徙的能力。

17. Energy Information Administration, *Annual Energy Review*, 2006 （2007）.

18. 同上，表 5.13c。

第 2 章　宝贵的资源

1. G. Heal, *Nature and the Marketplace*：*Capturing the Value of Ecosystem Services* （2000）.

2. K. Stave, "Describing the Elephant：Multiple Perspectives in New York City's Watershed Protection Conflict" （1996）, 3.

3. M. Sagoff, "On the Value of Natural Ecosystems：The Catskills

Parable"（2002），pp. 16 – 21.

4. G. Daily（ed.），*Nature's Services：Societal Dependence on Natural Systems*（1997）.

5. R. Costanza, *et al.* "The Value of the World's Ecosystem Services and Natural Capital"（1997）.

6. R. S. de Groot, *Functions of Nature：Evaluation of Nature in Environmental Planning, Management, and Decision Making*（1992）.

7. 如果地球上的水分布均匀，地球的水平面将上升到 1.7 英里的高度。然而 95% ~ 98% 的水存在于冰川或海洋中。

8. 水培农业试验（不使用土壤，水和养分都直接供给植物）已经在某些高价值作物上取得了实验室和商业上的成功。目前还不清楚这项技术在满足更广泛的粮食需求方面有多经济。

9. J. McKee, *Sparing Nature：The Conflict Between Human Population Growth and Earth's Biodiversity*（2005），p. 165.

10. G. P. Nabhan and S. Buchmann, "Services Provided by Pollinators"（1997），p. 136.

11. 同上，p. 138.

12. M. E. Watanbe, "Pollination Worries Rise as Honey Bees Decline"（1994），p. 1170.

13. R. Ricklefs. *The Economy of Nature*（1997），p. 601.

14. E. O. Wilson, *The Diversity of Life*（1999），p. 29.

15. 同上，p. 344.

16. C. Maser, *Ecological Diversity in Sustainable Development*: *The Vital and Forgotten Dimension* (1999), p. 32.

17. C. Redman, *Human Impacts on Ancient Environments* (1999), pp. 136 – 139.

18. O'Neill, "Horseshoe Crab: Lifeblood of Today's Medical Science", *Greensboro News and Record*, 9/10/2000, p. 2.

19. N. Myers, "Biodiversity's Genetic Library" in G. Daily (ed.), *Nature's Services: Societal Dependence on Natural Ecosystems*, Washington, DC: Island Press, 1997, p. 263.

20. N. Myers, "Biodiversity's Genetic Library" (1997), p. 258.

21. P. Kahn, Jr., *The Human Relationship with Nature: Development and Culture* (1999).

22. Myers, "Biodiversity's Genetic Library", p. 267.

23. 当然，这条规则也有一些例外。屋顶花园、住宅和办公楼上的太阳能电池板是我们可以获得多种用途的一种方式，尽管我们通过创造额外的空间来实现这一点。

24. 至少要等到木材被砍伐干净。

25. 美国内政部部长唐纳德·霍德尔（Donald Hodel）曾一度呼吁使用帽子和太阳镜来减轻臭氧层减少的影响。

第3章　了解自然资源

1. 这片土地最初由杰斐逊标准保险公司购买，后来该公司与飞行员人寿保险公司合并，成立了杰斐逊飞行员保险公司。从那时起，杰斐逊飞行员已经与林肯金融集团合并。

2. 基于2005年11月9日对夏令营主任兼教职员埃尔伍德·帕克博士的采访。

3. 正如我将叙述的那样，它们最终促使一位慷慨的捐助者在最后一刻回应。

4. T. Steinberg, *Down to Earth*: *Nature's Role in American History* (2002), pp. 66 – 69.

5. 市场外部性是市场决策的有益或有害后果，由不参与市场决策的个人承担。他们的存在通常意味着市场参与者对他们的行为没有完全的责任。第5章对这一概念进行了较为全面的论述。

6. 我所在的当地公共广播电台估计，有10万名当地居民收听其节目；只有大约6000人为空间站提供财政支持。

7. "开放获取"问题是指个人可以获取商品或服务，而不管他们是否付费。正如我们已经讨论过的，这种情况阻碍了市场的出现。

8. 这是一个自我强化（有时称为积极的）反馈循环的例子。用通常的说法，我们知道这些是恶性循环。正如下文所指出的，恶性循环有可能成为良性循环。

9. 例外是废物处理服务。个人对这些服务的使用确实"消耗"了部分可用的同化能力，至少在同化完成之前是这样。我们对这种服务的过度使用表现为各种形式的污染和环境退化。

10. 一个关键的例外是提供遗传服务。无论是过去还是现在，农学家们都利用这个多样化的基因库来培育杂交品种，以获取更大的收获和提供更好的口味。因此，我们每个人都从这一广泛的基因储备中受益。遗传资源的供应间接地满足了我们的许多需要。

11. E. O. Wilson, *The Diversity of Life* (1999), p. 244.

12. D. Yeargin, *The Prize: The Epic Quest for Oil, Money, and Power* (1993), p. 223.

13. 有一种情况是，对土地的"改良"提高了预期的产量，但牺牲了潜在的自然系统。人工林和单一文化农业系统就是两个例子。这些情况表明，基本的生命支持服务被低估、过度利用或忽视。

14. 这并不是说私有财产权在概念和实施上都是完美无缺的。事实远非如此。许多历史事件证明了后者，人类的奴隶制只是众多明显例子之一。

15. 事实上，如果得克萨斯仍然是墨西哥的一部分，就会出现不同的结果。《墨西哥宪法》第27条要求保留所有地下资源，作为公共领域的一部分。由于私有产权制度，这种公有制很可能避免了在得克萨斯州发生的浪费钻探的问题。

16. 已有大量研究证明文化学习不只是人类的一种属性。

17. 这句话被广泛认为是里根总统在竞选加州州长时说的。虽然他用不同的语言表达了这一观点，但几乎没有证据表明他确实说过这些话。

18. 遗憾的是，这样的例子不胜枚举。其中之一就是世界上许多沿海珊瑚礁数量惊人地减少——它们的栖息地异常肥沃。

19. 许多大气系统，包括水循环，都出现在这里。

20. 美国的地表水通常比一两代人以前更干净。在许多大都市地区，当地的大气比过去几十年更清洁，危害更小，特别是在铅和二氧化硫等工业污染物方面。

21. 海洋鱼类等例外情况值得注意，所遇到的问题通常证明了这一规律。

第4章　两次能源危机

1. D. Yeargin, *The Prize*: *The Epic Quest for Oil*, *Money*, *and Power* (1993), p. 698.

2. 石油价格达到了25年内都不会再达到的水平。当然，2008年油价曾一度飙升至每桶145美元，随后再度暴跌。

3. 一方面，当石油被用作能源时，它是不可重复使用的。热力学定律阻止了这一点。另一方面，当石油被用于制造其他非能源产品时，比如润滑油，它可能是可重复使用的，尽管很少如此。

4. 这是那些认为"希伯特峰"即将到来的人的关注点。他们认为，我们正在迅速消耗"容易获得"的石油，世界石油产量将很快见顶，然后下降。

5. 有大量证据表明，美国在收入和财富持有方面的差距越来越大。美国人口普查局（US Census Bureau）2009 年发布的《美国统计摘要》（*Statistics Abstract of the United States*）和《家庭净资产》（*Family Net Worth*）提供了部分证据。

6. Energy Information Administration, *Monthly Energy Review October* 2009 （2009）, Table 3.5 "Petroleum Products Supplied Type".

7. 随后，这些规定的取消意味着，随着 2008 年油价飙升至每桶 145 美元，汽油价格随之上涨，而非汽油短缺和天然气供应短缺。

8. Energy Information Administration, *Monthly Energy Review October* 2009 （2009）, Table 1.8 "Motor Vehicle Mileage, Fuel Consumption, and Fuel Rates".

9. 最初的反应可能是对这一想法的愤怒。一旦人们考虑了另一种选择，我怀疑大部分的愤怒会平息下来，转变为接受。

10. Energy Information Administration, *Annual Energy Review* 2008 （2009）, Table 1.5 "Energy Consumption, Expenditures, and Emission Indicators, 1949–2008".

第 5 章　市场失灵

1. W. Mitsch and J. Gosselink, *Wetlands* （1986）, p. 33.

2. F. Mackenzie, *Our Changing Planet: An Introduction to Earth System Science and Global Environmental Change*, 2nd edn

（1998）, p. 140.

3. S. Reice, *The Silver Lining*: *The Benefits of Natural Disasters* (2001）, pp. 144 – 145.

4. Mackenzie, *Our Changing Planet*, pp. 146 – 147.

5. Reice, *The Silver Lining*, pp. 169 – 170.

6. S. Postel and S. Carpenter, "Freshwater Ecosystem Services" （1997）, pp. 198 – 199.

7. W. Lewis, Jr., *Wetlands Explained*: *Wetland Science*, *Policy*, *and Politics in America* (2001）, p. 6.

8. 这些受保护的土地中，大约有 7600 万英亩位于阿拉斯加。

9. Lewis, Jr., *Wetlands Explained*, p. 7.

10. 同上，p. 13.

11. T. Dahl, *Status and Trends of Wetlands in the Coterminous U-nited States* 1986 *to* 1997 （2000）, p. 82.

12. T. Dahl, *Status and Trends of Wetlands in the Coterminous U-nited States* 1998 *to* 2004 （2005）, p. 112.

13. 同上，p. 74.

14. 虽然我们可能不愿意承认，但有时系统性能差是由于"操作错误"。"出于无知或吝啬，如果温度设置过高或过低，我们可能无法获得想要的舒适。出于同样的原因，市场可能表现不佳。买家和卖家可以有意无意地忽略关键信息，从而做出一些愚蠢甚至灾难性的决定。"令人惊讶的是，经济学家很少关注这个问题，本书也无法弥补这一不足。

15. Lewis Jr. , *Wetlands Explained*, p. 132.

16. 湿地的任何可观的市场价格都可能反映其潜在的发展价值，而不是它所提供的先天服务。

17. World Resources Report, *World Resources 2000 – 2001：People and Ecosystems：The Fraying Web of Life*（2000），p. 78.

18. 这些收入机会来自土地提供供应服务的能力。正如前文所讨论的，土地提供的生命支持服务并没有为业主提供收入来源。

19. 第 4 章对限制化石燃料使用的"总量管制和交易"政策进行了简要讨论，这是一个有市场排放政策的例子。

20. 这片土地的预期市场价值很可能妨碍了对使用这片土地种植或放牧动物的建议的长期审议。

21. 分区限制阻碍了能源发电厂的建设，而市场失灵阻碍了对避难服务进行商业估价。

22. 将在第 8 章更全面地研究这一建议。

第 6 章　大自然的引导

1. 根据 1862 年的法律，只有白人才能成为美国公民，因此美国黑人最初被排除在这项法律之外。美国《宪法》第 14 修正案赋予所有在美国出生的黑人公民权利。

2. T. Steinberg, *Down to Earth：Nature's Role in American History*（2002），p. 134.

3. 尽管情况有所不同，但我们在这一地区经营商业牧场的努力经常受挫。养家畜选择性地使天然牧草变得更糟,廉价饲料的减少威胁到这个行业的长期健康。

4. D. Pearce, A. Markandya, and E. Barbier, *Blueprint for a Green Economy* (1989), pp. 173 - 185. 他们在 1989 年提供了一份清单,随着时间的推移这份清单变得越来越长。

5. N. Mirovotskaya and W. Ascher, *Guide to Sustainable Development and Environmental Policy* (2001), p. 74.

6. 某些豆科植物还能把大气中的氮转化为对其他植物有用的氮。不像大多数植物倾向于耗尽土壤中可用的氮,这些植物实际上增加了土壤中的氮水平。因此,豌豆和豆类被用作轮作作物。

7. 工业肥料是通过转化大气中的氮来生产的。由于气态氮的数量巨大,它似乎是植物生产的无限氮源。然而,目前的转换过程需要大量的能量。

8. 有兴趣的读者应该看看 W. 麦克唐纳 (W. McDonough) 和 M. 布劳恩加特 (M. Braungart) 合著的《从摇篮到摇篮:重塑我们制造事物的方式》(*Cradle to Cradle: Remaking the Way We Make Things*) (2002)。

9. R. Putnam, *Community Ecology* (1994).

10. R. Ricklefs, *The Economy of Nature: A Textbook in Basic Ecology* (1997), p. 538.

11. Putnam, *Community Ecology*.

12. J. H. Connell, and R. O. Slatyer, 'Mechanisms of Succession

in Natural Communities and Their Role in Community Stability and Organization' (1977), pp. 1119 – 1144.

13. E. P. Odum, *Ecology and Our Endangered Life-Support Systems* (1989), p. 188.

14. F. A. Bazzaz, *Plants in Changing Environments: Linking Physiological, Population, and Community Ecology* (1996), pp. 206 – 222.

15. L. R. Walker and F. S. Chapin, III, 'Interactions Among Processes Controlling Successional Change' (1987), pp. 131 – 135.

16. Odum, *Ecology and Our Endangered Life-Support Systems*, p. 195.

17. 人类是否能够创造出无视这种生态约束的系统，这是第 1 章讨论的一部分。赫尔曼·戴利（Herman Daly）对稳定经济的呼吁，反映了少数人的观点，那就是我们不能。

18. LEED 是能源和环境设计的领导者，代表美国绿色建筑委员会的可持续建筑实践项目。能源之星是美国能源部节能电器的象征。

19. C. S. Holling and G. Meffe, "Command and Control and the Pathology of Natural Resource Management" (1996), pp. 328 – 337.

20. C. S. Holling, "Simplifying the Complex: The Paradigms of Ecological Function and Structure" (1987), pp. 139 – 146.

21. J. K. Piper, "Composition of Prairie Plant Communities on Productive versus Unproductive Site in Wet and Dry Years" (1995), pp. 1635 – 1644.

22. Holling and Meffe, "Command and Control and the Pathology of Natural Resource Management", pp. 328 – 337.

23. D. Tilman, "Biodiversity: Population Versus Ecosystem Stability" (1996), pp. 350 – 363.

24. T. Cox, J. Glover, D. Van Tassel, C. Cox, and L. DeHaan, "Prospects for Developing Perennial Grain Crops" (2006), pp. 649 – 659.

25. R. Manning, *Grassland: The History, Biology, Politics, and Promise of the American Prairie* (1995), p. 135.

第 7 章　物料闭环

1. John Ehrenfeld and Nicholas Gertler, "Industrial Ecology in Practice: The Evolution of Interdependence at Kalundborg" (1997), pp. 67 – 79.

2. A. Moon, "How Economic Development Leads to Environmental Protection in Kalundborg in Denmark" (2009).

3. Ehrenfeld and Gertler. "Industrial Ecology in Practice", pp. 67 – 79.

4. 同上。

5. 同上。

6. 根据格林斯伯勒市 2007 ～ 2008 年度的预算，网址：http：//
www. greensboro-nc. gov。

7. 毫无疑问，有些人会偷偷地把垃圾倒在邻居的垃圾桶里或
路边。在城市，人们害怕被抓，会减少这些行为，在农村
地区问题会更突出。在较长一段时间内逐步收取费用，将
在一定程度上缓解这类问题。

8. 戴利认为，严格来说，任何非可再生能源的消费都是不可
持续的，因为资源已经枯竭。

9. 这比看起来要难。由于税收总额不仅反映了单位碳排放的
税率，而且还反映了排放总量，所以只能对排放总量进行
估算。许多因素将导致实际的排放水平不容易预测。

10. 这些都是排除了巨大的政治挑战。很少有政治家和政府官
员愿意支持任何形式的税收。然而，在许多情况下，这些
服务已经得到评估。对于新项目，政府官员应该强调垃圾
处理服务的成本，以及如果不征收排放税其他替代方案的
成本。

11. 如果主要的危害更多地来自具体使用或处置不可分解材
料，而不是其使用的规模，这种解决办法可能不会有效。

12. 环境测量是指测量特定环境中，比如大气或淡水系统的物
质。如果一种物质进入淡水湖的速度与它被吸收的速度相
同，那么该物质的环境测量值应该大致保持不变。

13. 目前众议院通过的总量管制与排放交易法案在这一点遇到
了很多阻力。最终找到了妥协方案，最初 20％ 的许可证将

被拍卖，尽管这个数字会随着时间的推移而上升。

14. 在某些情况下，征收的税款将全部用于补偿污染物造成的损害。然而，额外的税收收入并不总是有专门的支出，而这些支出是需要花费的。

15. 越来越多的市政当局将其垃圾"出口"到更偏远的农村垃圾填埋场，那里的土地成本更低，当地对附近垃圾填埋场的反对也不那么有效。

16. 这就是以经济学家哈罗德·霍特林（Harold Hotelling）命名的霍特林法则（Hotelling's Rule）的预期结果。

17. 根据这一论点，实际利率将影响外汇储备的耗竭率。在技术上存在一些争议，即这一指南是否会导致谨慎或轻率地使用现有的储备。

18. 在某些情况下，可持续产量低于再生速度。木材收获就是一个很好的例子。由于当地森林的许多营养物质都被锁在树木中，它们被移走和消耗在其他地方，所产生的作用远远超过了每年的生长。这样的移除也会带走大量的营养物质，而这些营养物质是维持当地生态系统健康和持久所必需的。

19. 考虑到大自然的变幻莫测，这些采收率可能经常是周期性的。

第 8 章　转向可再生能源

1. 在那个时候，我们的钱主要是以硬币为基础的。每一次金银的发现都扩大了货币供应量，就像今天美国联邦储备系统的货币政策一样。更大的黄金和白银储备允许更多的货币和信贷，这促进了商业和经济增长。

2. J. Ronald, *The Roar and the Silence*: *A History of Virginia City and the Comstock Lode* (1998), p. 109.

3. 摘自美国白宫 2006 年国情咨文讲话文字实录，网址：www. whitehouse. gov/stateoftheunion/2006。

4. 同上。

5. Energy Information Administration, *International Energy Annual* 2006, 华盛顿特区：能源部，表 E. 1，"世界一次能源消费总量，1980～2006"。

6. Energy Information Administration, *International Energy Annual* 2006, 华盛顿特区：能源部，表 E. 1c，"1980～2006 年世界人均一次能源消费总量（百万英热单位）"。

7. Energy Information Agency, *Monthly Energy Review* 2009, 表 2，"按部门和来源划分的能源消耗"。

8. 同上。

9. 美国能源部认为这是其最准确的预测。

10. 到 2030 年，化石燃料的相对份额将略小一些，尽管预计它们的绝对贡献将会增加。

11. Energy Information Administration, *International Energy Outlook* 2009, 表 A. 2，"按区域和燃料划分的世界能源消费总额"。

12. Energy Information Administration, *Federal Financial Interventions and Subsidies in Energy Markets* 2007（2008），表 ES1，第 12 页。

13. Energy Information Administration, *Federal Financial Interventions and Subsidies in Energy Markets* 1999：*Primary Energy*，1999, p. 51.

14. Energy Information Administration, *Federal Financial Interventions and Subsidies in Energy Markets* 1999：*Primary Energy*（1999）, p. 52.

15. Energy Information Administration, *Federal Financial Interventions and Subsidies in Energy Markets* 1999：*Primary Energy*（1999），表 A2，"调查结果的简要比较"，第 47 页。

16. 显然，他没有预料到伊拉克战争。

17. Energy Information Administration, *Federal Financial Interventions and Subsidies in Energy Markets* 2007, p. 17.

18. Energy Information Administration, *Federal Financial Interventions and Subsidies in Energy Markets* 2007，表 A16，第 142 页。

19. Energy Information Administration, *Federal Financial Interventions and Subsidies in Energy Markets* 1999：*Primary Energy*，p. 108.

20. M. Goldberg, *Federal Energy Subsidies：Not all Technologies Are Created Equal*（2000）, p. 14.

21. 单独一家工厂的预算分别为232万美元和2175万美元，换算成目前的美元约为400万美元和3700万美元。将这些数字乘以104家核电站运营商，估计每年的投资额在4.1亿美元到39亿美元。

22. N. Myers and J. Kent, *Perverse Subsidies: How Tax Dollars Can Undercut the Environment and the Economy* (2001), p. 100.

23. 同上。

24. 美国军方提供了许多训练有素的飞行员，他们最终驾驶商用飞机，从而减轻了航空公司的巨额培训成本。

25. 碳排放配额将提供另一种有效的机制，使一些已经讨论过的无法计算的成本国际化。尽管排放配额带来了巨大的好处，而且应该与碳排放税一起使用，但它们也存在一些弊端。尽管这些许可证可以用来为其他项目增加收入，但在不造成重大金融混乱的情况下，要做到这一点很复杂。

26. 据估计，每千万亿英制热量单位（BTUs）煤炭含有约26吨碳。石油每千万亿英吨含碳20吨，天然气每千万亿英吨含碳14吨。这些估计数载于附件B：估计矿物燃料碳含量的方法，网址：Yosemite. epa. gov/OAR/globalwarming. nef。

27. 表8-1的估计数据是根据每种燃料来源的平均碳排放量及其2008年（煤炭）或2009年（汽油、取暖油和天然气）的价格计算的。以上数据均来自美国能源情报署

《2009 年年度能源报告》（*Annual Energy Report* 2009）。

28. D. Burtraw and P. Portney，"A Carbon Tax to Reduce the Deficit"（2004）. Available online at：http://www. rff. org.

29. 额外的燃油税将用于道路项目。目前，这些开支大部分来自其他税收来源。然后，这些钱可以用于新的用途和减税。

30. Energy Information Administration，*Federal Financial Interventions and Subsidies in Energy Markets* 2007，p. 167.

31. 值得注意的是，最初，这个小镇试图捕捉电视剧中的画面。许多店面都铺着雪松木瓦，就像这个系列中提到的那样。然而，在这些假门面下面，是 19 世纪城市的真实外壳——砖砌外墙。后来，历史的真实性得以恢复。

第 9 章　经济演替

1. C. Troxler and W. Vincent，Shuttle and Plow：A History of Alamance County，North Carolina（1999），p. 20.

2. Ibid. ，pp. 379 – 380.

3. 营利性野生动物保护区在这一点上有一些例外。

4. 在这一点上，地方分区限制有时会提供一个偶然的、粗糙的、不灵活的例外。

5. 这一点假设经济在增长。遭受人口和经济衰退的城市可能会发现，随着房地产价值相应下降，它们的税基可能会变得不那么稳定。与此同时，降低新投资利率可能会鼓励更多新投资,从而减缓甚至扭转这一趋势。

6. 一些土地可以通过当地湖泊、海湾和其他水域的土地复垦来"生产"。

7. 提高土地税将直接降低土地的市场价值。过高的税率会使市场价值跌至零,甚至更低。在零价格的情况下,业主可能会"放弃"他们的房产,以逃避缴纳年度物业税。只要市场价格为正,那么卖地比放弃土地更有利于业主。

8. 显然,政府支出不足可能会导致税率上升,从而为这些无谓的开支埋单。

9. D. Riley, *Taken for a Ride* (2001).

10. A. Hartzok, "Pennsylvania's Success with Local Property Tax Reform: The Split Rate Tax" (1997), pp. 205–213.

11. W. Oates and R. Schwab, "The Impact of the Urban Land Taxation: The Pittsburgh Experience" (1997), pp. 1–21. Table 3.

12. K. Lusht, *The Site Value Tax and Residential Development* (1992).

13. Hartzok, "Pennsylvania's Success with Local Property Tax Reform", pp. 205–213.

14. 北卡罗来纳州为特定的老年人和残疾人业主免除50%的地方财产税。

15. 或者,正在发展的企业可以将企业资产提交到一个信托账户。如果发生损害,这个账户的资金将会进入相应的政府机构。显然,特别是随着时间的推移,政府机构将需要验证这些资产的价值。

16. J. Boyd, *Financial Responsibility for Environmental Obligations: Are Bonding and Assurance Rules Fulfilling Their Promise?* (2001), p. 30.

17. 同上,p. 33.

18. J. Boyd, *Show Me the Money: Environmental Regulation Demands More, Not Less Financial Assurance* (2001), p. 22.

19. 这个地区又发生了一场灾难。2008 年的金融危机阻止了这一混合发展计划的实施,导致土地闲置,需要一些自然的恢复。然而,一些新业主已经开始建设一个奥特莱斯购物中心,最终将用混凝土覆盖大部分土地。

第 10 章 经济弹性

1. C. Woodham-Smith, *The Great Hunger* (1980), p. 29.

2. P. Gray, *The Irish Famine* (2004), p. 26.

3. C. Ponting, *A Green History of the World: The Environment and the Collapse of Great Civilizations* (1993), p. 108.

4. 卡特里娜飓风及其对新奥尔良的影响就是一个很好的例子。

5. 例如,导致光盘市场出现和增长的进步已经侵蚀了以前的盒式磁带市场。

6. 熊彼特在他的著作《资本主义、社会主义和民主》(*Capitalism, Socialism, and Democracy*) (1962) 中推广了这一概

念。甚至在他对这一概念的解释中，他也使用了"工业突变"一词，表现出对生物相似性的理解（第83页）。

7. 假设任何私人发展都需要公共基础设施和服务，地方政府可能需要提供类似的保险政策，以保护这些公共资产，如道路、下水道干线和脆弱的设施。

8. S. Reice, *The Silver Lining*：*The Benefits of Natural Disasters* (2001).

9. L. Gunderson et al., "A Summary and Synthesis of Resilience in Large Scale Systems" (2002), p. 254.

10. L. Knopp, 2006 *State of the Business Incubator Industry* (2007).

11. University of Michigan et al., *Business Incubation Works* (1997).

12. 几乎所有的房屋抵押贷款都需要财产保险来保护抵押人的经济利益。

13. D. Himmelstein et al., *Market Watch*：*Illness and Injury as Contributors to Bankruptcy* (2005).

14. L. Barinard, "New Economy Safety Net：A Proposal to Enhance the Worker Adjustment Program" (2008).

15. 这包括为他们被摧毁的不动产提供足够的保险。

16. 租房者几乎没有选择，即使从长远来看也是如此。恢复经济适用房是房东的选择，也是房东是否动用保险资金进行重建的决定。即使进行重建，建设成本也可能需要更高的租金来补偿房东。经济适用房可能是每个社区中最不具弹性的住房类型。

17. A. Carruso et al. , "Making Tax Incentives for Homeownership More Equitable and Efficient" (2005), p. 3.

18. A. Carruso et al. , "How to Better Encourage Home Ownership" (2005), p. 3.

19. 税收抵免直接影响人们缴纳多少税款,或者收到多少退税,而不是减少应税收入。这样,所有纳税人都能从他们的规定中得到类似的好处。

20. Carruso et al. , "How to Better Encourage Home Ownership", p. 4.

21. 与之前的提议一样,这一步估计是"收入中性"的。

22. US Bureau of Census, "(PINC – 03) Educational Attainment-People 25 Years Old and Over, by Total Money Earnings in 2005, Work Experience in 2001, Age, Race, Hispanic Origin, and Sex" (2006). US Bureau of Census website.

23. College Board, *Education Pays*, 2007 (2007).

24. 同上。

25. E. Maag and K. Fitzpatrick, *Federal Financial Aid for Higher Education: Programs and Prospects* (2004), p. 35.

26. S. Baum, *Student Financial Aid Policies: Do They Promote Universal Education?* (2004), p. 12.

27. Advisory Committee on Student Financial Assistance, *Empty*

Promises：*The Myth of College Access in America*（2002）．

28. 美国众议院通过了一项学生资助法案，将未来的佩尔助学金与通货膨胀率挂钩，不过该法案没有使用 HEPI 标准。执行有待参议院采取行动。

29. 一个被广泛讨论的问题是这项税收对继承下来的农场和企业的影响。虽然这些资产可能非常宝贵，但它们往往不能产生足够的现金来支付税款。许多人抱怨说，税收将迫使家庭清算这些家庭资产。与其免除这些资产的税收，税单可以推迟到将来某个时候，即当资产被出售时。在出售时，过去的税收可以与一些合理的利率一起支付。

第 11 章　结论

1. 18 世纪重农主义者认为自然发挥了更重要的作用。他们认为自然是经济活动的基础，自然的盈余对制造业和贸易是必要的。

2. 在某些情况下，当地污染的增加可能会带来问题，因为排放超过了当地的吸收能力。在这些情况下，许可证应包括一些地理限制。例如，水排放许可可能被限制在特定的流域，以阻止流域间的交流，这可能导致当地的过度排放。

3. 制造商不太可能承担这种产品设计的额外费用，除非他们从中受益。保留产品的所有权提供了这种保证。

4. Most notably，Paul Ehrlich in *The Population Bomb*（1968）．最值得注意的是保罗·埃利希（Paul Ehrlich）1968 年撰写的

《人口爆炸》（*The Population Bomb*）一书。

5. 越来越多的证据表明，世界范围内食品价格的上涨正在危及世界各地最脆弱邻国数亿人的生计。

6. Peter Vitousek et al., "Human Appropriation of the Products of Photosynthesis"（1986），pp. 368 – 373.

7. 气候变化所带来的后果，如冰川消融和北极熊挣扎等清晰可见的图像，可能有助于鼓励公众做出有效的反应。

8. Marquita K. Hill, *Understanding Environmental Pollution*（1997）.

9. 据推测，确定"过于昂贵"的部分标准是基于已知的或可能的补救益处。

参考文献

Advisory Committee on Student Financial Assistance, *Empty Promises: The Myth of College Access in America*, Washington, DC, 2002.

Allen, T. F. H. , R. V. O'Neill, and T. W. Hoekstra, "Interlevel Relations in Ecological Research and Management: Some Working Principles from Hierarchy Theory", USDA Forest Service General Technical Report RM – 110, 1984.

American Community Survey, Series B19013A and B19013B, US Census Bureau.

Andrews, R. , Managing the Environment, Managing Ourselves: A History of AmericanEnvironmental Policy, New Haven, CT: Yale University Press, 1999.

Arrow, K. , B. Bolin, R. Costanza, P. Dasgupta, C. Folke, C. S. Holling, B. Jansson, S. Levin, K. Maler, C. Perrings, and D. Pimentel, "Economic Growth, Carrying Capacity, and the Environment", Science 268, 1995, pp. 520 – 521.

Ashworth, W. , The Economy of Nature: Rethinking the Connection Between Ecology and Economics, New York: Houghton Mifflin Company, 1995.

Ayres, R. , "Limits to Growth Paradigm", Ecological Economics 19, 1996, pp. 117 – 134.

Ayres, R. , and L. Ayres, *Industrial Ecology: Towards Closing the Materials Cycle*, Cheltenham, UK: Edward Elgar, 1996.

Bailey, R. , *Earth Report* 2000: *Revisiting the True State of the Planet*, New York: McGraw-Hill, 2000.

Bak, P. , *How Nature Works: The Science of Self-Organized Criticality*, New York: Copernicus, 1996.

Barbier, E. (ed.), *Economics and Ecology: New Frontiers and Sustainable Development*, London: Chapman and Hall, 1993.

Barbier, E. , J. Burgess, and C. Folke, *Paradise Lost?: The Ecological Economics of Biodiversity*, London: Earthscan Publications, 1994.

Barbier, E. , "Valuing Environmental Functions: Tropical Wetlands", *Land Economics* 70, 1994, pp. 155 – 73.

Barinard, L. , " New Economy Safety Net: A Proposal to Enhance the Worker Adjustment Program", *Democracy Journal* 8, Washington, DC: Brookings Institution, 2008.

Barrett, G. , and A. Farina, "Integrating Ecology and Economics", BioScience 50, no. 4, 2000, pp. 311 – 312.

Barrett, G. , and E. Odom, "The Twenty-First Century: The World at Carrying Capacity", *BioScience* 50, no. 4, 2000, pp. 363 – 368.

Baum, S. , *Student Financial Aid Policies: Do They Promote Universal Education?*, Ford Policy Forum, 2004.

Baumgartner, S. , H. Dyckhoff, M. Faber, J. Proops, and J. Schiller, "The Concept of Joint Production and Ecological Economics", *Ecological Economics* 36, 2001, pp. 365 – 372.

Bazzaz, F. A. , *Plants in Changing Environments: Linking Physiological, Population, and Community Ecology*, Cambridge, UK: Cambridge University Press, 1996.

Bennett, J. , *Human Ecology as Human Behavior: Essays in Environmental and Developmental Anthropology*, New Brunswick, NJ: Transactions Publishers, 1993.

Berkes, F. , and C. Folke, "A Systems Perspective on the Interrelations Between Natural, Human-Made, and Cultural Capital", *Ecological Economics* 5, 1992, pp. 1 – 8.

Berry, W. , *The Unsettling of America: Culture and Agriculture*, San Francisco, CA: Sierra Club Books, 1986.

Bingham, G. , R. Bishop, M. Brody, D. Bromley, E. Clark, W. Cooper, R. Costanza, T. Hale, G. Hayden, S. Kellert, R. Norgaard, B. Norton, J. Payne, C. Russell, and G. Suter, "Issues in Ecosystem Valuation: Improving Information for Decision Making", *Ecological Economics* 14, 1995, pp. 73 – 90.

Binswanger, M. , "From Microscopic to Macroscopic Theories: Entropic Aspects of Ecological and Economic Processes", *Ecological Economics* 8, 1993, pp. 209 – 234.

Bockstael, N. , R. Costanza, I. Strand, W. Boynton, K. Bell, and L. Wainger, "Ecological Economic Modeling and Valuation of Ecosystems", *Ecological Economics* 14, 1995, pp. 143 – 159.

Bohi, D. , and J. Darmstader, "Twenty Years After the Energy Crisis: What Lessons Have Management", *Washington, DC: Resources for the Future*, 1999, pp. 161 – 170.

Bolund, P. , "Ecosystem Services in Urban Areas", *Ecological Economics* 29, 1999, 293 – 301.

Boyce, J. , and B. Shelley (eds.), *Natural Assets: Democratizing Environmental Ownership*, Washington, DC: Island Press, 2003.

Boyd, J. , *Financial Responsibility for Environmental Obligations: Are Bonding and Assurance Rules Fulfilling Their*

Promise?, Washington, DC: Resources for the Future, Discussion Paper 01 – 42, 2001, p. 30.

Boyd, J. , *Show Me the Money: Environmental Regulation Demands More, Not Less Financial Assurance*, Washington, DC: Resources for the Future, 2001, Issue 144.

Brown, L. , Plan B 2. 0: Rescuing a Planet Under Stress and a Civilization in *Trouble*, New York: W. W. Norton, 2006.

Brown, L. , *Plan B* 3. 0: *Mobilizing to Save the Planet*, New York: W. W. Norton, 2008.

Brown, L. , *Plan B* 4. 0: *Mobilizing to Save Civilization*, New York: W. W. Norton, 2009. Budiansky, S. , *The Covenant of the Wild: Why Animals Choose Domestication*, New York: William Morrow and Company, 1992.

Burtraw, D. , and P. Portney, "A Carbon Tax to Reduce the Deficit" in R. Morgenstern and P. Portney (eds.), *New Approaches on Energy and the Environment: Advice for the President*, Washington, DC: Resources for the Future, 2004.

Capra, F. , *The Web of Life: A New Scientific Understanding of Living Systems*, New York: Anchor Books, 1996.

Carpenter, S. , J. Kitchell, and J. Hodgson, " Cascading Trophic Interactions and Lake Productivity ", *BioScience* 35, 1985, pp. 634 – 639.

Carruso, A. , C. E. Steuerle, and E. Bell, "Making Tax Incentives for Homeownership More Equitable and Efficient", Tax Policy Center Discussion Paper No. 21, Washington, DC: The Urban Institute, 2005.

Carruso, A. , C. E. Steuerle, and E. Bell, "How to Better Encourage Home Ownership", Tax Policy Issues and Options No. 12, Washington, DC: Tax Policy Center, 2005.

Chertow, M. , and D. Esty (eds.), *Thinking Ecologically: The Next Generation of Environmental Policy*, New Haven, CT: Yale University Press, 1997.

Chew, S. , "Ecological Relations and the Decline of Civilizations in the Bronze Age World System: Mesopotamia and Harappa 2500 bc – 1700 bc", in W. Goldfrank, D. Goodman, and A. Szasz (eds.), *Ecology and the World System*, Westport, CT: Greenwood Press, 1999.

Christensen, N. , "Landscape History and Ecological Change", *Journal of Forest History* 33, 1989, pp. 116 – 124.

Clayton, A. , and N. Radcliffe, *Sustainability: A Systems Approach*, Boulder, CO: Westview Press, 1996.

Cockburn, A. , *An Introduction to Evolutionary Ecology*, Oxford, UK: Blackwell Scientific Publications, 1991.

Cohen, J. and C. Coughlin, "An Introduction to Two-Rate Taxation of Land and Buildings", *Federal Reserve Bank of St*

Louis Review 87, 2005, pp. 359 – 374.

Cohen, J., *How Many People Can the Earth Support?*, New York: W. W. Norton and Company, 1995.

Colinvaux, P., *Why Big Fierce Animals Are Rare: An Ecologist's Perspective*, Princeton, NJ: Princeton University Press, 1978.

College Board, *Education Pays*, 2007, Washington, DC: College Board, 2007.

Connell, J. H., and R. O. Slatyer, "Mechanisms of Succession in Natural Communities and Their Role in Community Stability and Organization", *American Naturalist* 111, 1977, pp. 1119 – 1144.

Costanza, R., "Social Traps and Environmental Policy", *BioScience* 37, No. 6, 1987, pp. 407 – 412.

Costanza, R., B. Norton, and B. Haskell (eds.), Ecosystem Health: New *Goals for* Environmental Management, Washington, DC: Island Press, 1992.

Costanza, R., S. Farber, and J. Maxwell, "Valuation and Management of Wetland Ecosystems", *Ecological Economics* 1, 1989, pp. 335 – 361.

Costanza, R., and B. Patten, "Defining and Predicting Sustainability", *Ecological Economics* 15, 1995, pp. 193 – 196.

Costanza, R., O. Segura, and J. Martinez-Alter (eds.), *Getting Down to Earth: Practical Applications of Ecological E-*

conomics, Washington, DC: Island Press, 1996.

Costanza, R. , *Frontiers in Ecological Economics*, Cheltenham, UK: Edward Elgar, 1997.

Cox, T. , J. Glover, D. Van Tassel, C. Cox, and L. DeHaan, "Prospects for Developing Perennial Grain Crops", *BioScience* 56, 2006, pp. 649 – 659.

Crocker, T. , "On the Value of the Condition of a Forest Stock", Land *Economics* 61, 1985, pp. 244 – 254.

Crocker, D. and T. Linden (eds.), *Ethics of Consumption: The Good Life, Justice, and Global Stewardship*, Lanham, MD: Rowman and Littlefield, 1998.

Crosby, A. , "Ecological Imperialism: The Overseas Migration of Western Europeans as a Biological Phenomenon", *Texas Quarterly* 21, 1978, pp. 10 – 22.

Culbert, P. (ed.), *The Classic Maya Collapse*, Albuquerque, NM: University of New Mexico Press, 1983.

Dahl, A. , *The Eco Principle: Ecology and Economics in Symbiosis*, Oxford, UK: George Ronald Publishers, 1966.

Dahl, T. , *Status and Trends of Wetlands in the Coterminous United States 1986 to 1997*, Washington, DC: Department of Interior, Fish and Wildlife Service Report, 2000.

Dahl, T. , *Status and Trends of Wetlands in the Coterminous United States 1998 to 2004*, Washington, DC: Department of

Interior, Fish and Wildlife Service Report, 2005.

Daily, G. (ed.), *Nature's Services: Societal Dependence on Natural Ecosystems*, Washington, DC: Island Press, 1997.

Daily, G. and K. Ellison (eds.), *The New Economy of Nature: The Quest to Make Conservation Profitable*, Washington, DC: Island Press, 2002.

Daly, H. (ed.), *Toward A Steady-State Economy*, San Francisco, CA: W. H. Freeman and Company, 1973.

Daly, H., "Allocation, Distribution, and Scale: Towards an Economics That Is Efficient, Just, and Sustainable", *Ecological Economics* 6, 1992, pp. 185 – 191.

Daly, H., "The Steady State Economy: Towards a Political Economy of Biophysical Equilibrium and Moral Growth", in H. Daly and K. Townsend (eds.), *Valuing the Earth: Economics, Ecology, Ethics*, Cambridge, MA: MIT Press, 1993.

Daly, H., *Beyond Growth*, Boston, MA: Beacon Press, 1996.

Daly, H., *Ecological Economics and the Ecology of Economics: Essays in Criticism*, UK: Edward Elgar, 1999.

Daly, H. and J. Cobb, Jr., *For the Common Good: Redirecting the Economy Toward Community, the Environment, and a Sustainable Future*, Boston, MA: Beacon Press, 1989.

Daly, H. and K. Townsend (eds.), *Valuing the Earth: Economics, Ecology, Ethics*, Cambridge, MA: MIT Press, 1993.

Daly, H. , *Ecological Economics and Sustainable Development*: *Selected Essays of Herman Daly*, Cheltenham, UK: Edward Elgar, 2007.

Darley, J. , *High Noon for Natural Gas*: *The New Energy Crisis*, White River Junction, VT: Chelsea Green, 2004.

Dasgupta, P. , S. Levin, and J. Lubchenco, "Economic Pathways to Ecological Sustainability", BioScience 50, No. 4, 2000, pp. 339 – 346.

Davidson, E. , *You Can't Eat GNP*: *Economics As If Ecology Mattered*, Cambridge, MA: Perseus Publishing, 2000.

Davis, J. , and E. O'Boyle (eds.), *The Social Economics of Human Need*, Carbondale, IL: Southern Illinois University Press, 1994.

de Groot, R. , *Functions of Nature*: *Evaluation of Nature in Environmental Planning*, *Management*, *and Decision Making*, Amsterdam, Netherlands: Wolters-Noordhoff, 1992.

Deffeyes, K. , Beyond Oil: The View from Hubbert's Peak, New York: Hill and Wang, 2005.

DeWaal, F. , *Our Inner Ape*: *A Leading Primatologist Explains Why We Are Who We Are*, New York: Riverhead Books, 2005.

Diamond, J. , *The Third Chimpanzee*: *The Evolution and Future of the Human Animal*, New York: HarperPerennial, 1992.

Diamond, J. , *Guns*, *Germs*, *and Steel*: *The Fates of Human So-*

cieties, New York: W. W. Norton and Company, 1997.

DiCastri, F. , "Ecology in a Context of Economic Globalization", *BioScience* 50, no. 4, 2000, pp. 321 – 332.

Division of Air Quality, 1972 – 1995 *Ambient Air Quality Trends Summary*, Raleigh, NC: Department of Environment and Natural Resources, 1998.

Dodson, S. , T. Allen, S. Carpenter, K. Elliott, A. Ives, R. Jeanne, J. Kitchell, N. Langston, M. Turner (eds.), *Readings in Ecology*, New York: Oxford University Press, 1999.

Dolsak, N. , and E. Ostrom (eds.), *The Commons in the New Millennium: Challenges and Adaptations*, Cambridge, MA: MIT Press, 2003.

Dresner, S. , *The Principles of Sustainability*, London: Earthscan, 2002.

Dugatkin, L. , "The Evolution of Cooperation: Four Paths to the Evolution and Maintenance of Cooperative Behavior", *BioScience* 47, No. 6, 1997, pp. 355 – 362.

Easterbrook, G. , *The Progress Paradox: How Life Gets Better While People Feel Worse*, New York: Random House Trade Paperbacks, 2004.

Ehrenfeld, John, and Nicholas Gertler, "Industrial Ecology in Practice: The Evolution of Interdependence at Kalundborg", *Journal of Industrial Ecology* 1, 1997.

Ehrlich, P., *The Population Bomb*, New York: Sierra Club Ballantine, 1968.

Ehrlich, P., *The Machinery of Nature: The Living World Around Us-and How It Works*, New York: Simon and Schuster, 1986.

Ehrlich, P., *Human Natures: Genes, Cultures, and the Human Prospect*, Washington, DC: Island Press, 2000.

Ehrlich, P., and A. Ehrlich, *One with Nineveh: Politics, Consumption, and the Human Factor*, Washington, DC: Island Press, 2004.

Ehrlich, P., and A. Ehrlich, *The Dominant Animal: Human Evolution and the Environment*, Washington, DC: Island Press, 2008.

Ekins, P., and M. Max-Neef (eds.), *Real-Life Economics: Understanding Wealth Creation*, London: Routledge, 1992.

Eldredge, N., *The Pattern of Evolution*, New York: W. H. Freeman and Company, 1999.

Eldridge, N., *Life in the Balance: Humanity and the Biodiversity Crisis*, Princeton, NY: Princeton University Press, 1998.

Eldredge, N., *The Pattern of Evolution*, New York: W. H. Freeman and Company, 2000.

Elser, J., D. Dobberfulh, N. MacKay, and J. Schampel, 'Organism Size, Life History, and N: P Stoichiometry', *Bio-*

Science 46, 1996, pp. 674 – 684.

Energy Information Administration, *Annual Energy Review*, 2006, Washington, DC: Department of Energy, 2007.

Energy Information Administration, *Monthly Energy Review* 2009, Washington, DC: Department of Energy, 2009.

Energy Information Agency, *Federal Financial Interventions and Subsidies in Energy Markets* 1999: *Primary Energy*, Washington, DC: Department of Energy, 1999.

Energy Information Agency, *International Energy Annual* 2003, Washington, DC: Department of Energy, 2003.

Energy Information Agency, *Federal Financial Interventions and Subsidies in Energy Markets* 2007, Washington, DC: Department of Energy, 2008.

Energy Information Agency, *International Energy Outlook* 2009, Washington, DC: Department of Energy, 2009.

Faber, M., and J. Proops, *Evolution, Time, Production and the Environment*, Berlin: Springer, 1998.

Fagan, B., *Floods, Famines, and Emperors: El Nino and the Fate of Civilizations*, New York: Basic Books, 1999.

Farina, A., "The Cultural Landscape as a Model of the Integration of Ecology and Economics", *BioScience* 50, no. 4, 2000, pp. 313 – 320.

Fedick, S. (ed.), *The Managed Mosaic: Ancient Maya Agri-*

culture and Resource Use, Salt Lake, UT: University of Utah Press, 1996.

Flannery, T., *The Eternal Frontier: An Ecological History of North America and Its Peoples*, New York: Grove Press, 2001.

Folke, C., C. S. Holling, and C. Perrings, "Biological Diversity, Ecosystems, and the Human Scale", *Ecological Applications* 6, 1996, pp. 1018 – 1024.

Frank, R., *Luxury Fever: Why Money Fails to Satisfy in an Era of Excess*, New York: The Free Press, 1999.

Freedman, B., *Environmental Ecology: The Impacts of Pollution and Other Stresses on Ecosystem Structure and Function*, San Diego, CA: Academic Press, 1989.

Gabriel, Y., and T. Lang, *The Unmanageable Consumer*, London: Sage Publications, 1995.

Gadgil, M., "Conserving Biodiversity As If People Matter: A Case Study from India", *Ambio* 21, 1992, pp. 266 – 270.

Gatto, M., and G. De Leo, "Pricing Biodiversity and Ecosystem Services: The Never-Ending Story", *BioScience* 50, No. 4, 2000, pp. 347 – 356.

Georgescu-Roegen, N., *The Entropy Law and the Economic Process*, Cambridge, MA: Harvard University Press, 1971.

Georgescu-Roegen, Nicholas, "The Entropy Law and the Economic Problem", in H. Daly (ed.), *Toward A Steady-*

State Economy, San Francisco, CA: W. H. Freeman and Company, 1973, pp. 37 – 49.

Godoy, R., R. Lubowski, and A. Markandya, "A Method for the Economic Valuation of Non-Timber Tropical Forest Products", *Economic Botany* 47, 1993, pp. 220 – 233.

Goklany, I., *The Improving State of the World: Why We're Living Longer, Healthier, More Comfortable Lives on a Cleaner Planet*, Washington, DC: Cato Institute, 2007.

Goldberg, M., *Federal Energy Subsidies: Not All Technologies Are Created Equal*, Renewable Energy Policy Project Research Report, No. 11, 2000.

Goldstein, D., *Saving Energy, Growing Jobs: How Environmental Protection Promotes Economic Growth, Profitability, Innovation, and Competition*, Richmond, CA: Bay Tree Publishing, 2007.

Gould, S., *Full House: The Spread of Excellence from Plato to Darwin*, New York: Three Rivers Press, 1996.

Gowdy, J., and C. McDaniel, "One World, One Experiment: Addressing the Biodiversity-Economics Conflict", *Ecological Economics* 15, 1995, pp. 181 – 192.

Gowdy, J., "The Value of Biodiversity: Markets, Society, and Ecosystems", *Land Economics* 3, 1997, pp. 25 – 41.

Gray, P., *The Irish Famine*, London: Thomas and Hudson, 2004.

Gunderson, L. , L. Pritchard, Jr. , C. S. Holling, C. Folke, and G. Peterson, "A Summary and Synthesis of Resilience in Large Scale Systems", in L. Gunderson and L. Pritchard, Jr. (eds.), *Resilience and the Behavior of Large-Scale Systems*, Island Press: Washington, DC, 2002.

Gunderson, L. , and L. Pritchard, Jr. (eds.), *Resilience and the Behavior of Large-Scale Systems*, Washington, DC: Island Press, 2002.

Gustafsson, B. , "Scope and Limits of the Market Mechanism in Environmental Management", *Ecological Economics* 24, 1998, pp. 259 – 274.

Hardin, G. , "Tragedy of the Commons", *Science* 162, 1968, pp. 1243 – 1248.

Harris, M. , *Cultural Anthropology*, 2nd edn, New York: Harper and Row Publishers, 1987.

Hartman, T. , *The Last Hours of Ancient Sunlight: The Fate of the World and What We Can o Before It's Too Late*, New York: Three Rivers Press, 1998.

Hartzok, A. , "Pennsylvania's Success with Local Property Tax Reform: The Split Rate Tax", *merican Journal of Economics and Sociology* 56, 1997, pp. 205 – 213.

Hawken, P. , *The Ecology of Commerce: A Declaration of Sustainability*, New York: HarperBusiness, 1993.

Hawken, P. , A. Lovins, and L. Lovins, *Natural Capitalism: Creating the Next Industrial Revolution*, Boston, MA: Little, Brown, and Company, 1999.

Heal, G. , *Nature and the Marketplace: Capturing the Value of Ecosystem Services*, Washington, DC: Island Press, 2000.

Heinberg, R. , *The Party's Over: Oil, War and the Fate of Industrial Societies*, Gabriola Island, Canada, 2005.

Hill, M. , *Understanding Environmental Pollution*, Cambridge, UK: Cambridge University Press, 1997.

Himmelstein, D. , E. Warren, D. Thorne, and S. Woolhandler, *Market Watch: Illness and Injury as Contributors to Bankruptcy*, Bethesda, MD: Project Hope, 2005.

Hohl, A. , and C. Tisdale, "How Useful Are Environmental Safety Standards in Economics?: The Example of Safe Minimum Standards for Protections of Species", *Biodiversity and Conservation* 2, 1993, pp. 168 – 181.

Holland, J. , *Hidden Order: How Adaptation Builds Complexity*, Reading, MA: Addison-Wesley, 1996.

Holling, C. S. , "Resilience and Stability of Ecological Systems", *Annual Review of Ecology and Systematics* 4, 1973, pp. 1 – 23.

Holling, C. S. , "Simplifying the Complex: The Paradigms of Ecological Function and Structure", *European Journal of*

Operational Research 30, 1987, pp. 139 – 146.

Holling, C. S. , and G. Meffe, "Command and Control and the Pathology of Natural Resource Management", *Conservation Biology* 10, 1996, pp. 328 – 337.

Huber, P. , and M. Mills, *The Bottomless Well: The Twilight of Fuel, the Virtue of Waste, and Why We Will Never Run Out of Energy*, New York: Basic Books, 2006.

Huesemann, M. , "Can Pollution Problems Be Effectively Solved by Environmental Science and Technology? An Analysis of Critical Limitations", *Ecological Economics* 37, 2001, pp. 271 – 288.

Hunsaker, C. , and D. Levine, "Hierarchical Approaches to the Study of Water Quality in Rivers", *BioScience* 45, 1995, pp. 193 – 203.

Hussen, A. , *Principles of Environmental Economics: Economics, Ecology, and Public Policy*, New York: Routledge, 2000.

Jaccard, M. , *Sustainable Fossil Fuels: The Unusual Suspect in the Quest for Clean and Enduring Energy*, Cambridge, UK: Cambridge University Press, 2005.

Jackson, T. , *Material Concerns: Pollution, Profit, and Quality of Life*, London: Routledge, 1996.

Jacobsen, J. , and J. Firor, *Human Impact on the Environment: Ancient Roots, Current Challenges*, Boulder, CO: Westview

Press, 1992.

Jacobsen, T., and R. Adams, "Salt and Silt in Ancient Meso-potamian Agriculture", *Science* 28, No. 3334, 1958, 1251 – 1258.

James, R., *The Roar and the Silence: A History of Virginia City and the Comstock Lode*, Reno, NV: University of Nevada Press, 1998.

Jevons, S., *The Coal Question: An Inquiry Concerning the Pro-gress of the Nation and the Probable Exhaustion of Our Coal-Mines*, London: MacMillan, 1866.

Johnson, A., and T. Earle, *The Evolution of Human Society: From Foraging Group to Agrarian State*, Stanford, CA: Stan-ford University Press, 1987.

Johnson, E., and M. Klemens, *Nature in Fragments: The Lega-cy of Sprawl*, New York: Columbia University Press, 2005.

Johnson, K., K. Vogt, H. Clark, O. Schmitz, and D. Vogt, "Biodiversity and the Productivity and Stability of Ecosys-tems", *Trends in Ecology and Evolution* 11, 1996, pp. 372 – 377.

Kahn, J., and J. McDonald, "Third-World Debt and Tropical De-forestation", *Ecological Economics* 12, 1995, pp. 107 – 123.

Kahn, M., *Green Cities: Urban Growth and the Environment*, Washington, DC: Brookings Institution, 2006.

Kahn, P., Jr., *The Human Relationship with Nature: Development and Culture*, Cambridge, MA: MIT Press, 1999.

Keddy, P., *Competition*, London: Chapman and Hall, 1989.

Keohane, N., and S. Olmstead, Markets and the Environment, Washington, DC: Island Press, 2007.

Knopp, L., 2006 *State of the Business Incubator Industry*, Athens, OH: NBIA Publications, 2007.

Kuttner, R., *Everything for Sale: The Virtues and Limits of Markets*, Chicago, IL: University of Chicago Press, 1997.

Lawn, P., "On Georgescu-Roegen's Contribution to Ecological Economics", *Ecological Economics* 29, 1999, pp. 5 – 8.

Levin, S., *Fragile Dominion: Complexity and the Commons*, Cambridge, MA: Perseus Publishing, 1999.

Lewis, W., Jr., *Wetlands Explained: Wetland Science, Policy, and Politics in America*, Oxford, UK: Oxford University Press, 2001.

Lintott, J., "Beyond the Economics of More: The Place of Consumption in Ecological Economics", *Ecological Economics* 25, 1998, pp. 239 – 248.

Lomborg, B., *The Skeptical Environmentalist: Measuring the Real State of the World*, Cambridge, UK: Cambridge University Press, 2001.

Loomis, J., and D. Larson, "Total Economic Values of Increasing Gray Whale Populations: Results from a Contingent Valuation Survey of Visitors and Households", *Marine Resource Economics* 9, 1994, pp. 275 – 286.

Lott, D. , American Bison: A Natural History, Berkeley, CA: University of California Press, 2002.

Lovelock, J. , *The Ages of Gaia: A Biography of Our Living Earth*, New York: W. W. Norton and Company, 1988.

Lusht, K. , *The Site Value Tax and Residential Development*, Cambridge, MA: Lincoln Institute of Land Policy, 1992.

Maag, E. , and K. Fitzpatrick, *Federal Financial Aid for Higher Education: Programs and Prospects*, Washington, DC: Urban Institute, 2004.

McCracken, G. , *Culture and Consumption: New Approaches to the Symbolic Character of Consumer Goods and Activities*, Bloomington, IN: Indiana University Press, 1988.

McDonough, W. , and M. Braungart, *Cradle to Cradle: Remaking the Way We Make Things*, New York: North Point Press, 2002.

McKee, J. , *Sparing Nature: The Conflict Between Human Population Growth and Earth's Biodiversity*, New Brunswick, NJ: Rutgers University Press, 2005.

Mackenzie, A. , A. Ball, and S. Virdee, *Instant Notes in Ecology*, Oxford, UK: BIOS Scientific Publishers Limited, 1998.

Mackenzie, F. , *Our Changing Planet: An Introduction to Earth System Science and Global Environmental Change*, 2nd edn, Upper Saddle River, NJ: Prentice-Hall, 1998.

McKibben, B. , *The End of Nature*, New York: Random House, 1989.

McMahon, T. , and J. Bonner, *On Size and Life*, New York: Scientific American Books, 1983.

McNeill, J. , *Something New Under the Sun: An Environmental History of the Twentieth- Century World*, New York: W. W. Norton and Company, 2000.

McPhee, J. , *The Control of Nature*, New York: Noonday Press, 1989.

Manning, R. , *Grassland: The History, Biology, Politics, and Promise of the American Prairie*, New York: Viking Press, 1995.

Mannion, A. , *Global Environmental Change: A Natural and Cultural Environmental History*, New York: Addison Wesley Longman, 1997.

Manno, J. , *Privileged Goods: Commodization and Its Impact on Environment and Society*, Boca Raton, FL: CRC Press LLC, 2000.

Maser, C. , *Ecological Diversity in Sustainable Development: The Vital and Forgotten Dimension*, Boca Raton, FL: CRC

Press, 1999.

Max-Neef, M. , *Human Scale Development : Conception , Application ,
and Further Reflections* , New York : Apex Press, 1991.

Meadows, D. , J. Randers, and D. Meadows, *Limits to
Growth : The* 30-*Year Update* , White River Junction, VT :
Chelsea Green Publishers, 2004.

Merrifield, J. , "A Market Approach to Conserving Biodiversi-
ty", *Ecological Economics* 16, 1996, pp. 217 – 226.

Millennium Ecosystem Assessment, *Ecosystems and Human Well-
Being : Synthesis* , Washington, DC : Island Press, 2005.

Mirovotskaya, N. , and W. Ascher, *Guide to Sustainable Devel-
opment and Environmental Policy* , Durham, NC : Duke Uni-
versity Press, 2001.

Mitsch, W. and J. Gosselink, *Wetlands* , New York : Van Nos-
trand Reinhold Company, 1986.

Moon, A. , "How Economic Development Leads to Environmental
Protection in Kalundborg in Denmark", WCYF Forum 2009
Conference Paper, 2009.

Moore, C. , and A. Miller, *Green Gold : Japan , Germany , and
the United States in the Race for Environmental Technology* ,
Boston, MA : Beacon Press, 1994.

Moran, E. , *Human Adaptability : An Introduction to Ecological
Anthropology* , Boulder, CO : Westview Press, 2000.

Moran, E. , *People and Nature: An Introduction to Human Ecological Relations*, Malden, MA: Blackwell Publishing, 2006.

Myers, N. , "Biodiversity's Genetic Library", in G. Daily (ed.), *Nature's Services: Societal Dependence on Natural Ecosystems*, Washington, DC: Island Press, 1997, pp. 255 – 274.

Myers, N. , and J. Kent, *Perverse Subsidies: How Tax Dollars Can Undercut the Environment and the Economy*, Washington, DC: Island Press, 2001.

Nabhan, G. P. , and S. Buchmann, "Services Provided by Pollinators", in G. Daily (ed.), *Nature's Services: Societal Dependence on Natural Ecosystems*, Washington, DC: Island Press, 1997, pp. 133 – 150.

National Research Council, *Ecological Indicators for the Nation*, Washington, DC: National Academy Press, 2000.

Naveh, Z. , "The Total Human Ecosystem: Integrating Ecology and Economics", *BioScience* 50, No. 4, 2000, pp. 357 – 361.

Norberg, J. , "Linking Nature's Services to Ecosystems: Some General Ecological Concepts", *Ecological Economics* 29, 1999, pp. 183 – 202.

Norgaard, R. , *Development Betrayed: The End of Progress and a Coevolutionary Revisioning of the Future*, London: Routledge, 1994.

Norton, B. , "Resilience and Options", *Ecological Economics* 15, 1995, pp. 133 – 136.

Norton, B. , "Evaluating Ecosystem States: Two Competing Paradigms", *Ecological Economics* 14, 1995, pp. 113 – 127.

Oates, W. , and R. Schwab, "The Impact of the Urban Land Taxation: The Pittsburgh Experience", *National Tax Journal* 50 (1), 1997, pp. 1 – 21.

Odum, E. P. , *Ecology and Our Endangered Life-Support Systems*, Sunderland, Massachusetts: Sinauer Associates, 1989.

Odum, H. , *Ecological and General Systems: An Introduction to Systems Ecology*, Niwot, CO: University Press of Colorado, 1994.

O'Neill, R. , and J. Kahn, "Homo Economicus as a Keystone Species", *BioScience* 50, No. 4, 2000, pp. 333 – 337.

Ormerod, P. , *Butterfly Economics: A New General Theory of Social and Economic Behavior*, New York: Pantheon Books, 1998.

Orr, D. , *The Nature of Design: Ecology, Culture, and Human Intention*, New York: Oxford University Press, 2002.

Outwater, A. , *Water: A Natural History*, New York: Basic Books, 1996.

Owen, D. , *What Is Ecology?*, Oxford, UK: Oxford University

Press, 1980.

Packham, J. , J. Harding, G. Hilton and R. Stuttard, *Functional Ecology of Woodland and Forests*, London: Chapman and Hall, 1992.

Palumbi, S. , *The Evolution Explosion: How Humans Cause Rapid Evolutionary Change*, New York: W. W. Norton, 2001.

Pastor, J. , R. Naiman, B. Dewey, and P. McInnes, "Moose, Microbes, and the Boreal Forest", *BioScience* 38, 1988, pp. 770 – 777.

Pearce, D. , A. Markandya, and E. Barbier, *Blueprint for a Green Economy*, London: Earthscan, 1989.

Pearce, D. , and E. Barbier, *Blueprint for a Sustainable Economy*, London: Earthscan Publications, 2000.

Peet, J. , *Energy and the Ecological Economics of Sustainability*, Washington, DC: Island Press, 1992.

Perrings, C. , *Economy and Environment: A Theoretical Essay on the Interdependence of Economic and Environmental Systems*, Cambridge, UK: Cambridge University Press, 1987.

Perrings, C. , *Economics of Ecological Resources*, Cheltenham, UK: Edward Elgar, 1997.

Perrings, C. , and D. Pearce, "Threshold Effects and Incentives for the Conservation of Biodiversity", *Environmental and Resource Economics* 4, 1994, pp. 13 – 28.

Perrings, C. , and B. Walker, "Biodiversity, Resilience, and the Control of Ecological-Economic Systems: The Case of Fire-Driven Rangelands", *Ecological Economics* 22, 1997, pp. 73 – 83.

Peters, R. , *The Ecological Implications of Body Size*, Cambridge, UK: Cambridge University Press, 1983.

Peterson, G. , C. Allen, and C. S. Holling, "Ecological Resilience, Biodiversity, and Scale", *Ecosystems* 1, 1998, pp. 6 – 18.

Pickett, S. , V. T. Parker, and P. Fiedler, "The New Paradigm in Ecology: Implications for Conservation Biology Above the Species Level", in P. Fiedler and S. Jain (eds.), *Conservation Biology: The Theory and Practice of Nature Conservation, Preservation, and Management*, New York: Chapman and Hall, 1992.

Pimm, S. , G. Russell, J. Gittleman, and T. Brooks, "The Future of Biodiversity", *Science* 269, 1995, pp. 347 – 350.

Pimm, S. , *The World According to Pimm: A Scientist Audits the Earth*, New York: McGraw- Hill, 2001.

Piper, J. K. , "Composition of Prairie Plant Communities on Productive versus Unproductive Site in Wet and Dry Years", *Canadian Journal of Botany* 73, 1995, pp. 1635 – 1644.

Plattner, S. (ed.), *Economic Anthropology*, Stanford, CA: Stanford University

Pollan, M. , *The Botany of Desire: A Plant's Eye View of the World*, New York: Random House, 2002.

Ponting, C. , *A Green History of the World: The Environment and the Collapse of Great Civilizations*, New York: Penguin Books, 1993.

Postel, S. , and S. Carpenter, "Freshwater Ecosystem Services", in G. Daily (ed.), *Nature's Services: Societal Dependence on Natural Ecosystems*, Washington DC: Island Press, 1997, pp. 195 – 214.

Potts, R. , *Humanity's Descent: The Consequences of Ecological Instability*, New York: Avon Books, 1996.

Princen, T. , *The Logic of Sufficiency*, Cambridge, MA: MIT Press, 2005.

Putnam, R. , *Community Ecology*, London: Chapman and Hall, 1994.

Quammen, D. , *The Song of the Dodo: Island Biogeography in an Age of Extinction*, New York: Touchstone Books, 1996.

Randall, A. , "The Value of Biodiversity", *Ambio* 20, 1991, pp. 64 – 68.

Rao, P. , *Sustainable Development: Economics and Policy*, Malden, MA: Blackwell Publishers, 2000.

Rathge, R. , and P. Highman, "Population Change in the Great

Plains: A History of Prolonged Decline", *Rural Development Perspectives* 13.

Raven, P. , and T. Williams (eds.), *Nature and Human Society: The Quest for a Sustainable World*, Proccedings of the 1997 Forum on Biodiversity, Washington, DC: National Academy Press, 1997.

Redman, C. , *Human Impacts on Ancient Environments*, Tucson, AZ: The University of Arizona Press, 1999.

Rees, W. , "Consuming the Earth: The Biophysics of Sustainability", *Ecological Economics* 29, 1999, pp. 23 – 27.

Reice, S. , *The Silver Lining: The Benefits of Natural Disasters*, Princeton, NJ: Princeton University Press, 2001.

Richards, J. , *The Unending Frontier: An Environmental History of the Early Modern World*, Berkeley, CA: University of California Press, 2005.

Ricklefs, R. , *The Economy of Nature: A Textbook in Basic Ecology*, New York: W. H. Freeman and Company, 1997.

Ridley, M. , *The Origins of Virtue: Human Instincts and the Evolution of Cooperation*, New York: Penguin Books, 1996.

Riley, D. , *Taken for a Ride*, London: Centre for Land Policies Studies, 2001.

Roberts, P. , *The End of Oil: On the Edge of a Perilous New World*, New York: Houghton Mifflin, 2004.

Roodman, D. , *The Natural Wealth of Nations*: *Harnessing the Market for the Environment*, New York: W. W. Norton and Company, 1998.

Ruitenbeek, H. J. , "Modeling Economy – Ecology Linkagesin Mangroves: Economic Evidence for Promoting Conservation in Bintuni Bay, Indonesia", *Ecological Economics* 10, 1994, pp. 233 – 247.

Ruitenbeek, H. J. , "The Rainforest Supply Price: A Tool for E-valuating Rainforest Conservation Expenditures", *Ecological Economics* 6, 1995, pp. 57 – 78.

Ruttan, V. , "Constraints on the Design of Sustainable Systems of Agricultural Production", *Ecological Economics* 10, 1994, pp. 209 – 219.

Sagoff, M. , "On the Value of Natural Ecosystems: The Catskills Parable", *Politics and the Life Sciences* 21, 2002, pp. 16 – 21.

Sauer, J. R. , J. E. Hines, and J. Fallon, *The North American Breeding Bird Survey*, *Results and Analysis* 1966 – 2006, Version 10. 13. 2007, Laurel, MD: USGS Patuxent Wildlife Research Center, 2007.

Schell, J. , *The Fate of the Earth*, New York: Alfred Knopf, 1982.

Schneider, E. D. , and J. J. Kay, "Life as a Manifestation of the Second Law of Thermodynamics", *Mathematical and Com-

puter Modeling 19, 1994, pp. 25 – 48.

Schor, J. , *The Overspent American*: *Why We Want What We Don't Need*, New York: Basic Books, 1989.

Schumpeter, J. , *Capitalism, Socialism, and Democracy*, New York: HarperPerennial, 1962.

Shogren, J. , J. Herriges, and R. Govindasamy, "Limits to Environmental Bonds", *Ecological Economics* 8, 1993, pp. 109 – 133.

Simmons, I. , *Changing the Face of the Earth*: *Culture, Environment, History*, 2nd edn. , Cambridge, MA: Blackwell Publishers, 1996.

Smil, V. , *Global Ecology*: *Environmental Change and Social Flexibility*, New York: Routledge, 1993.

Smil, V. , *Cycles of Life*: *Civilization and the Biosphere*, New York: Scientific American Library, 1997.

Smil, V. , *Energy*: *A Beginner's Guide*, Oxford, UK: Oneworld Publications, 2006.

Smith, G. , *The History of the Comstock Lode*, Reno, NV: University of Nevada Press, 1998.

Socolow, R. , C. Andrews, F. Berkhout, and V. Thomas, *Industrial Ecology and Global Change*, Cambridge, UK: Cambridge University Press, 1994.

Solomon, B. , "New Directions in Emission Trading: The Potential Contribution of New Institutional Economics", *Ecological Economics* 30, 1999, pp. 371 – 387.

Stave, K., "Describing the Elephant: Multiple Perspectives in New York City's Watershed Protection Conflict", Watershed 96 Conference Proceedings, 1996. Available online at: www. epa. gov/owow/watershed/Proceed.

Steinberg, T., *Down to Earth: Nature's Role in American History*, Oxford, UK: Oxford University Press, 2002.

Sterner, T., *Policy Instruments For Environmental and Natural Resource Management*, Washington, DC: Resources for the Future Press, 2003.

Stiling, P., *Ecology: Theories and Applications*, Upper Saddle River, NJ: Prentice Hall, 1999.

Swallow, B., and D. Bromley, "Institutions, Governance, and Incentives in Common Property Regimes for African Rangelands", *Environmental and Resource Economics* 6, 1995, pp. 99 – 118.

Tainter, J., *The Collapse of Complex Societies*, Cambridge: Cambridge University Press, 1988.

Tilman, D., "Biodiversity: Population versus Ecosystem Stability", *Nature* 77, 1996, pp. 350 – 363.

Tilman, D., D. Wedin, and J. Knops, "Productivity and Sustainability Influenced by Biodiversity in Grassland Ecosystems", *Nature* 379, 1996, pp. 718 – 720.

Tilman, D. , J. Knops, D. Wedin, P. Reich, M. Ritchie, and E. Siemann, "The Influence of Functional Diversity and Composition on Ecosystem Processes", *Science* 277, 1997, pp. 1300 – 1302.

Tilton, J. , *On Borrowed Time?*: *Assessing the Threat of Mineral Depletion*, Washington, DC: Resources for the Future, 2003.

Tivy, J. , and G. O'Hare, *Human Impact on the Ecosystem*, Edinburgh, UK: Oliver & Boyd, 1981.

Torras, M. , and J. Boyce, "Income, Inequality, and Pollution: A Reassessment of the Environmental Kuznets Curve", *Ecological Economics* 25, 1998, pp. 14 – 60.

Troxler, C. , and W. Vincent, *Shuttle and Plow*: *A History of Alamance County, North Carolina*, Burlington, NC: Alamance County Historical Association, 1999.

Tucker, M. , "Carbon Dioxide Emissions and Global GDP", *Ecological Economics* 15, 1995, pp. 215 – 223.

Turner, R. K. , S. Subak, and W. N. Adger, ' Pressures, Trends, and Impacts in Coastal Zones: Interactions Between Socioeconomic and Natural Systems ', *Environmental Management* 20, 1996, pp. 159 – 173.

Turner, R. K. , K. Button, and P. Nijkamp (eds.), *Ecosystems and Nature*: *Economics, Science, and Policy*, Cheltenham,

UK: Edward Elgar, 1999.

University of Michigan, NBIA, Ohio University, and Southern Technology Council, *Business Incubation Works*, Athens, OH: NBIA Publications, 1997.

van den Bergh, J. , *Ecological Economics and Sustainable Development Theory, Methods, and Applications*, Cheltenham, UK: Edward Elgar, 1996.

van den Bergh, J. , and J. van der Straaten (eds.), *Toward Sustainable Development: Concepts, Methods, and Policy*, Washington, DC: Island Press, 1994.

van den Bergh, J. , and J. van der Straaten (eds.), *Economy and Ecosystems in Change: Analytical and Historical Approaches*, Cheltenham, UK: Edward Elgar, 1997.

van der Ryn, S. , and S. Cowan, *Ecological Design: Tenth Anniversary Edition*, Washington: Island Press, 1996.

Vandermeer, J. , *Reconstructing Biology: Genetics and Ecology in the New World Order*, New York: John Wiley & Sons, 1996.

Vermeij, G. , *Nature: An Economic History*, Princeton, NJ: Princeton University Press, 2004. Villiers, M. de, *Water: The Fate of Our Most Precious Resource*, New York: Houghton Mifflin, 2000.

Vitousek, Peter, P. Ehrlich, A. Ehrlich, and P. Matson, "Human Appropriation of the Products of Photosynthesis", *Bio-Science* 36, 1986, pp. 368 – 373.

Vitousek, P. , H. Mooney, J. Lubchenco, and J. Meillo, "Human Domination of Earth's Ecosystems", *Science* 277, 1997, pp. 494 – 499.

Wackernagel, M. , and W. Rees, *Our Ecological Footprint: Reducing Human Impact on the Earth*, Gabriola Island, BC: New Society Publisher, 1996.

Wackernagel, M. , L. Onisto, P. Bello, A. Linares, I. Falfan, J. Garica, A. Guerrero, and M. Guerrero, "National Natural Capital Accounting with the Ecological Footprint Concept", *Ecological Economics* 29, 1999, pp. 375 – 390.

Walker, L. R. , and F. S. Chapin, III, "Interactions Among Processes Controlling Successional Change", *Oikos* 50, 1987, pp. 131 – 135.

Ward, P. , *The Call of Distant Mammoths: Why the Ice Age Mammals Disappeared*, New York: Copernicus, 1997.

Watanbe, M. E. , "Pollination Worries Rise as Honey Bees Decline", *Science* 265, 1994, p. 1170.

Webb, S. , M. Dwyer, C. Kaunzinger, and P. Wyckoff, "The Myth of the Resilient Forest: Case Study of the Invasive Norway Maple (*Acer platanoides*)", *Rhodora* 102, 2000, pp. 332 – 354.

Wenke, R. , *Patterns in Prehistory: Humankind's First Three Million Years*, Oxford, UK: Oxford University Press, 1990.

Whittaker, R. , *Island Biogeography: Ecology, Evolution, and Conservation*, Oxford, UK: Oxford University Press, 1998.

Wills, I. , *Economics and the Environment: A Signaling and Incentives Approach*, St Leonards, Australia: Allen & Unwin, 1997.

Wilson, E. O. , *The Diversity of Life*, New York: W. W. Norton, 1999.

Woodham-Smith, C. , *The Great Hunger*, New York: E. P. Dutton, 1980.

World Resources Report, *World Resources* 2000 – 01: *People and Ecosystems: The Fraying Web of Life*, Washington, DC: World Resources Institute, 2000.

Worster, D. , *The Wealth of Nature: Environmental History and the Ecological Imagination*, New York: Oxford University Press, 1993.

Wright, R. , *Moral Animal: Evolutionary Psychology and Everyday Life*, New York: Vintage Books, 1994.

Wright, R. , *Nonzero: The Logic of Human Destiny*, New York: Vintage Books, 2001.

Yeargin, D. , *The Prize: The Epic Quest for Oil, Money, and Power*, New York: Free Press, 1993.

图书在版编目（CIP）数据

寻找"瓦尔登湖"：借自然之利恢复经济弹性 /（美）鲍勃·威廉姆斯（Bob Williams）著；万弋芳，钟永军，吴小佩译. -- 北京：社会科学文献出版社，2021.3

书名原文：Greening the Economy：Integrating Economics and Ecology to Make Effective Change

ISBN 978 - 7 - 5201 - 7751 - 1

Ⅰ.①寻⋯　Ⅱ.①鲍⋯ ②万⋯ ③钟⋯ ④吴⋯　Ⅲ.①生态经济 - 研究　Ⅳ.①F062.2

中国版本图书馆 CIP 数据核字（2021）第 032514 号

寻找"瓦尔登湖"：借自然之利恢复经济弹性

著　　者 /〔美〕鲍勃·威廉姆斯（Bob Williams）
译　　者 / 万弋芳　钟永军　吴小佩

出 版 人 / 王利民
责任编辑 / 高　雁

出　　版 / 社会科学文献出版社·经济与管理分社（010）59367226
　　　　　　地址：北京市北三环中路甲 29 号院华龙大厦　邮编：100029
　　　　　　网址：www. ssap. com. cn
发　　行 / 市场营销中心（010）59367081　59367083
印　　装 / 三河市东方印刷有限公司

规　　格 / 开　本：880mm × 1230mm　1/32
　　　　　　印　张：12.5　字　数：239 千字
版　　次 / 2021 年 3 月第 1 版　2021 年 3 月第 1 次印刷
书　　号 / ISBN 978 - 7 - 5201 - 7751 - 1
著作权合同
登 记 号 / 图字 01 - 2020 - 5450 号
定　　价 / 89.00 元